大金门，在下马坊西北 750 余米处，是孝陵的第一道正南大门。大金门原为黄色琉璃瓦重檐式建筑，现存砖石砌筑的墙壁，下部为石造须弥座。

大金门

明孝陵测绘图档

明孝陵列入《世界遗产名录》二十周年珍藏特辑

郭华瑜　李国华　主编

江苏凤凰美术出版社

《明孝陵测绘图档》编辑委员会

序　言

郭华瑜

南京工业大学建筑学院院长

迄今为止，南京工业大学建筑学院的师生对南京明孝陵已展开了多次全面精细测绘和建筑研究工作。对南京明孝陵的研究以及承担修缮保护设计工程也持续了十余年。

与明孝陵的结缘最早始于上世纪90年代，此时的明孝陵已吸引了全国众多专家与文物保护工作者的目光。1990至2000年，以东南大学潘谷西先生、丁宏伟教授为主的建筑遗产保护团队积极开展了对文武方门、内红门等明孝陵内主体建筑的保护工作，编制了明孝陵的早期保护规划。彼时我是潘先生的博士生，至今仍对潘先生和丁老师带我去看竣工后的文武方门记忆犹新，先生们的现场点评令人受益匪浅。

2003年后，因申报世界文化遗产成功，明孝陵的保护工作更得到了全社会的重视，很多保护工作也被提上议程。此时我已从东南大学博士毕业，来到南京工业大学任教，我和我的研究生们也是在此期间加入对南京明孝陵的保护研究工作之中。

2006年10月，中山陵园管理局文物处邀请导师潘谷西先生和我开展对明孝陵明楼的保护设计。当时的思路是先做复原设计。由于南京明孝陵的所有地面木构建筑和建筑的木构部分均在清末或因缺失保养造成倾颓，或遭战争侵害而残缺，方城明楼只余城台与四壁墙垣。缺少屋顶的有效遮护，整个建筑常年受雨水淋灌渗漏，墙体中的石灰被水溶解后随雨水不断流出，整个建筑岩溶现象普遍存在。基于对文物建筑现状病害勘察分析，我在潘先生的指导下调整思路，以遏制文物建筑病害的发生发展为主要目标，对孝陵明楼的建筑形制做了详细历史研究，现状勘察后，并不仅仅作复原，而是以贴近历史原貌为目标完成了加顶保护设计方案。经过三年设计与实施，全面完成了该项工程并获得国家文物局和联合国教科文组织专家的现场考察及认可。

之后紧接着大明孝陵神功圣德碑亭的加顶保护也是基于这一思路。碑亭又名“四方城”，是明孝陵陵区前导空间中的第一座殿宇，也是南京明孝陵中最后完成的一座主体建筑。但清末遭损毁及兵燹之后仅残余四壁墙体，四面拱门状若城门，因此在清咸丰年后“无顶”的一百多年时间里成了老百姓口中的“四方城”。四方城顶部宽大，收分的墙体上植物年年滋生，雨雪淋灌，导致墙体上的裂缝越来越大，越来越多。而碑亭的文物主体——神功圣德碑更是长期曝露在外，酸雨侵蚀风化严重，导致清末无顶之后的一百多年，明楼和碑

亭较之以前五百年的损坏还要加剧。因此明楼与“四方城”的加顶一方面是为了遏制病害加剧，另一方面也是出于对南京明孝陵建筑群的整体考量，遵循南京明孝陵的保护规划要求所为。这两个工程实践也是对中国文物建筑遗产关注整体性保护、注重真实呈现“历史信息的完整性与真实性”保护宗旨的关照与反映。

“文物和文化遗产承载着中华民族的基因和血脉，是不可再生、不可替代的中华优秀文明资源，要积极推进文物保护利用和文化遗产保护传承，挖掘文物和文化遗产的多重价值，传播更多承载中华文化、中国精神的价值符号和文化产品。”南京作为中国著名古都，历史积淀极为深厚。然而历史上的建筑遗构近代屡遭战争与病害侵扰，建筑往往仅余基址。这些遗迹上的柱础与断壁残垣无声地诉说原有建筑形制的讯息。如何运用建筑历史研究的专业力量开展研究，通过可视化虚拟手段再现业已消逝的建筑形象，讲述文物自己的故事？在后来的测绘研究中，我们组织力量有意识开展基于遗址的探索与发现，依据原有痕迹开展复原研究，再揭示遗产信息，为遗产价值的传播做出贡献。

2013 年以来，我们先后对南京明孝陵整体进行过多次全面测绘和局部建筑组群研究工作。对南京明孝陵整体环境的认知与保护意识也在逐步提高。明孝陵周边功臣墓也成为考察的对象而开展了多轮测绘工作。

建筑遗产保护具有历时性特点，建筑测绘作为一项记录病害发展与演变特征的手段不可或缺。每隔几年，我们就要对明孝陵开展一次全面测绘。随着测绘技术与工具的进步，南工大建筑遗产保护教研团队对明孝陵的测绘也在全面深化，建筑测绘的准确性与日俱增。科研带动教学，建筑学院“古建筑测绘”的本科课程 2020 年荣获首批国家级一流本科课程（国家级金课），“建筑设计 1（建筑遗产保护方向）”结合“建成遗产测绘技术”等研究生课程，获批了江苏省首批课程思政示范课程，“历史建筑保护工程”新专业也在南京工业大学开办招生。越来越深入的交流合作研究中，高校对建筑遗产保护人才的培养体系也逐渐成型。南工大以立德树人为根本宗旨，课程思政为导向，融合中华优秀建筑传统于建筑教育，培养了一批批树立正确建筑观的莘莘学子，一批代表性项目在学界和社会上产生了广泛的影响力，为文化遗产保护事业贡献了南工大的智慧与力量。

2021 年，南京工业大学与中山陵园管理局签订了战略合作框架协议，并在世界遗产日当天，在明孝陵举办了“世界文化遗产明孝陵古建筑测绘与遗产解读”展开幕。作为基于专项测绘成果与建筑研究的主题性展览，建筑学院的师生们发挥专业特长，在精细测绘基础上做研究，明确遗址经历的改建、重建，让文物建筑以自身的变化展现出沧桑变迁。周末时，师生们作为志愿者在现场为游客解读展览，诠释明孝陵。专业讲解受到了广大游客与市民的欢迎，激发了学生们对研究传统建筑的热情。他们为每一组建筑作复原设计，完成了一系列文创产品的制作；对孝陵明楼、四方城、孝陵陵门、享殿、配殿、神道等建

筑遗址研究已有十余篇高质量的论文成果。“让文物活起来”，南京工业大学的建筑学师生们以这样的形式提供了方案。

2023 年是明孝陵申遗成功二十周年。申遗成功得益于多个学科领域专家的共同努力，建筑学科为明孝陵加入世界遗产与后续保护提供了多角度、多层次的助力与护航作用。作为高校建筑遗产保护专业的研究者与教育工作者，我们一直愿为明孝陵的保护提供基础性研究支撑。测绘明孝陵现存建筑、地上与地下遗迹，开展充分的建筑历史研究；研究明朝建筑形制特征与传统建造技术与工法；建立对文物建筑遗址的长期监测与检测制度体系，及时给管理部门提出建议预防建筑病害发展；对已出现病害问题的文物本体，采取积极的、适宜的干预性措施，遏制文物损害的发生发展，为文物延年增寿等。建筑学科在明孝陵世界遗产的后续保护中仍可以持续发挥作用。

2022 年 5 月，中山陵园管理局与南京工业大学共同策划将《南京明孝陵图录》与《南京明孝陵测绘图档》以上、下篇的方式联袂出版。上篇《南京明孝陵图录》以遗址现状与出土构件介绍为主，下篇《南京明孝陵测绘图档》以精细建筑测绘图纸呈现。此次测绘图我们选取了南京工业大学 2017 级建筑学本科生在 2020 年的测绘成果，并部分与 2019 级研究生的课程测绘成果相互印证，排版过程中后续不断增补完善，完成图纸。

本书的出版，一方面是南京工业大学建筑学院的师生们的教研融合所结之果，另一方面更得益于南京中山陵园管理局各级领导和专家的关爱与帮助。在此特别感谢汪东明局长、廖锦汉副局长对本书的主持策划，文保处历任处长王前华、刘东华、闻慧斌、张鹏斗，及副处长周菊萍、王广勇、余昆在建筑测绘工作中的支持帮助。尤其与周菊萍副处长的相处一直贯穿我们明孝陵教研工作的始终，她的真诚友好与超强的全面协调能力，为后续南京工业大学开展对整个钟山风景区文物建筑保护研究工作和研学基地建设贡献良多。还有明孝陵博物馆的任青馆长、研究部臧卓美在本套书策划中愉快交流；江苏凤凰美术出版社责任编辑王左佐、装帧设计焦莽莽以其优秀的专业能力为本书增光添彩，都令人心生欢喜。

在近 20 年的学科建设中，南京工业大学建筑历史与理论及遗产保护团队也在不断壮大。古建筑测绘也吸引了建筑学、城乡规划和风景园林专业的老师们的关注与参与，形成了数支专攻不同领域的历史遗产保护测绘小组。测绘，已成为师生们认知传统文化、解读城乡遗产的重要途径。

本书的出版期望为南京明孝陵这一世界文化遗产的保护传承增添基础性研究成果。明孝陵的保护工作就是在一代一代建筑遗产保护工作者们不断努力和积累下逐步发展壮大的。

2023 年 6 月
于南京工业大学博学楼

目录

001 序言
001 明孝陵总平面图与布局
009 下马坊
015 大金门
023 神功圣德碑亭
029 石像生
039 石翁仲
045 棂星门
051 金水桥
057 文武方门
063 井亭
069 碑殿
079 享殿
089 内红门
099 神帛炉
105 升仙桥
111 方城明楼
121 明功臣墓
123 徐达墓
126 李文忠墓
131 常遇春墓
134 吴良、吴桢墓
137 后记

明孝陵位于南京市玄武区紫金山南麓独龙阜玩珠峰下，东毗中山陵，南临梅花山，始建于明洪武十四年（1381 年），规模宏大，格局严谨。陵寝建筑按中轴线配制，体现了中国传统建筑的风格。沿陵区南北主轴线依次分布着下马坊、大金门、神功圣德碑亭、石像生、石翁仲、棂星门、文武方门、碑殿（明孝陵门）、享殿（明孝陵殿）、内红门、方城明楼、宝城宝顶。

明孝陵

总平面图与布局

自然区位

自然区位

陵墓区	陵宫区

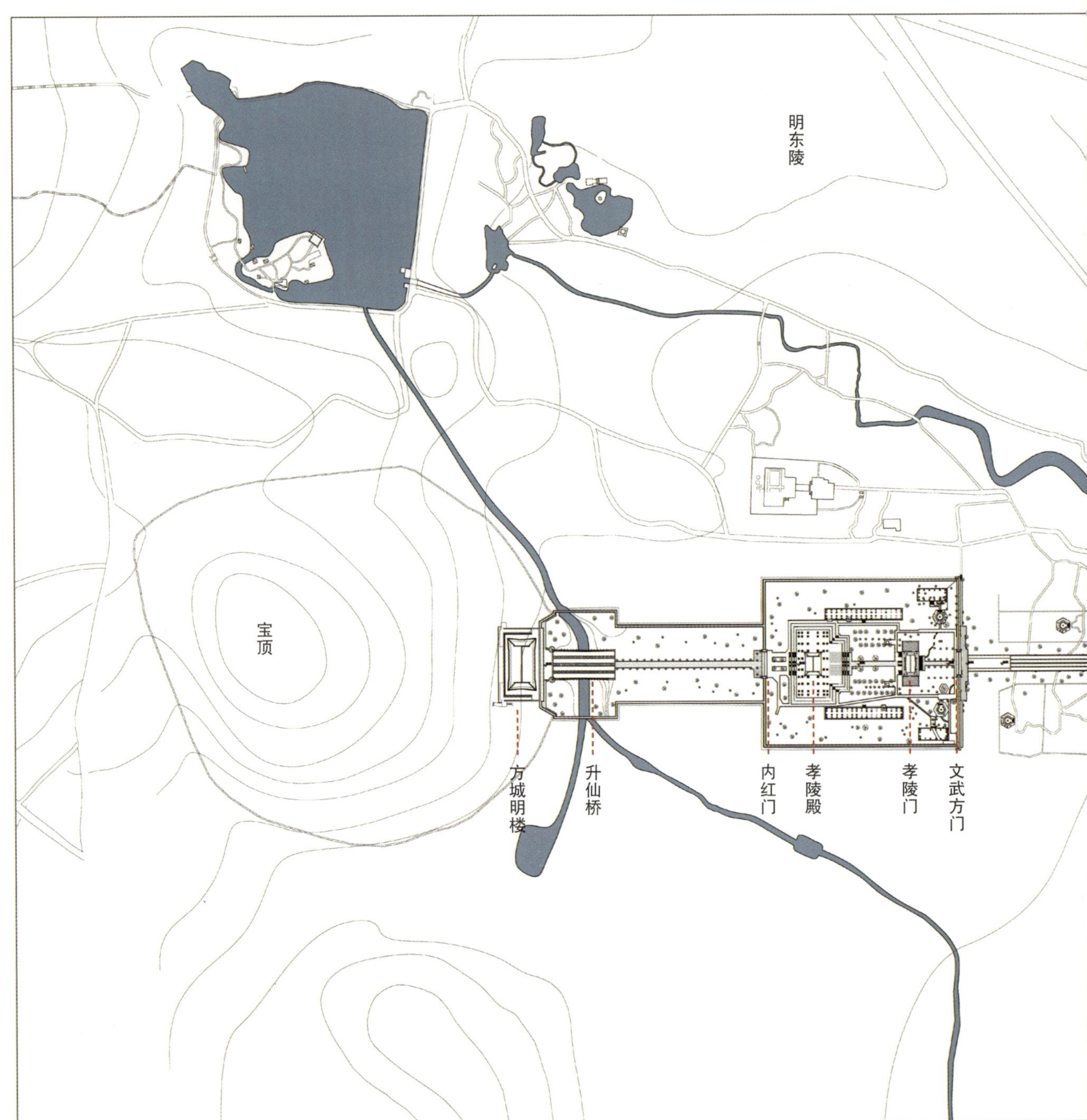

神道区　前序区

总平面图

0　50　100　150m

布局分析

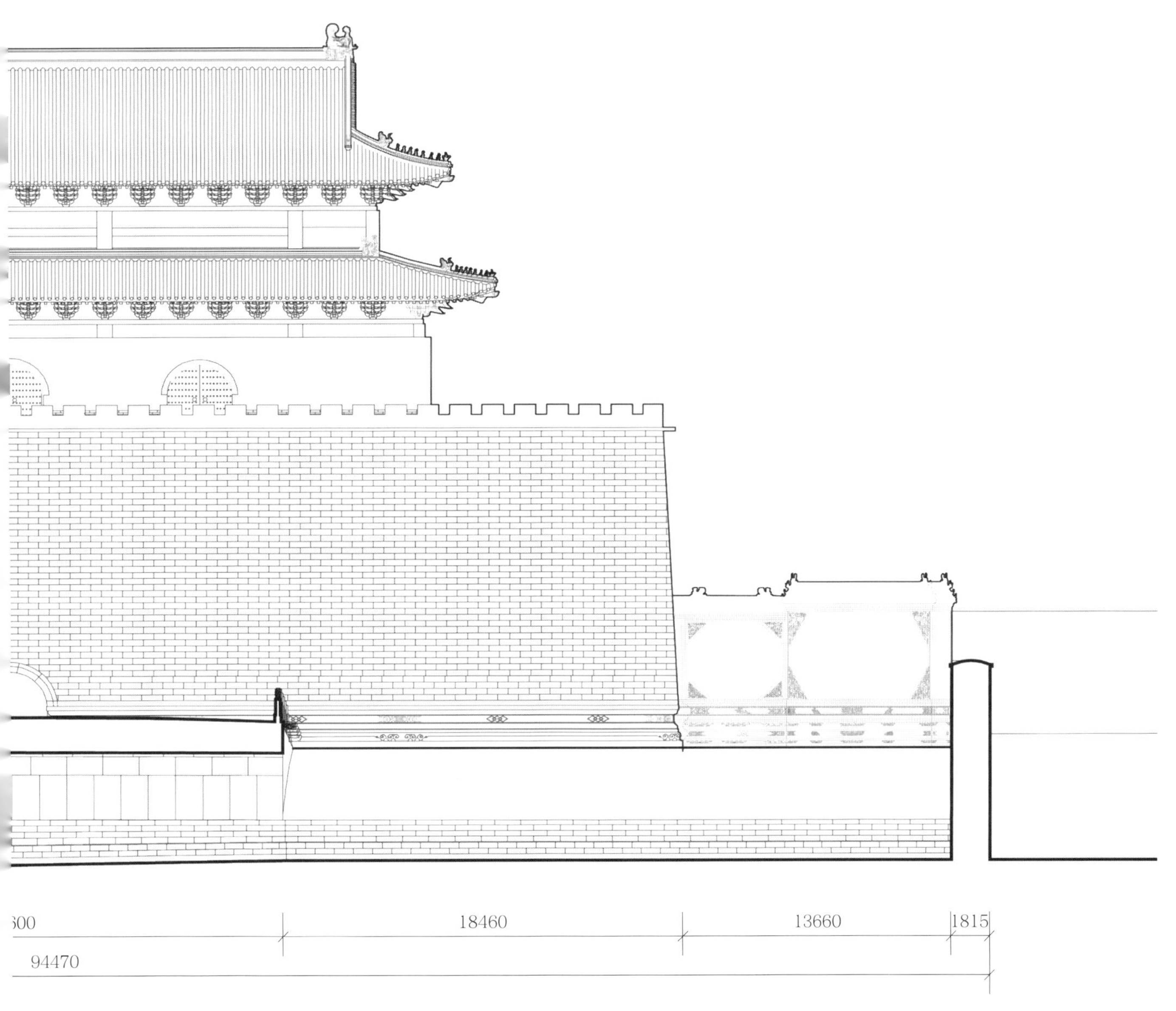

方城明楼前 4-4 剖面图

陵墓区横剖面图

0 3 6 9m

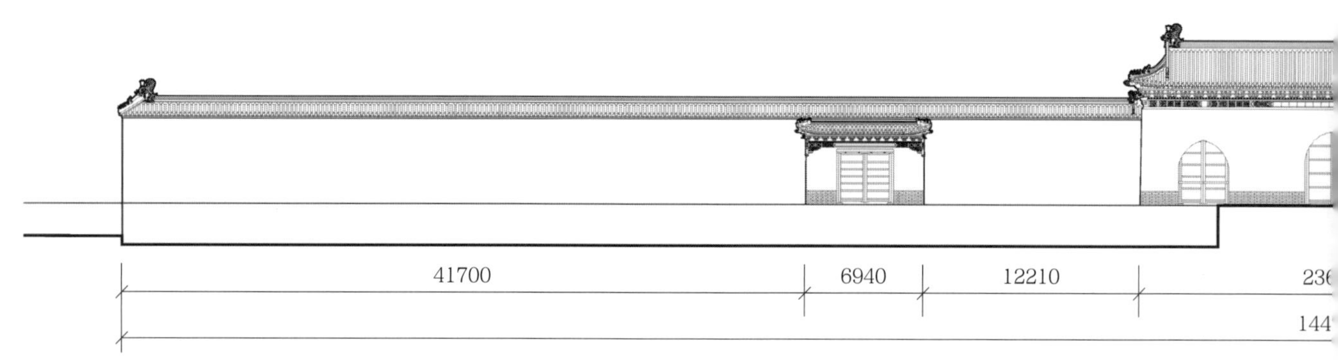

41700
6940
12210

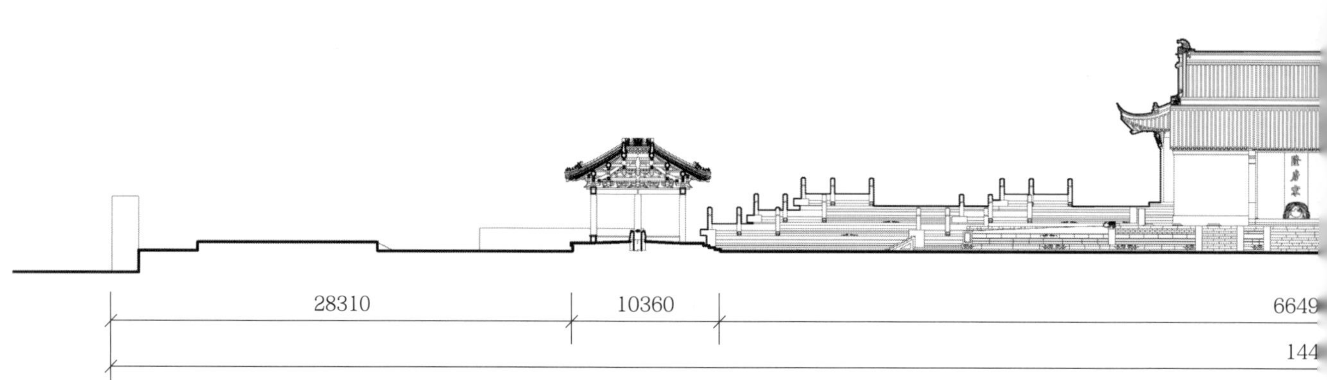

28310
10360

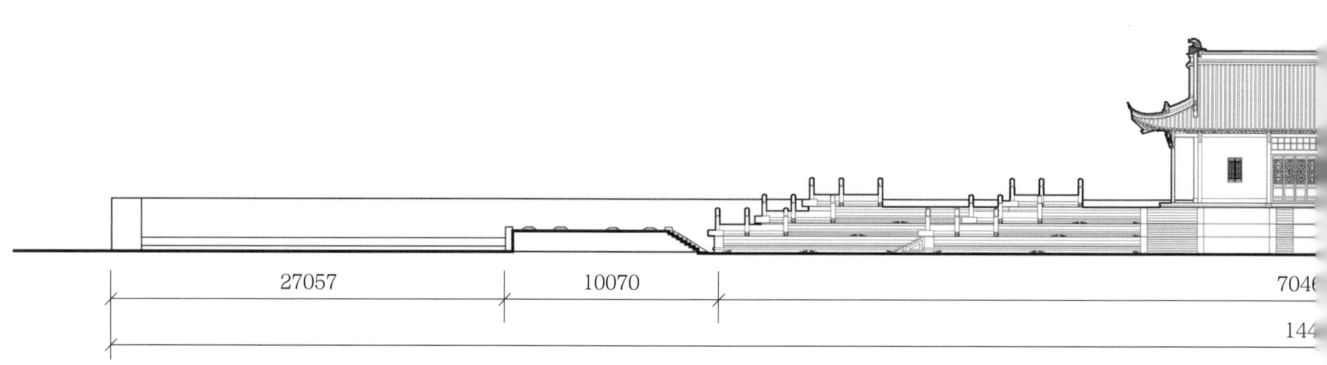

27057
10070

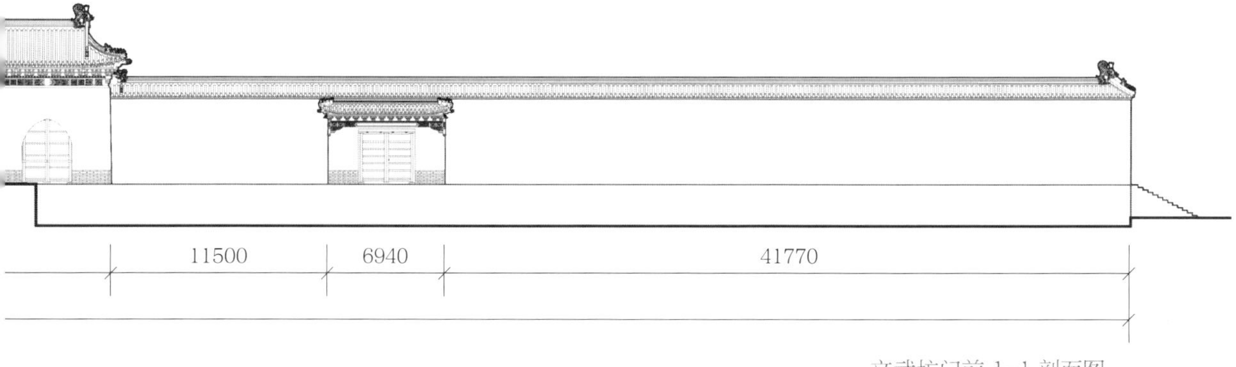

文武坊门前 1-1 剖面图

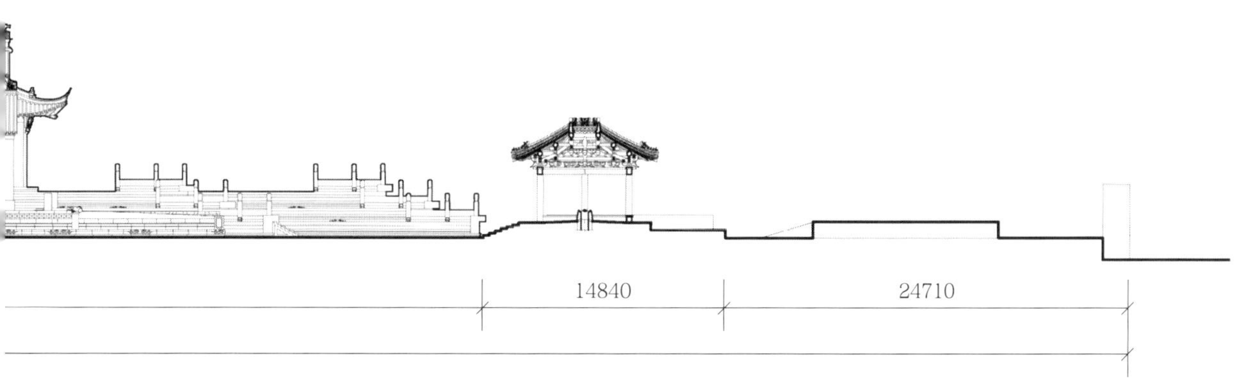

碑殿前 2-2 剖面图

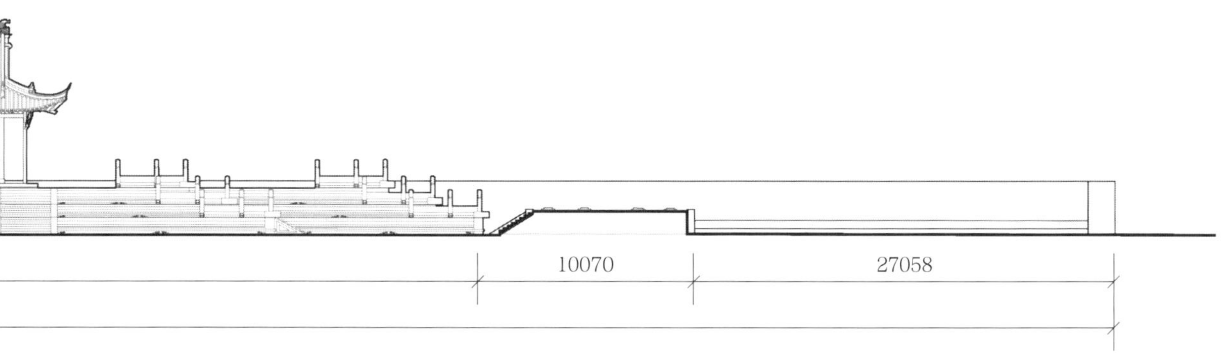

享殿前 3-3 剖面图

陵宫区横剖面图

0 5 10 15m

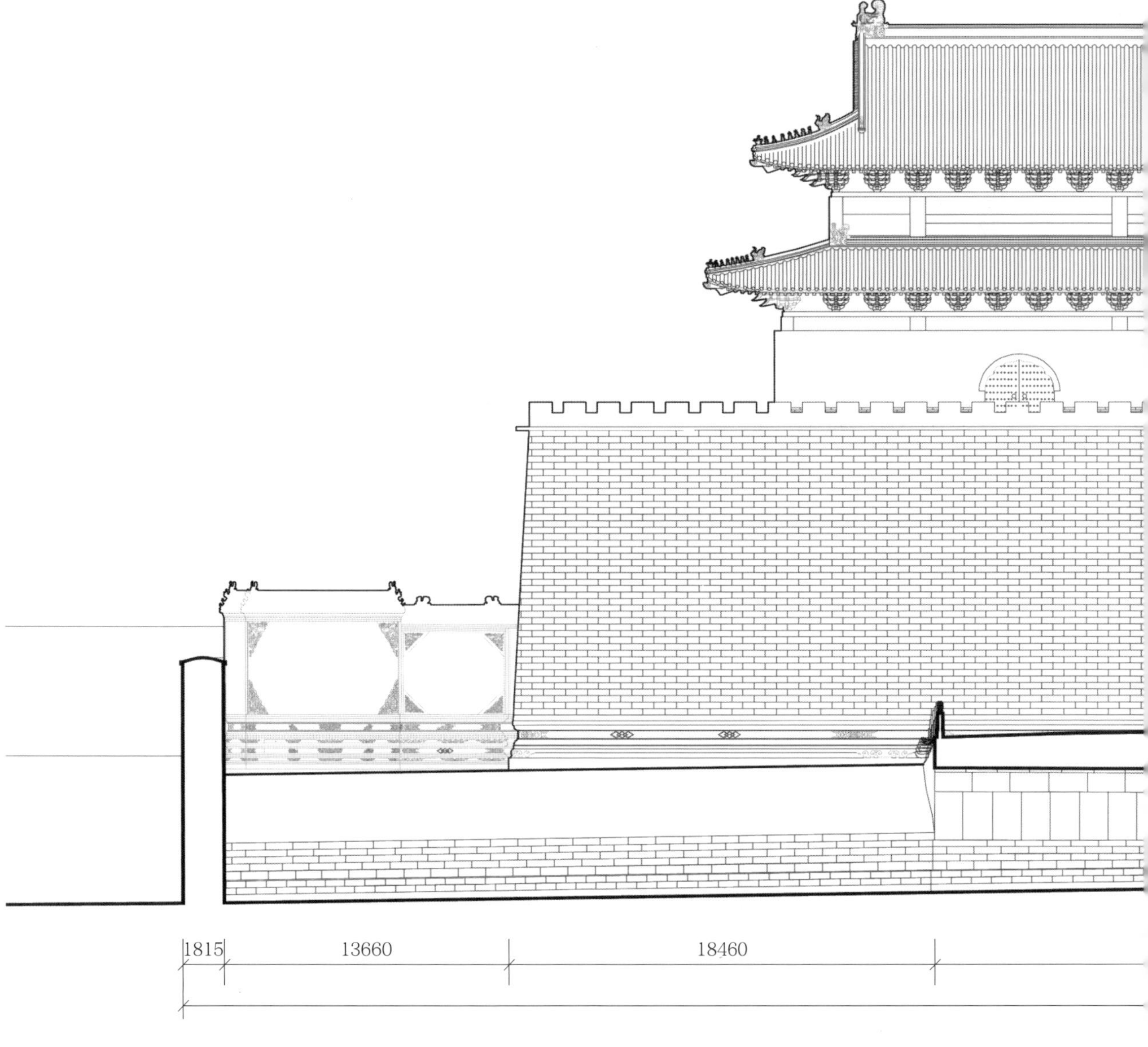
1815
13660
18460

（大金门－四方城）前序区屋顶平面图

0 7 14 21m

（内红门－方城明楼）陵墓区屋顶平面图

0 10 15 20m

（文武方门－内红门）陵宫区屋顶平面图

0 10 15 20m

（石象生－金水桥）神道区屋顶平面图

0 30 60 90m

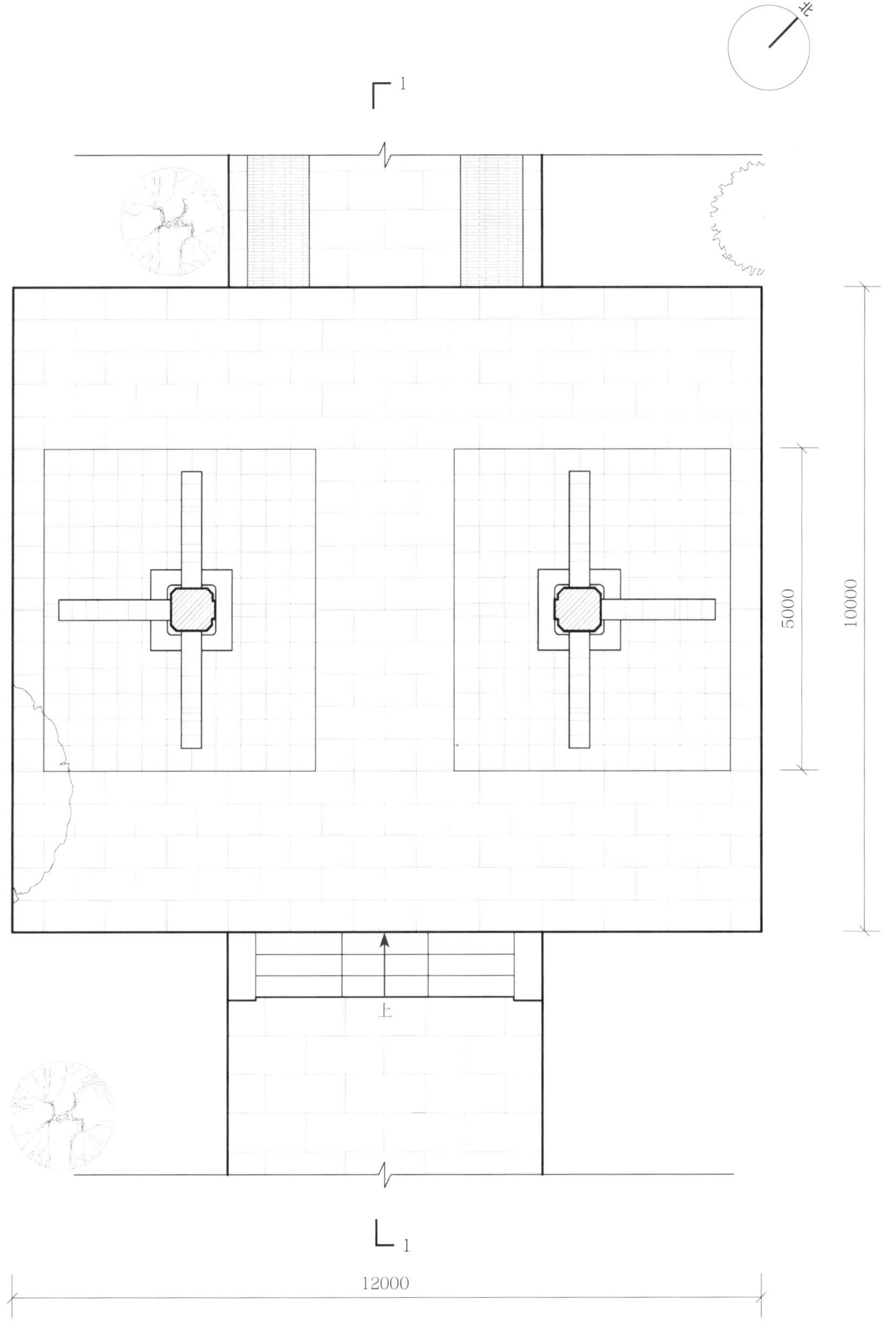

下马坊平面图

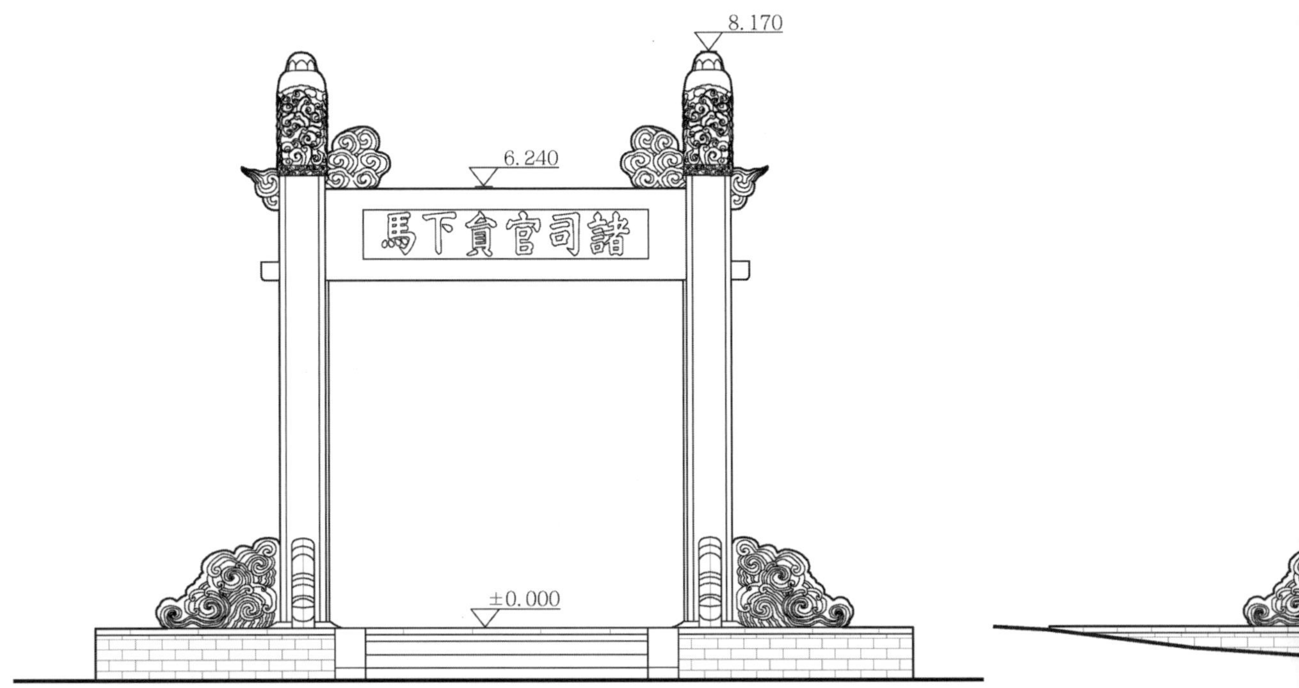

下马坊西立面图

坊北立面图

下马坊 1-1 剖面图

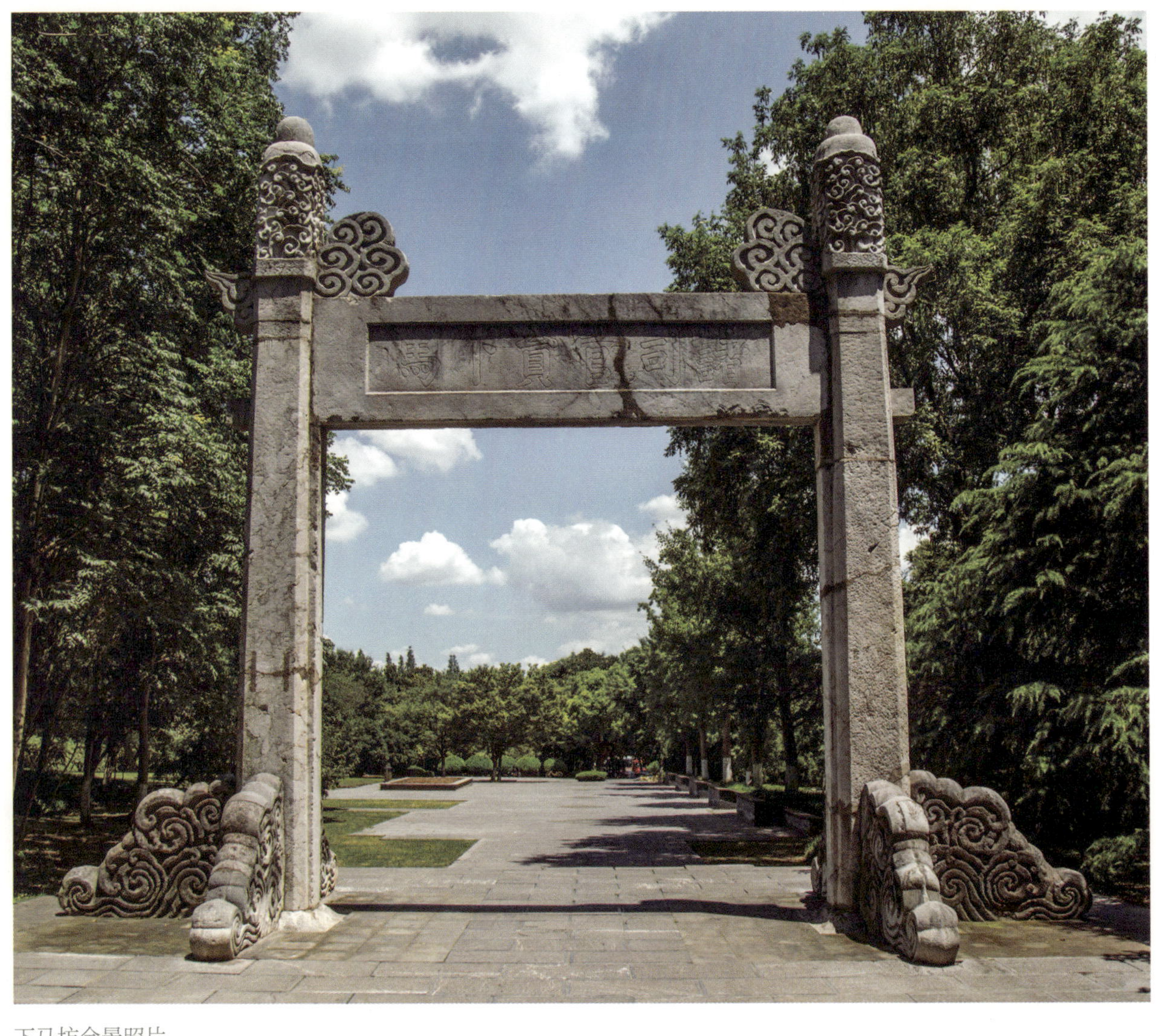

下马坊全景照片

下马坊，明孝陵入口处的标志性建筑，是一座两柱冲天式石雕牌坊，额上横刻“诸司官员下马”六个大字。其意味着文武各级官员到此必须下马步行，以保持陵区的肃穆和对陵寝的尊崇，违者以大不敬论处。下马坊设于洪武二十六年，即公元 1393 年。牌坊体型伟岸，雕刻精细，书体公正，是明代初期石刻建筑的精品。

禁约碑，在下马坊东南方位 20 米处，系明朝崇祯皇帝朱由检于崇祯十五年（1642 年）所立。此碑为卧碑，碑文有禁约九条，为陵墓景观管理方面的相关条例，目的是保护孝陵，严禁破坏孝陵龙脉，“违者处死”。前有序文，楷书阴文。碑额正面浮雕双龙戏珠，碑座须弥座式，四周雕云纹。

下马坊

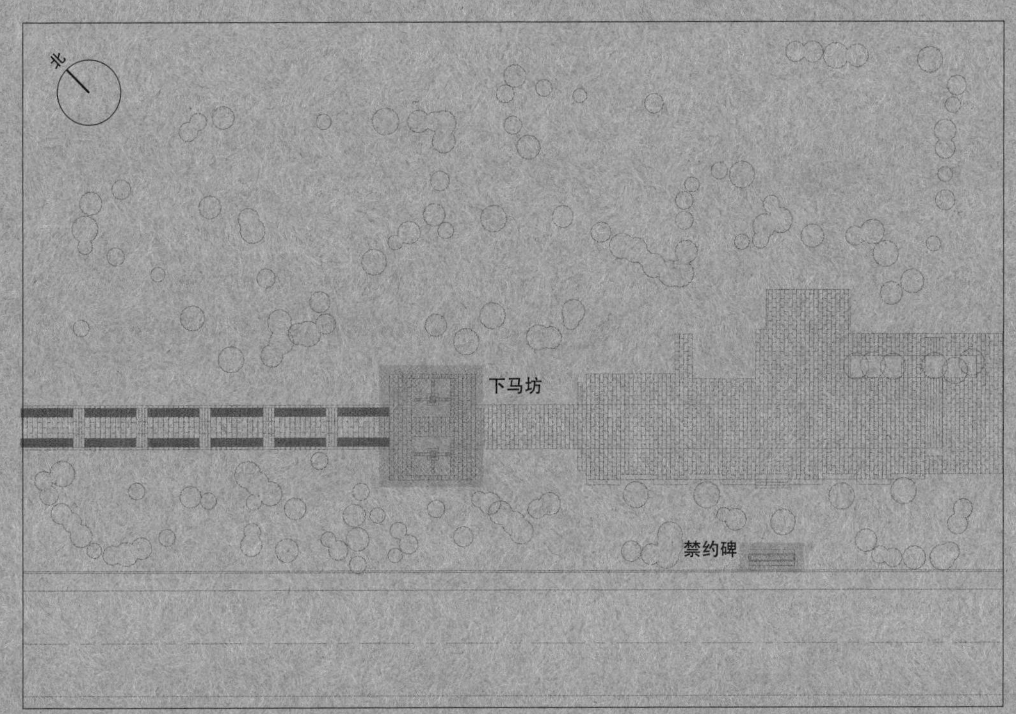

禁约碑须弥座实景照片

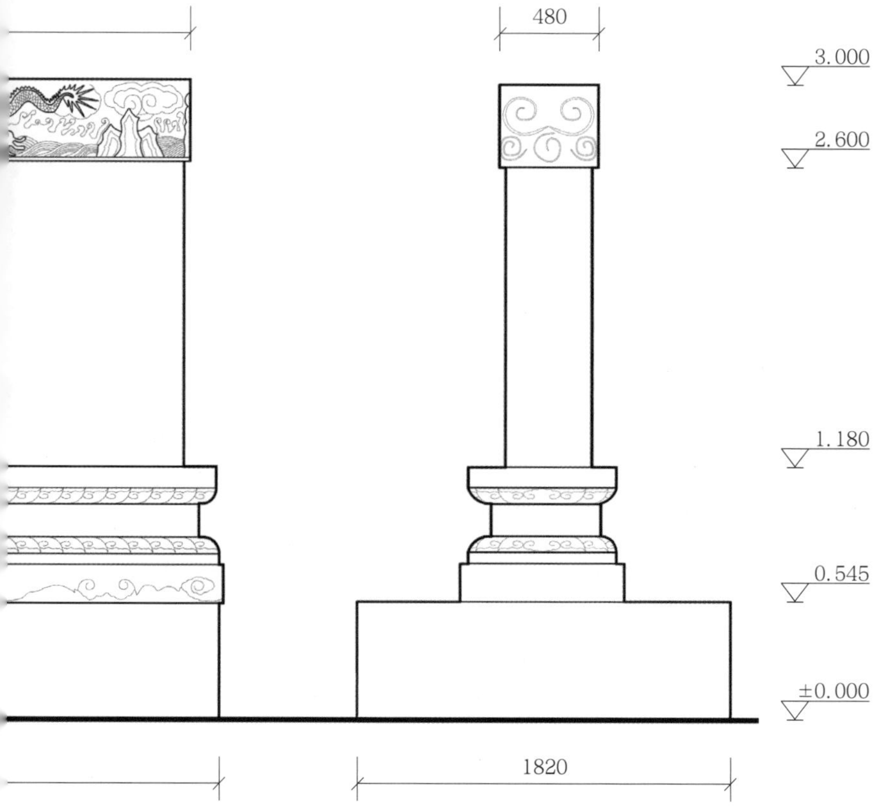

禁约碑侧立面图

禁约碑剖面图

禁约碑正立面图

禁约碑背立面图

背面龙纹大样图

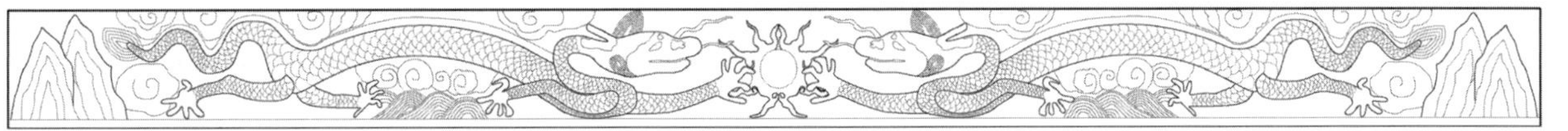

正面龙纹大样图

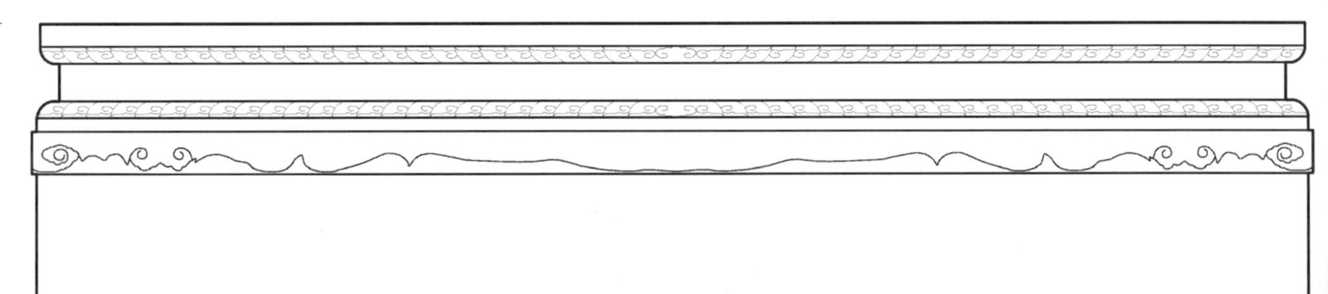

须弥座大样图

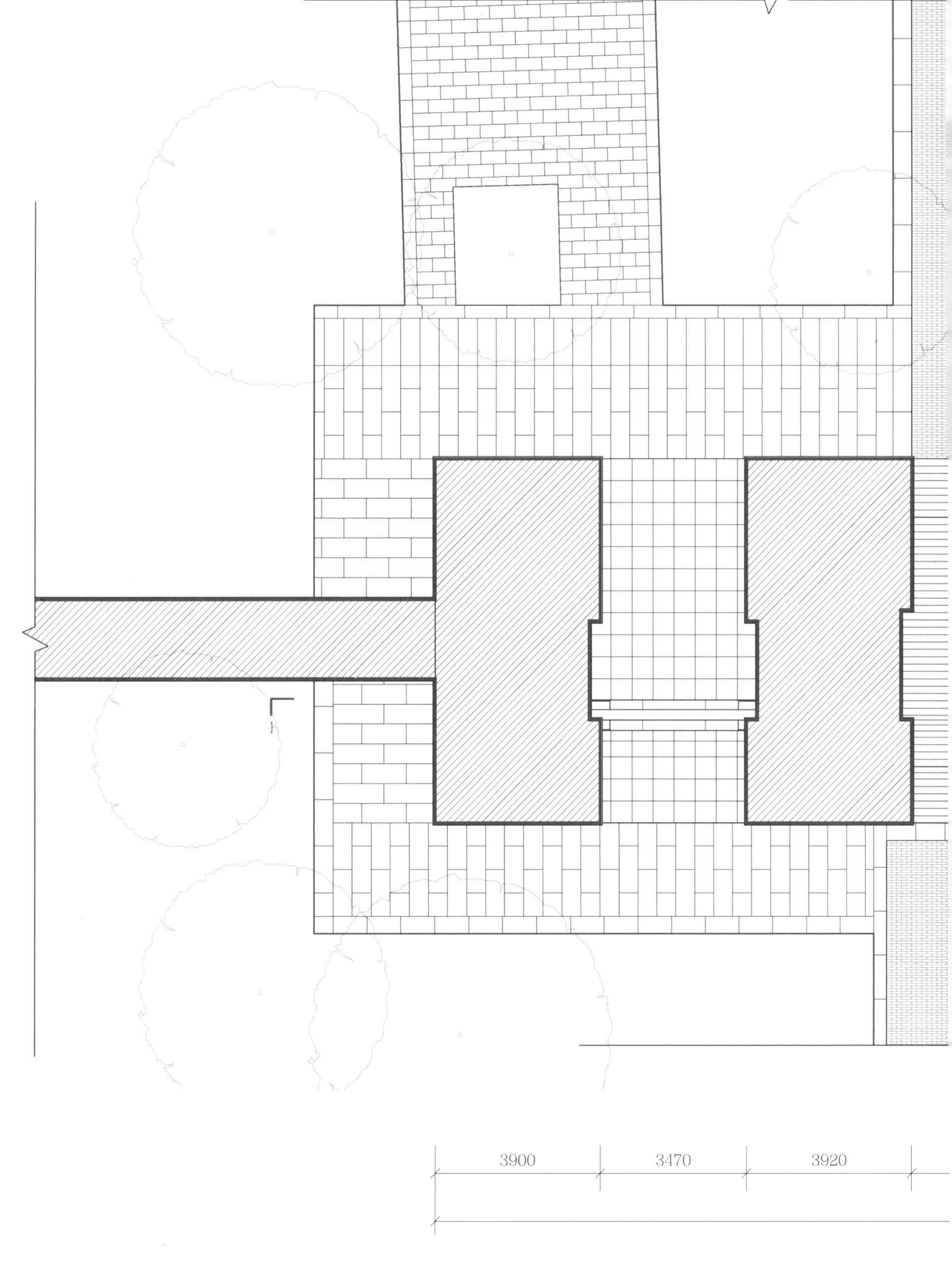
3900
3470
3920

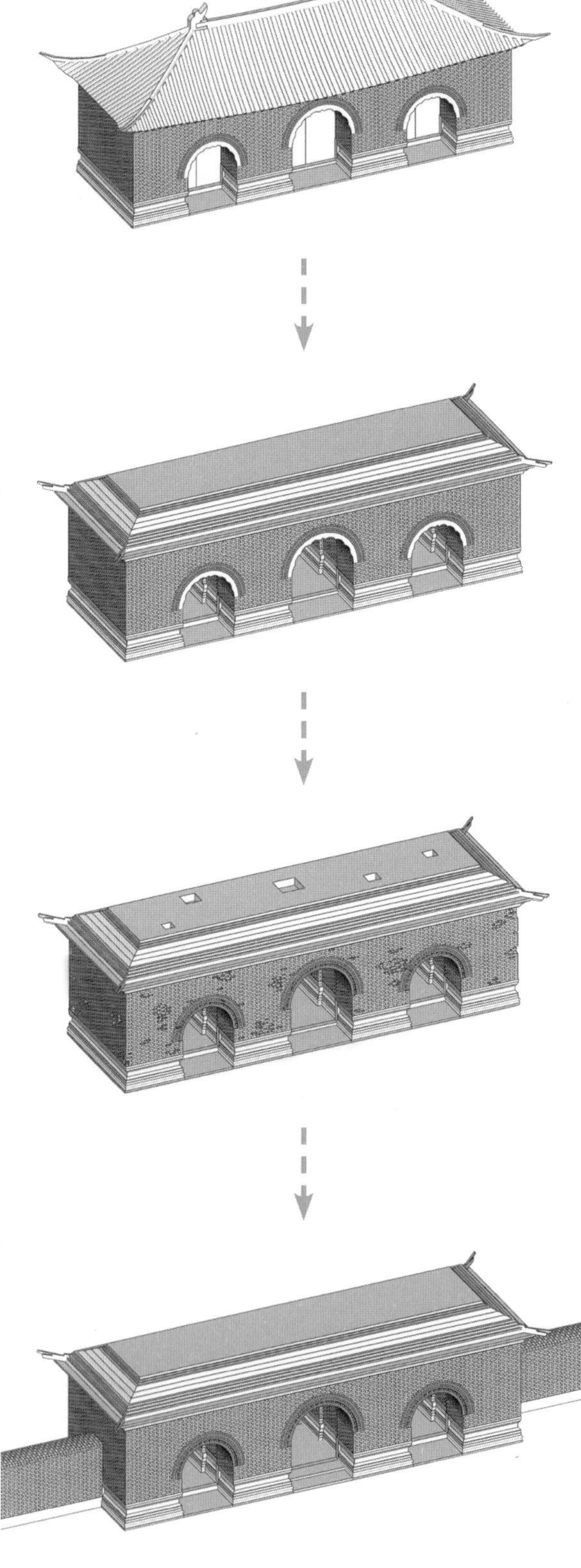

大金门始建于明洪武年间，原屋顶为单檐庑殿顶。第一、二道拱券交接处原有内开的木门。

清末太平天国战争时，因处于两军交锋地，明孝陵破坏严重，大金门屋面被焚毁。至民国初年，屋面及木门不复存在。

至 20 世纪 50 年代末，大金门损毁严重，建筑顶部因战争被挖 1.5 米见方的大洞，拱顶破损多处，已露顶见天，雨水渗漏，城砖损毁严重，有脱落的倾向，顶上长满杂草杂木。（图中残缺砖块根据现状修补痕迹所作）

1964 年至今，大金门共经过 6 次修缮，砌砖修补了券门拱顶，顶部用水泥封顶。砖石砌块间用石灰砂浆嵌缝。

大金门历史变迁图

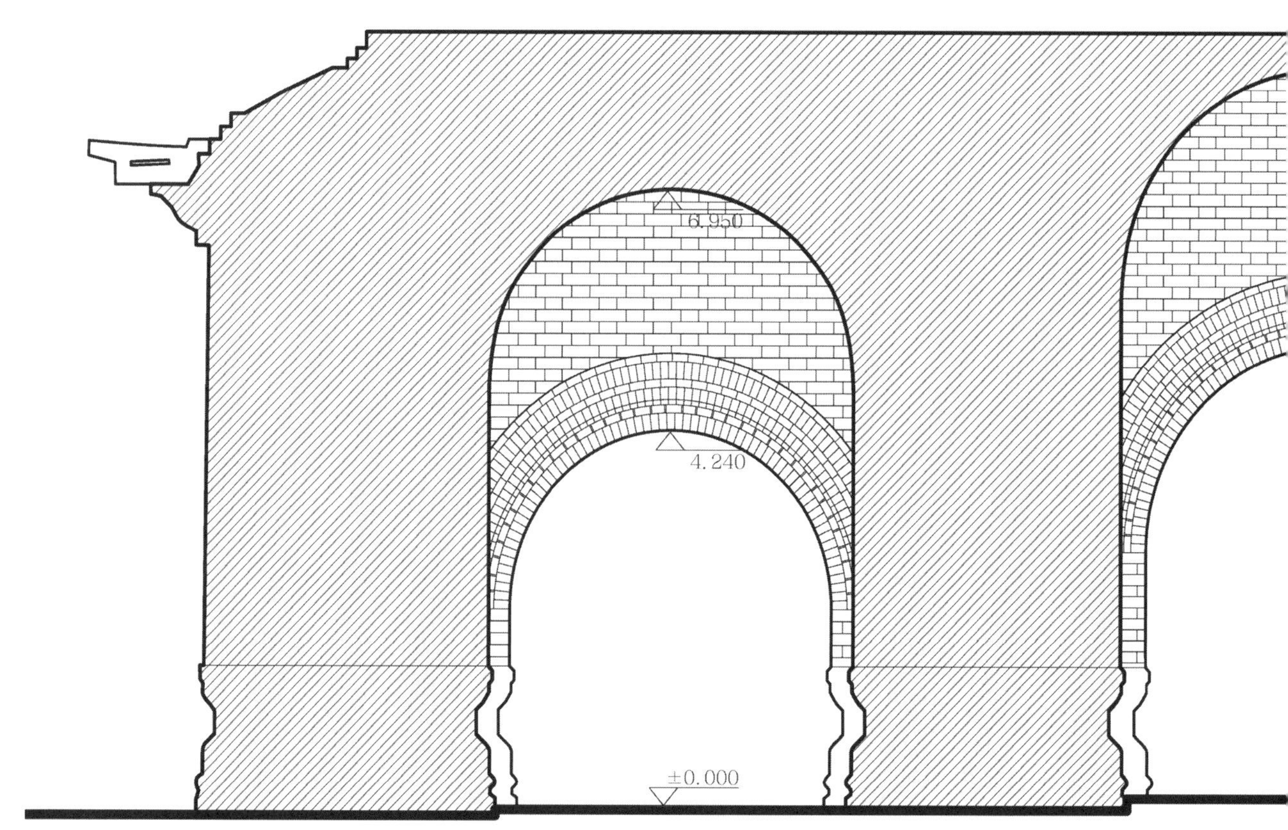
6.950
4.240
±0.000

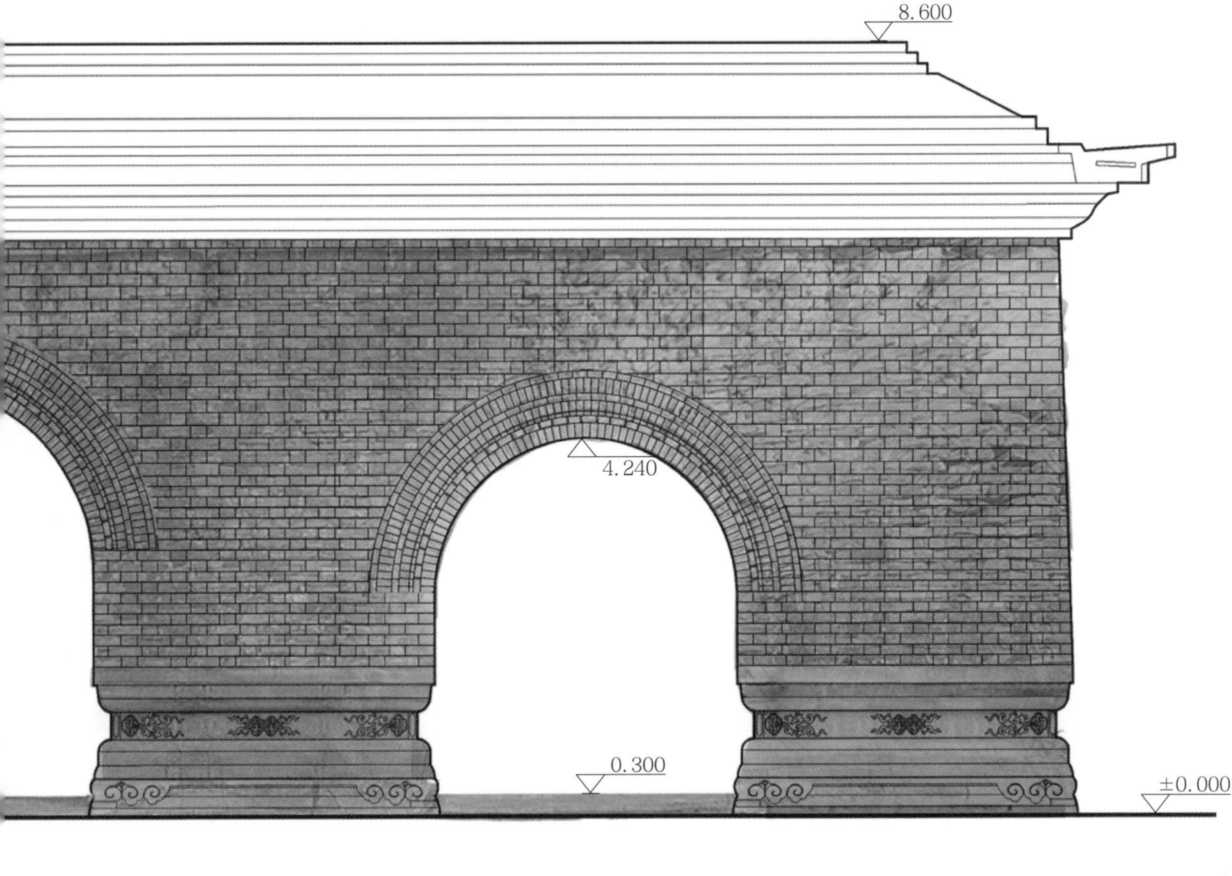

大金门南立面图

0 1.5 3 4.5m

神功圣德碑亭，中立石碑，是明成祖朱棣于永乐十一年（1413 年）为其父明太祖朱元璋撰述的功德碑。碑亭建筑平面呈正方形，俗称四方城，规模为国内现存碑亭之最。整体采用砖石砌筑，其下部为石须弥座，四面各开券门一洞。为保护现有砌体遗址，依据遗存结构复原，神功圣德碑亭顶部为重檐歇山式，覆黄色琉璃瓦，2012—2013 年对其进行加顶保护。

神功圣德碑亭

大金门须弥座实景照片

须弥座大样图

椀花结带大样图

如意云大样图

0　0.3　0.6　0.9m

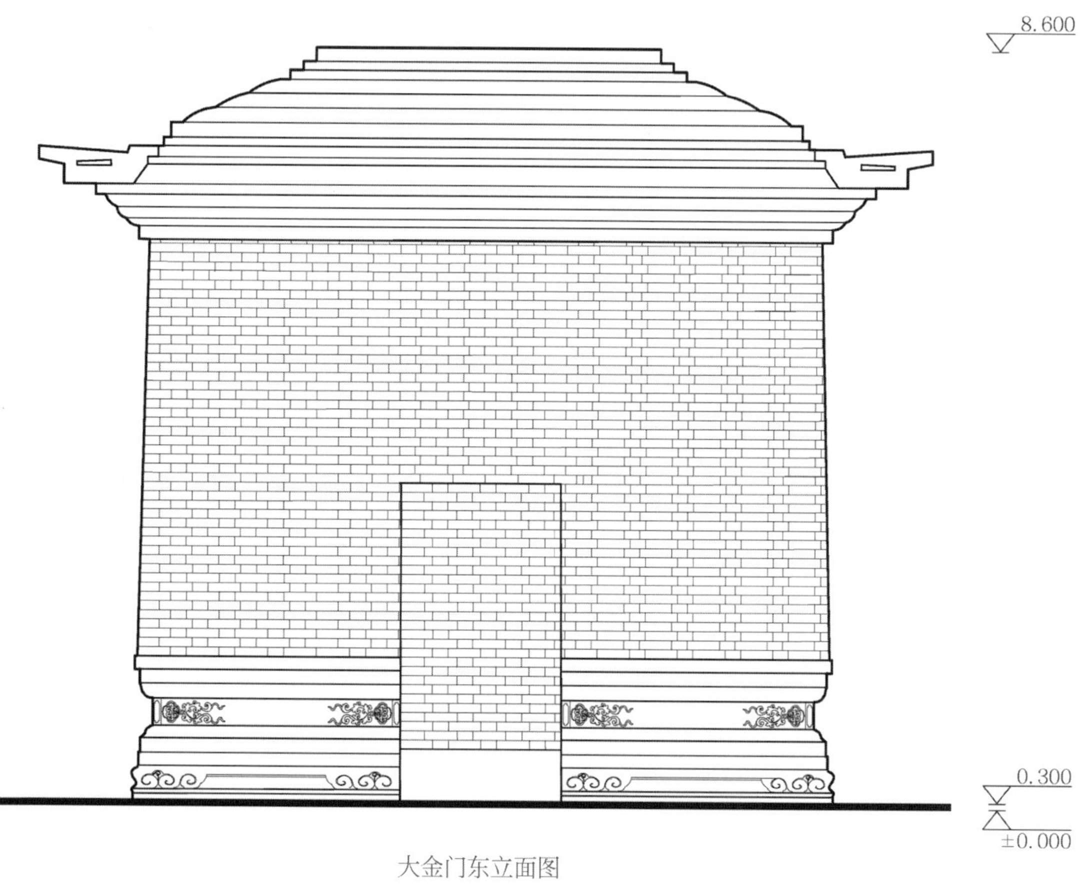

大金门东立面图

神功圣德碑亭南立面图

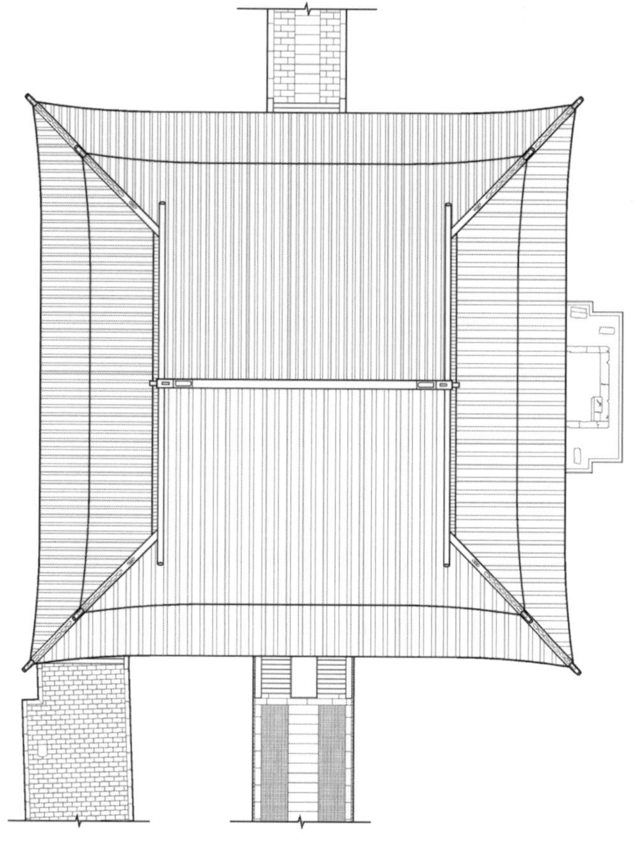

神功圣德碑亭屋顶平面图

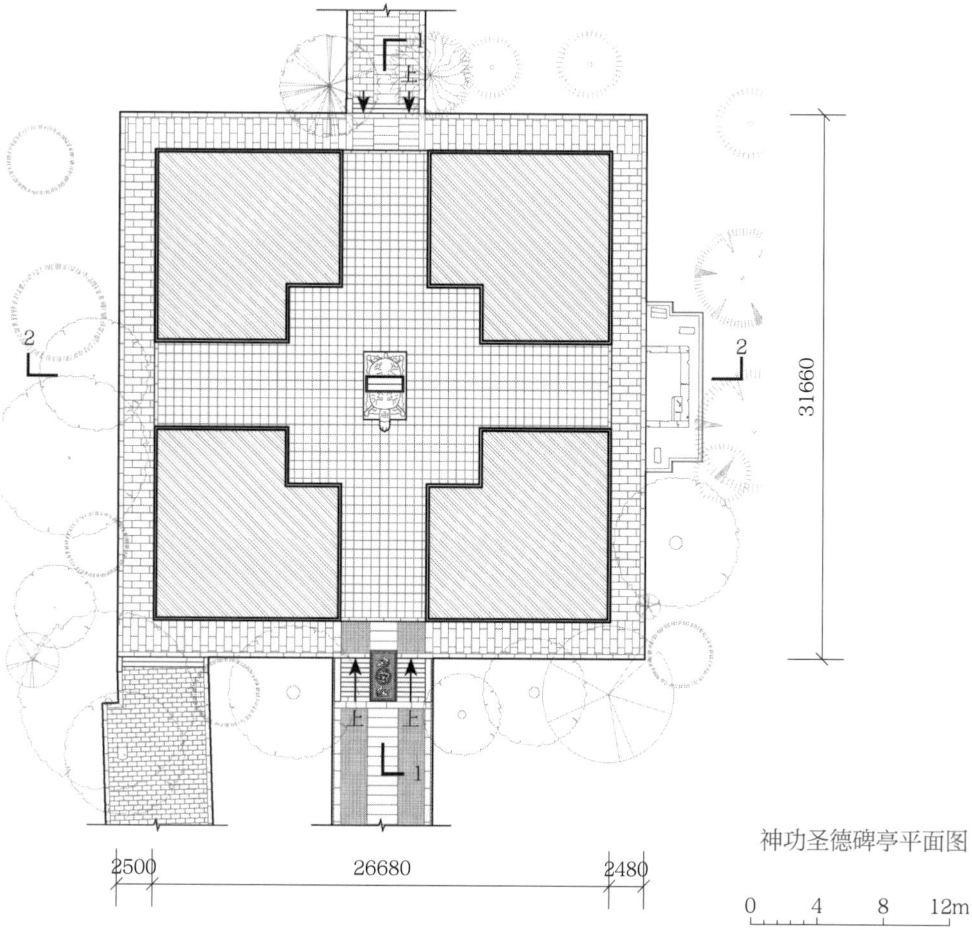

神功圣德碑亭平面图

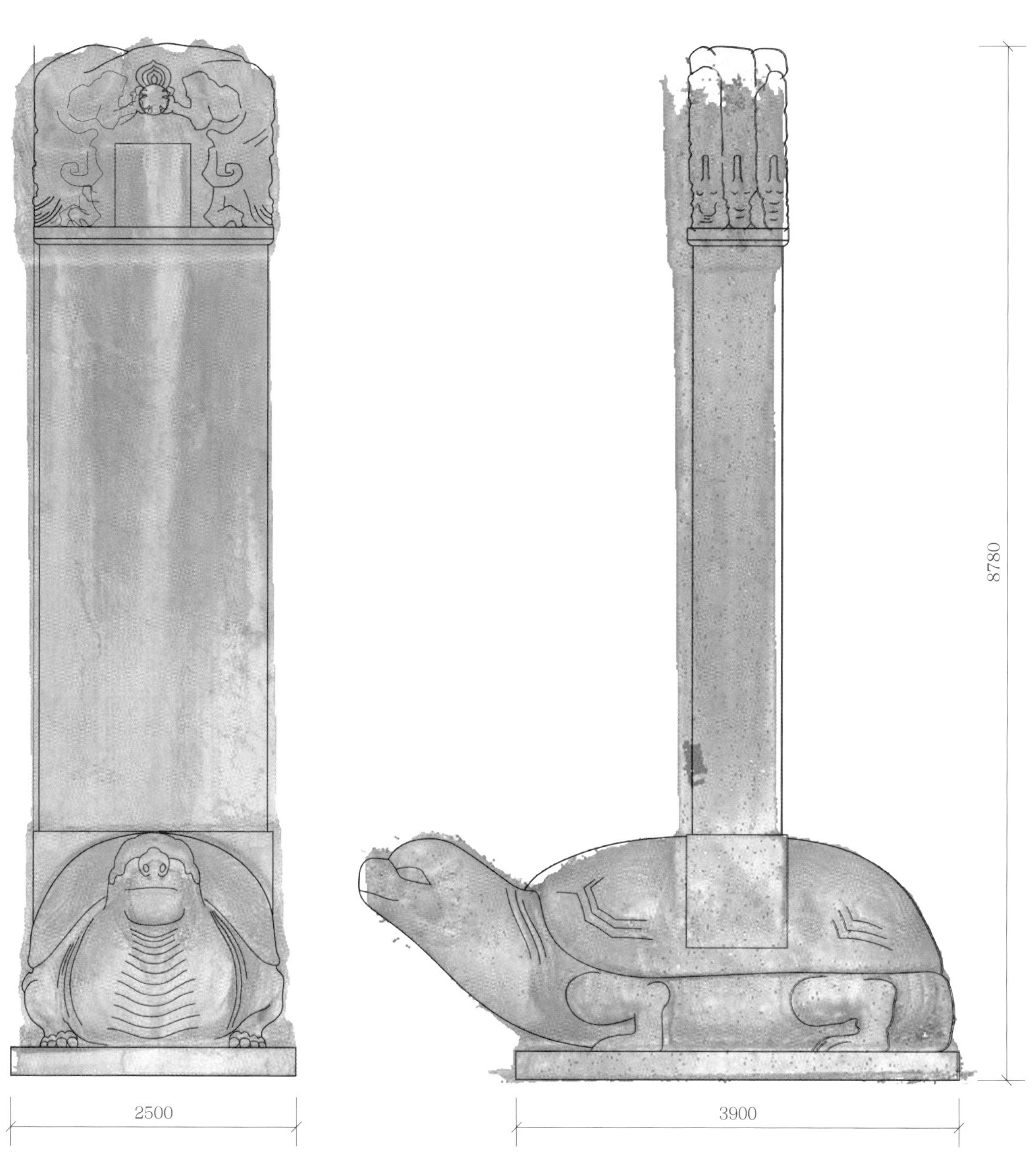

神功圣德碑正立面、侧立面

0 0.5 1 1.5m

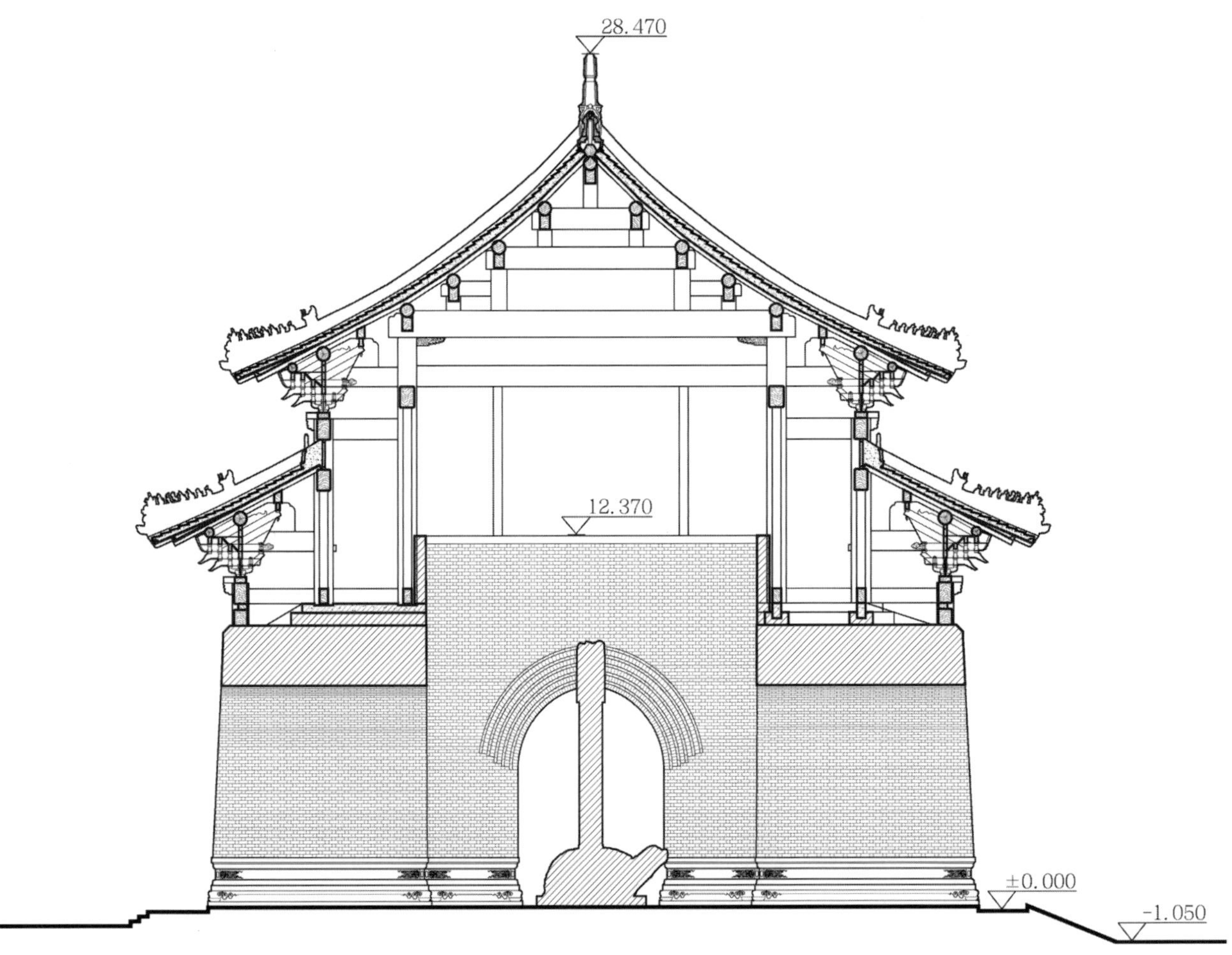

神功圣德碑亭 1-1 剖面图

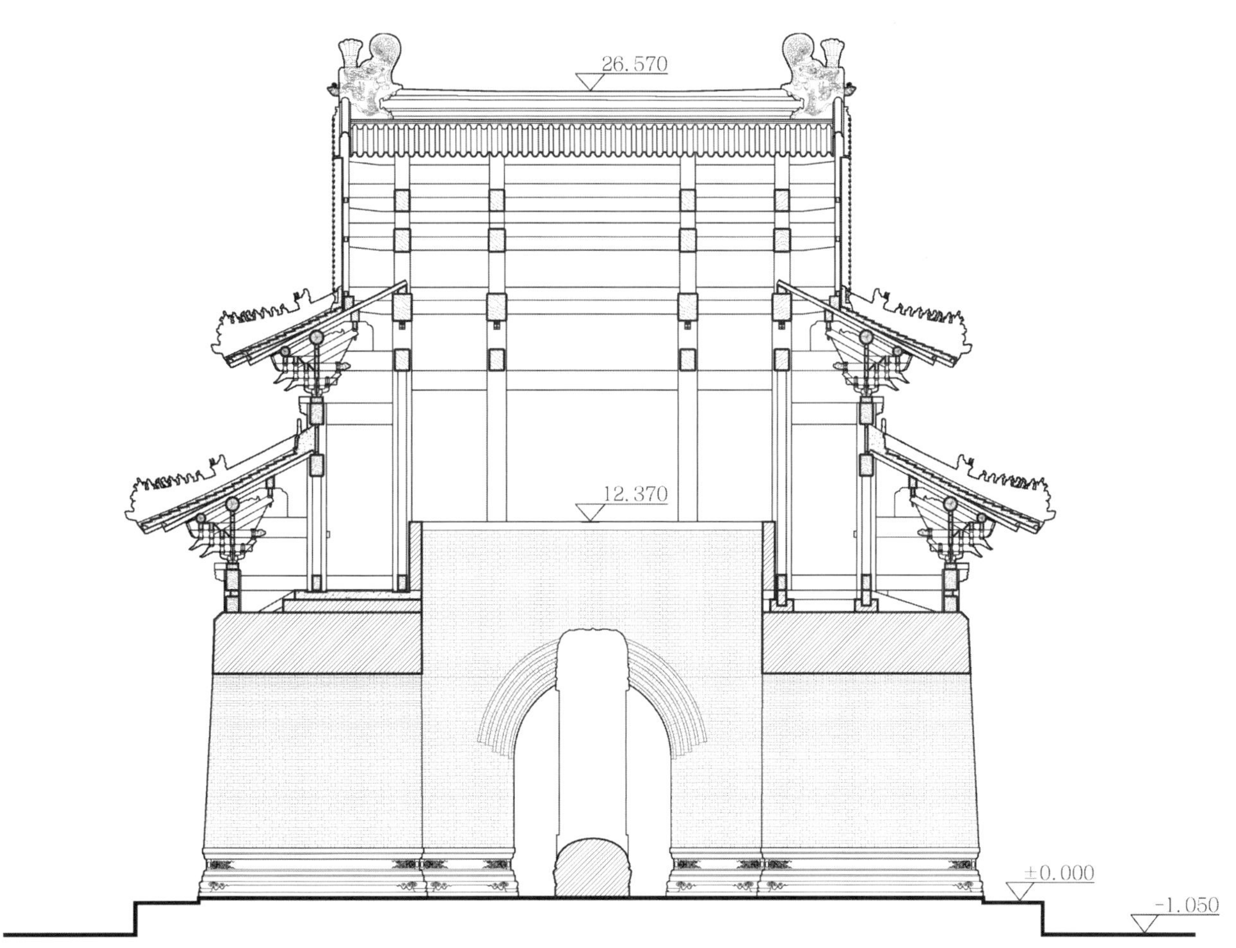

神功圣德碑亭 2-2 剖面图

0 4 8 12m

神功圣德碑亭须弥座实景照片

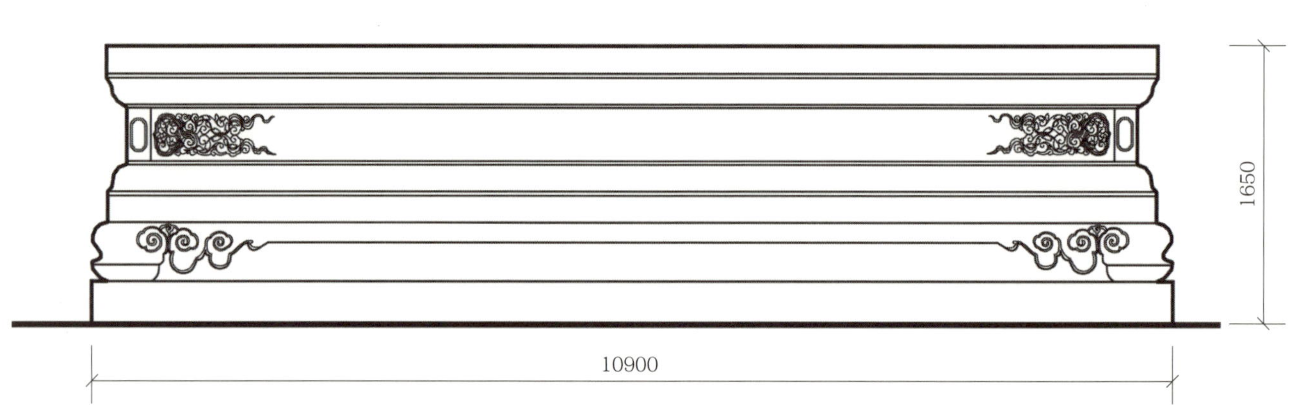

碑亭须弥座大样图

0 0.5 1 1.5m

神功圣德碑亭实景

神功圣德碑亭历史照片

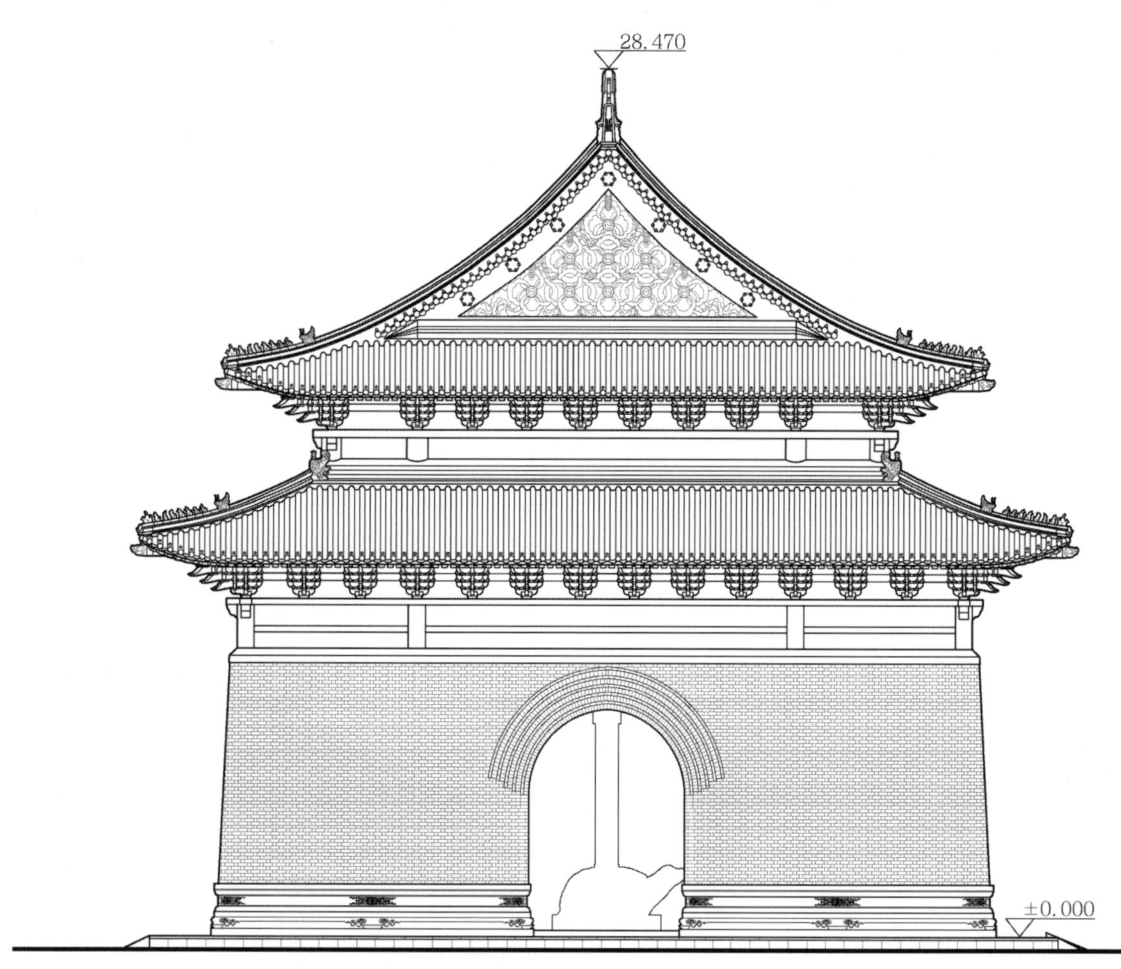

神功圣德碑亭西立面图

（“四方城”2012年完成加顶保护）

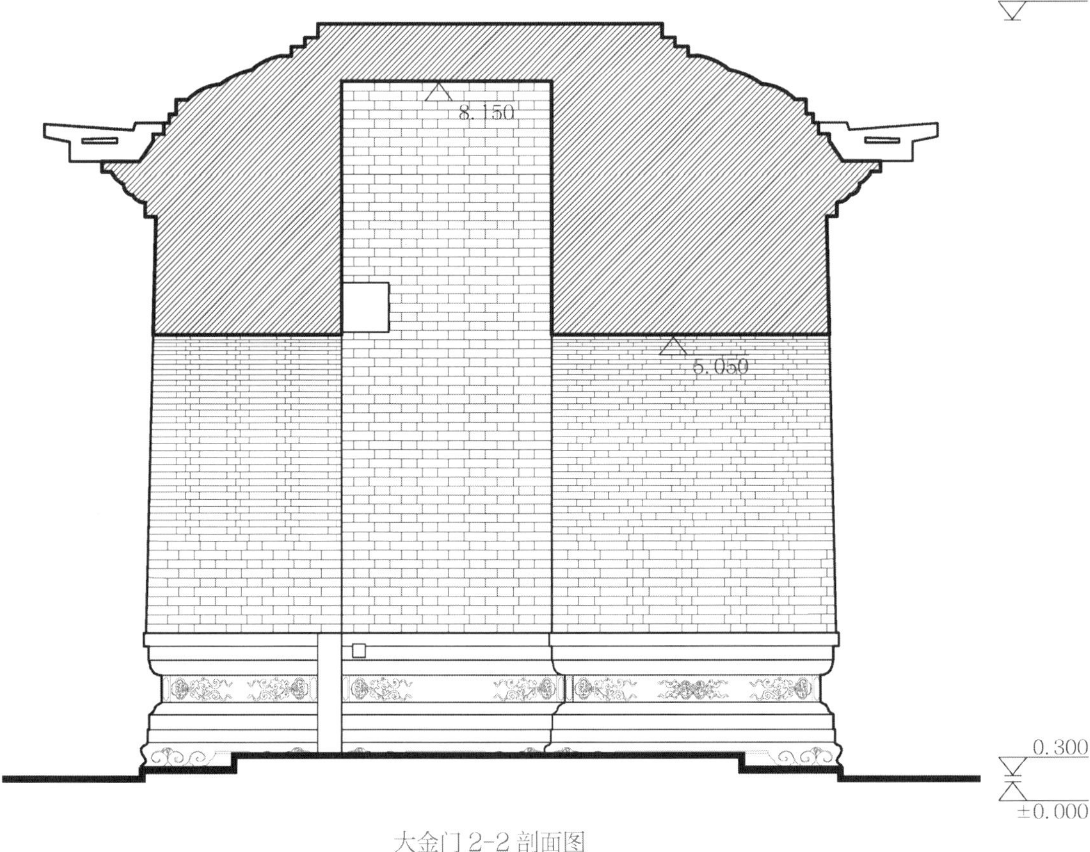

大金门 2-2 剖面图

大金门南立面病害分析图

大金门南立面病害分析表

图例	实景照片	病害类型	保护与修复的方法
		变色 (Discolouration)	清洗，养护剂隔绝空气水分
		生物侵害 (Biological colonization)	清洗
		凹陷 (Alveolization)	粘接剂混合填料修补
		脱层 (Delamination)	粘接剂混合填料修补
		穿孔、射孔 (Perforation)	养护剂，表面形成保护膜
		粉化 (Efflorescence)	嵌补
		变形 (Deformation)	砖石加固
		裂缝 (Crack)	砖石加固，填补

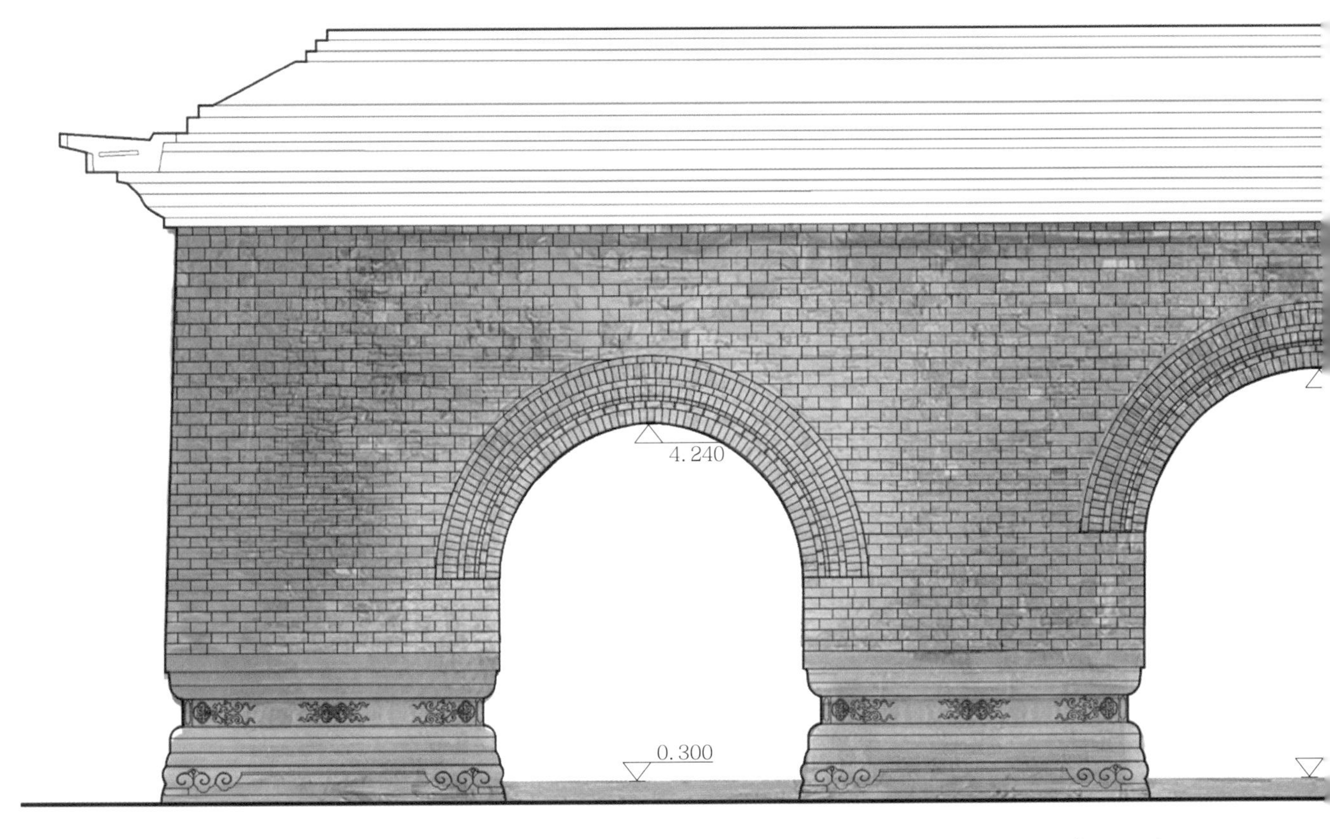
4.240
0.300

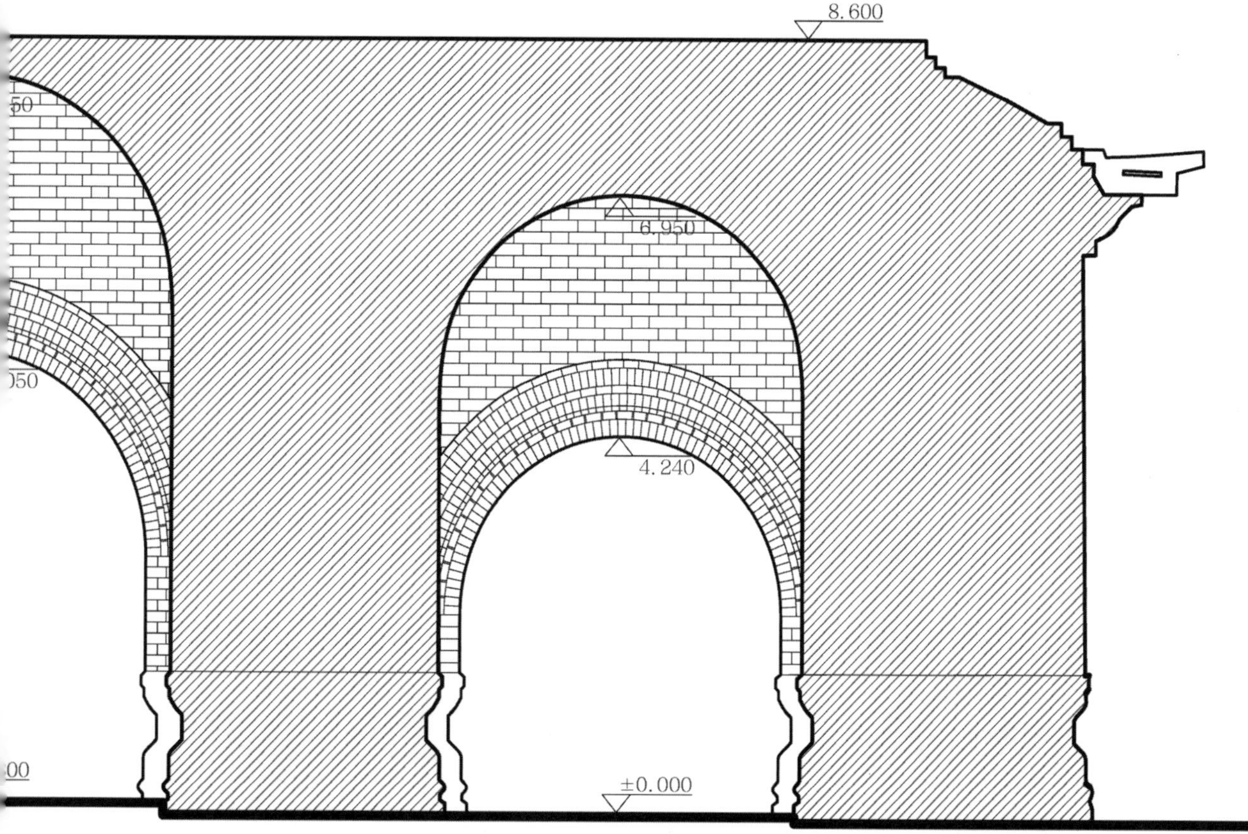

大金门 1-1 剖面图

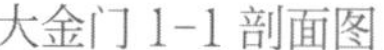

大金门全景照片

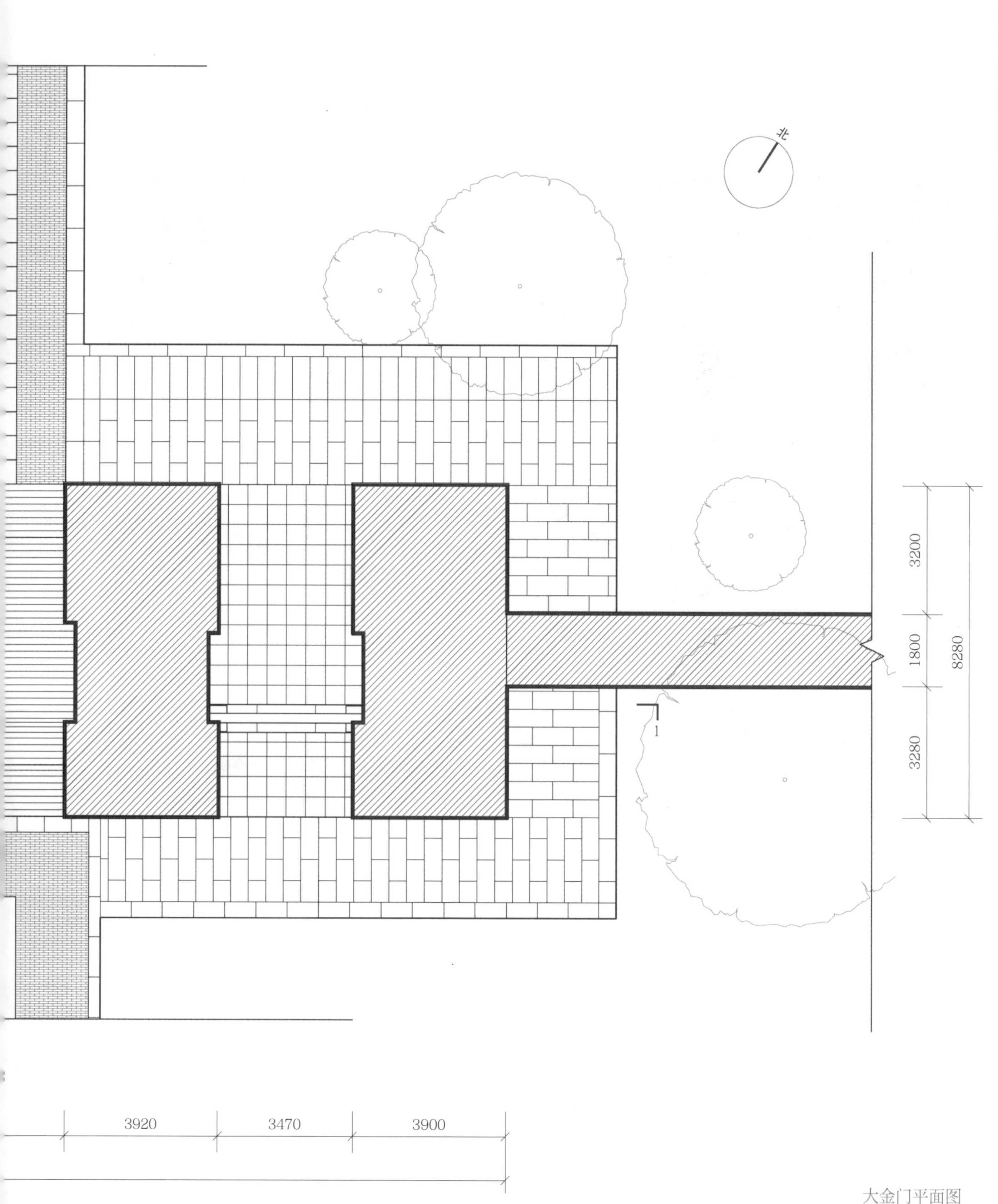

大金门平面图

正立面图 背立面图 侧立面图

正立面图 背立面图 侧立面图

0 0.5 1 1.5m

石象（立）

点云测绘模型

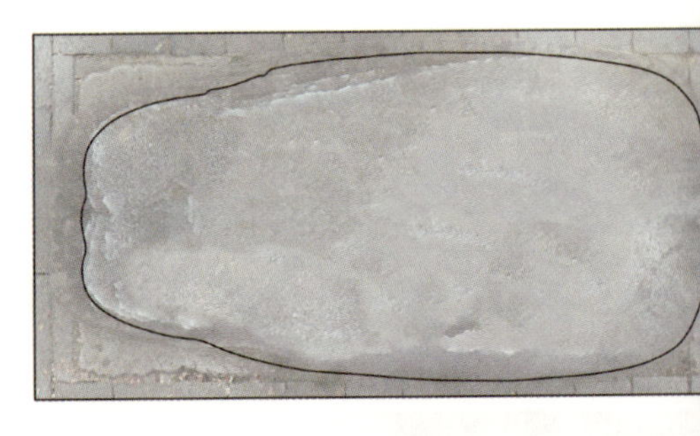
平面图

石象（卧）

点云测绘模型

平面图

正立面图　　背立面图　　侧立面图

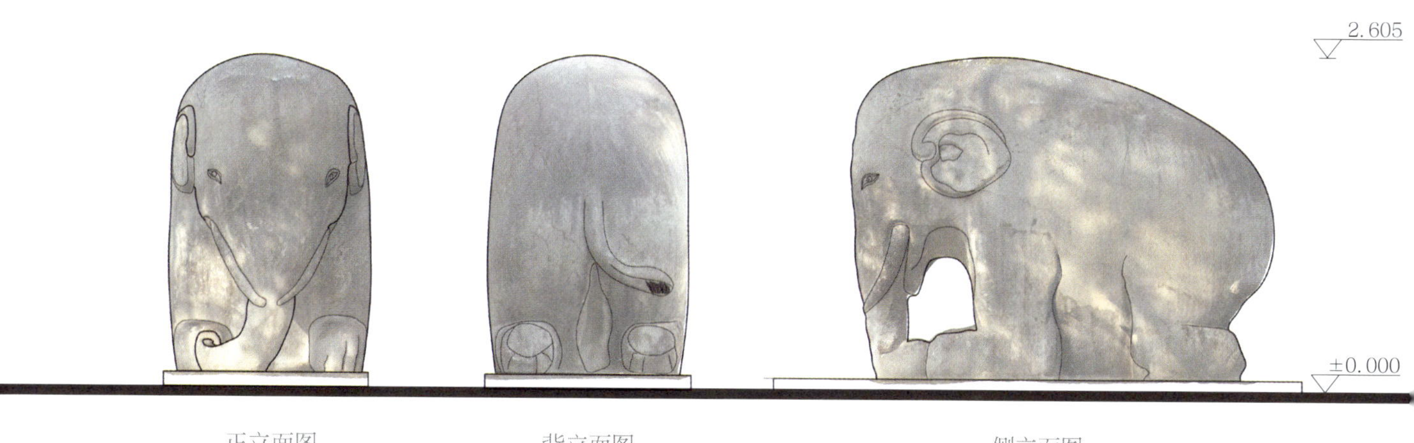

正立面图　　背立面图　　侧立面图

0　0.5　1　1.5m

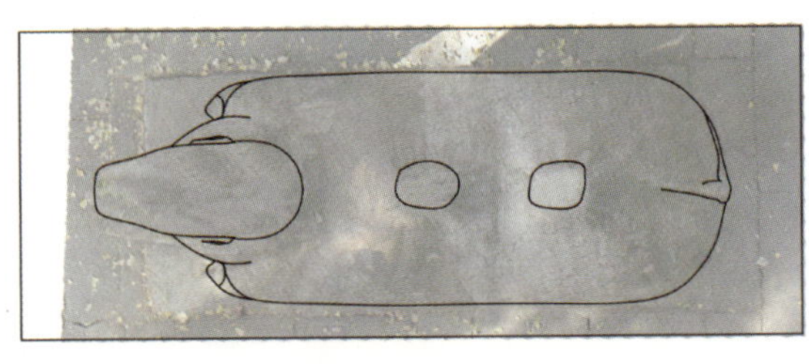

骆驼（立）

点云测绘模型

平面图

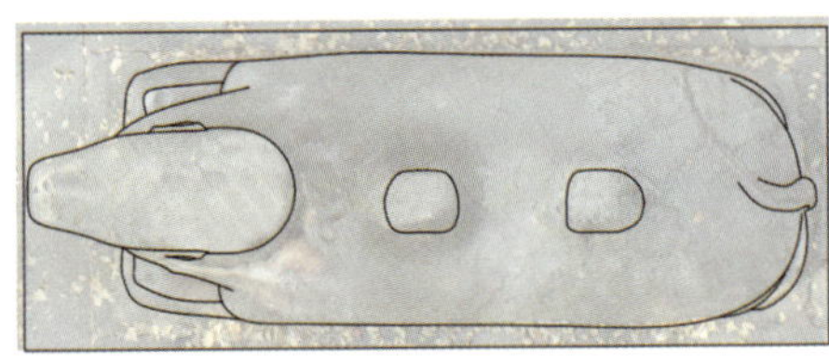

骆驼（卧）

点云测绘模型

平面图

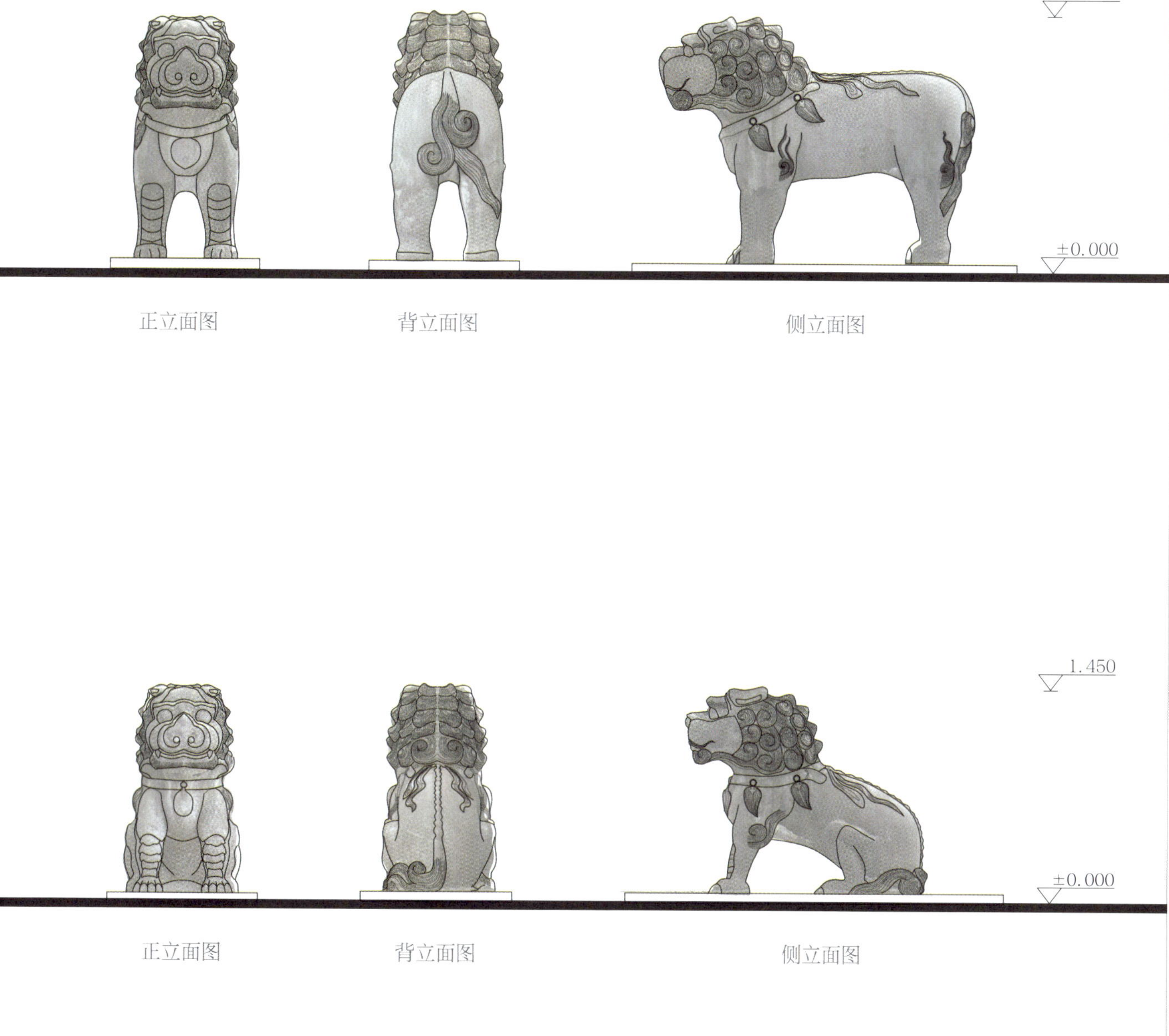
1.760
±0.000
正立面图
背立面图
侧立面图
1.450
±0.000
正立面图
背立面图
侧立面图
0
0.5
1
1.5m

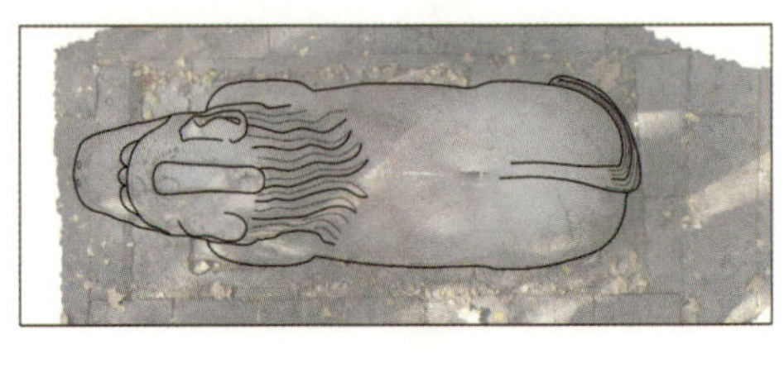

獬豸（立）　　点云测绘模型　　平面图

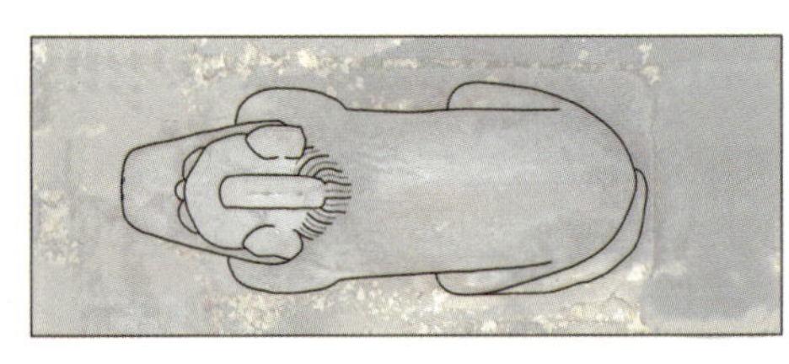

獬豸（卧）　　点云测绘模型　　平面图

0 0.5 1 1.5m

石狮（立）

点云测绘模型

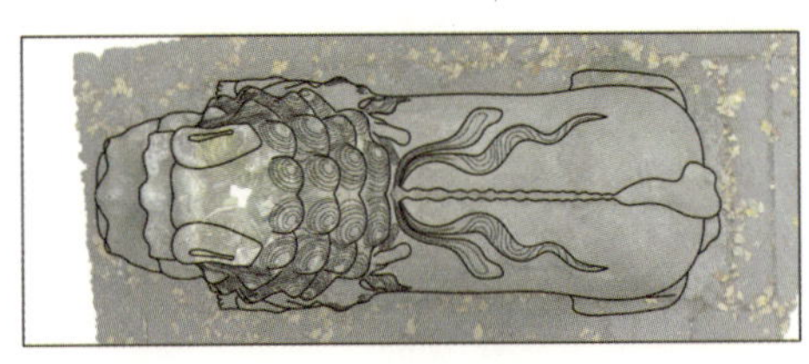

平面图

石狮（卧）

点云测绘模型

平面图

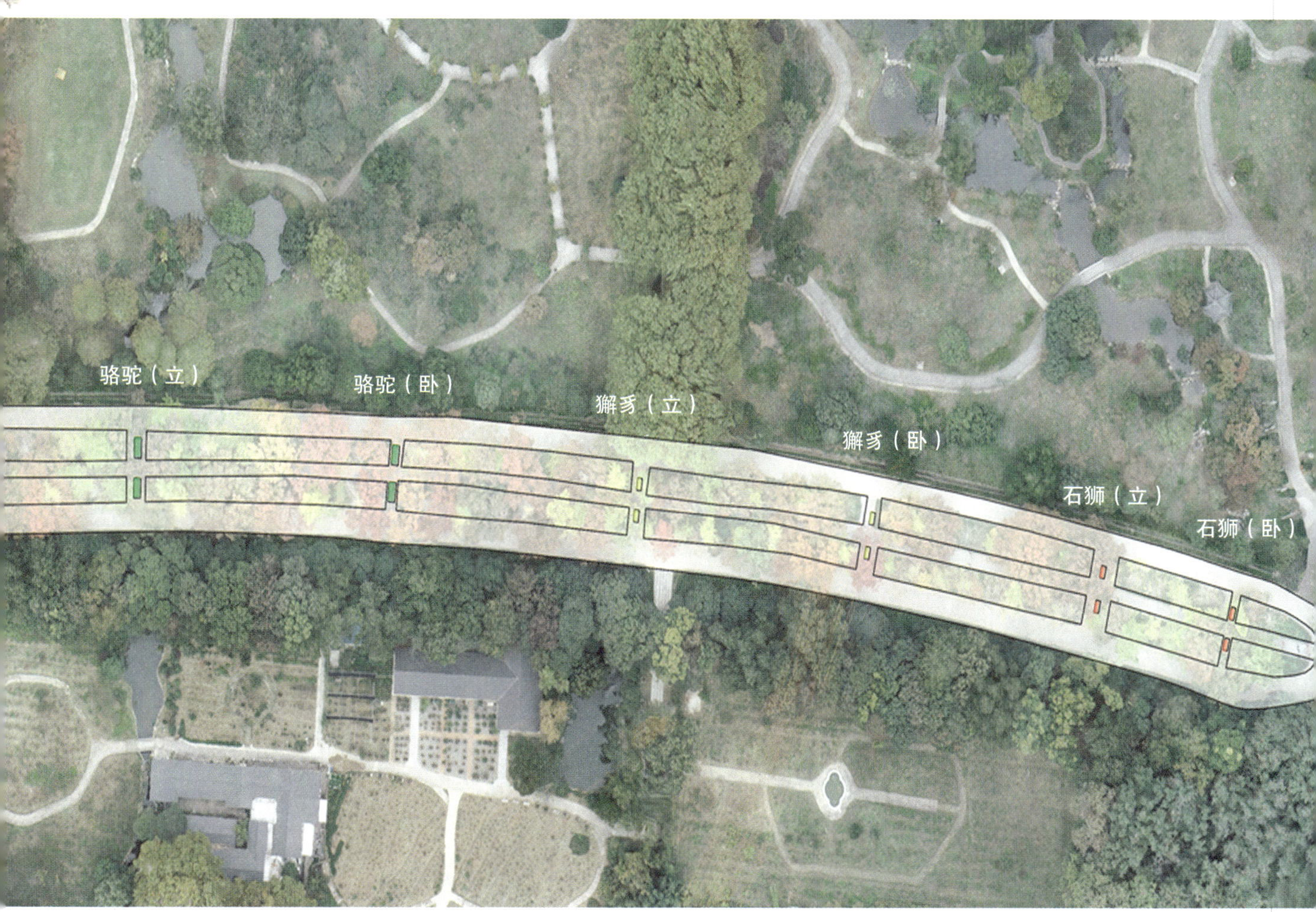

石象路总平面图

0 20 40 60m

石象路实景

北
石马（立）
石马（卧）
麒麟（立）
麒麟（卧）
石象（立）
石象（

石象路是明孝陵神道的第一段，神道在此处为东西走向，全长六百余米，两侧分别有狮、獬豸、骆驼、大象、麒麟、马六种神兽，每种两对，立、卧各一对。这些石兽用整块巨石采用圆雕技法刻成，线条流畅圆润，气魄宏大，风格粗犷，既标识着帝陵的崇高、圣洁、华美，也起着保卫、辟邪、礼仪的象征作用。

石像生

图书在版编目（CIP）数据

明孝陵测绘图档 : 明孝陵列入《世界遗产名录》二十周年珍藏特辑 / 郭华瑜，李国华编. -- 南京 : 江苏凤凰美术出版社，2024.5

ISBN 978-7-5741-1568-2

Ⅰ. ①明… Ⅱ. ①郭… ②李… Ⅲ. ①陵墓－中国－明代－图录 Ⅳ. ①K928.76-64

中国国家版本馆CIP数据核字（2024）第100588号

责任编辑 王左佐
装帧设计 焦莽莽
责任校对 孙剑博
责任监印 唐 虎
责任设计编辑 唐 凡

书　　名 明孝陵测绘图档 : 明孝陵列入《世界遗产名录》二十周年珍藏特辑
编　　者 郭华瑜 李国华
出版发行 江苏凤凰美术出版社（南京市湖南路1号 邮编：210009）
印　　刷 南京互腾纸制品有限公司
开　　本 889毫米×1194毫米 1/16
印　　张 16.5
版　　次 2024年5月第1版 2024年5月第1次印刷
标准书号 ISBN 978-7-5741-1568-2
定　　价 298.00元

营销部电话 025-68155675 营销部地址 南京市湖南路1号
江苏凤凰美术出版社图书凡印装错误可向承印厂调换

孙艺轩、吴相礼、宇月婷、蒋仁杰、王超、张华振、张逸凡

指导老师：孙璨

深秋初冬季的测绘，是同学们学以致用的实践课，也是他们第一次如此深入地解读古建筑，见证其历史和发展的轨迹，比如孝陵门须弥座遗址和清碑殿、孝陵殿基址和清重建“享殿”，都呈现出明代宏大基址和清代三间单檐建筑的鲜明对比，吸引着同学们在现状实测的基础上进行相关内容的拓展和复原研究，测绘成果于2021年6月的世界遗产日开始在明孝陵展出至今，为游客市民带来更专业的呈现和解读。

测绘图档基于出版的严谨性和准确性，我们在选择图纸时确定以测绘基础图纸为主，并通过建筑历史教研室师生的修改、补测完成。2022年4—12月，经过数十轮的删选修改，《明孝陵测绘图档》初定稿为自大金门到方城明楼建筑测绘图，并在南京工业大学“融合中华优秀传统，塑造坚实学科基础——南京工业大学建筑遗产教研融合成果展”上以模型和简册的方式进行展览。此次参与排版的研究生主要是：

2020级研究生：沈宸洁、梁振西 / 复原并绘制明享殿彩图

2021级研究生：王靖绪、陈甜甜、孙琳珊、王利青、刘泽敏

指导老师：郭华瑜、李国华、胡占芳

2023年6月18日是世界遗产日，也是南京明孝陵荣膺世界文化遗产二十年庆。为此中山陵园管理局与南京工业大学一道出版《明孝陵图录》《明孝陵测绘图档》以记之。在编排过程中，为更全面计，2023年5月与凤凰出版社对接排版进行重新调整并补测下马坊、增补明功臣墓，参与此次测绘排版的有：

2022级研究生：下马坊测绘徐恬静、刘倩，禁约碑测绘马腾宇、丁兆淳、于丹

2023级研究生：李璇、丁博涵、王梦婷、杨慎龙、刘福倩、朱妍、项雯、韩庆洁

感谢中山陵园管理局和南京市文物研究所在测绘出版过程中提供的帮助，笔者谨将我们测绘、排版整理等工作记录之，以飨盛事。

2023年9月

于南京工业大学弘正楼

李文忠墓：陈琳、闵稼馨、茹丹、田淋羽、柏君来、李朗、沈家鑫、程惠南

指导老师：郭华瑜、李国华

常遇春墓：陈静、妍吉、倪芳琳、陶豫媛、张雯杰、陈正康、潘江钊、周文强

指导老师：李国华

吴良、吴桢墓：孔捷、李澄钰、李润、徐启姝、张帆、施晨楠、王隆、赵子琪

指导老师：李国华

2020 年是对明孝陵测绘最全面的一次，从大金门到后面的宝城宝顶，也因为三维激光扫描仪和无人机航拍的使用，测绘的控制性尺寸精度更高，参与者为建筑学 2018 级 1-3 班同学，按建筑顺序自前向后分别为：

总平组：劳琪雯、王贝琳、陈小杰、阚仁健、梁璧选、魏然、张兴华、周恺来

指导教师： 郭华瑜

大金门、石像生：杜欣羽、刘艾佳、杨芷晏、席斌、顾毓贵、孙辰寒、夏斌、陈欣怡

指导教师：孙政

四方城：林若曦、徐昕宇、侍崇凌、唐博轩、李玥、崔德正、吴一舟、潘鹏宇

指导教师： 孙政

石翁仲、棂星门：顾他一、祁思语、王梦婷、张洁茹、黄仁杰、滕苏彦、于洋、朱嘉骏

指导老师：张蕾

文武方门、金水桥：王远航、黄丽颖、孙雨馨、张琦、金天、赖星澎、张叶龙、蔡天舒

指导老师：王一丁

碑殿：高兴、斯凌敬、刘泓宇、许敏慧、吴樾、陈与懿、励姿玮、邓棋

指导老师：王一丁

东西井亭：顾恒祎、芦天怡、肖瑶、余庭瑶、胡煜阳、唐超、严凡辉

指导老师：胡占芳

明孝陵东、西配殿，神帛炉：沈冰珏、何晓彤、王雪鲵、周晴、嵇昕睿、涂元潮、张德琛、朱云锋

指导老师：胡占芳

内红门、享殿：李昊辰、孙之桐、蒋澄宇、赵文杰、王运生、金雨晨、张千、陈澎、林于蘅、陈悦妍、杨华婷、勾之冀、宋佳豪、吴志兵、童星

指导老师：李国华

升仙桥、方城明楼：顾迦艺、毛子易、谢燕婷、袁婧文、黄灿光、陶友园、杨浩宇、华蓓蕾、

后 记

李国华

南京工业大学建筑学院

南京明孝陵，位于江苏省南京市玄武区紫金山南麓独龙阜，是明太祖朱元璋和马皇后的合葬陵寝，也是中国规模最大的帝王陵寝之一。明孝陵始建于明洪武十四年（1381 年），永乐三年（1405 年）基本建成，历时 25 年，并开创帝王陵寝新制：上承唐宋帝陵“依山为陵”的旧制，下启曲折自然式神道先河，并始建宝城宝顶，体现传统文化“天人合一”的思想理念，同时也代表明初建筑与石刻艺术的最高成就。1961 年，明孝陵被国务院公布为首批全国重点文物保护单位；1982 年，明孝陵被列为国家重点风景名胜区；2003 年，明孝陵及明功臣墓被列为世界文化遗产。

对南京明孝陵的测绘工作，由郭华瑜教授领导的南京工业大学建筑学院团队历经三次本科生《古建筑测绘》实习课程，一次研究生《建筑设计 1・建筑遗产保护设计》课程，并以此为基础，由建筑历史教研室研究生参与修改、排版方才定稿，下文将一一述之。

2015 年明孝陵第一次测绘由建筑学 1301 班承担，对金水桥之后部分的建筑进行测绘，测绘工具以传统手工测绘为主，三维激光扫描仪提供部分控制性尺寸，由郭华瑜和孙璨老师指导，具体分工如下：

金水桥、文武方门：关经纯、王雨晨、郭兴、汪成成、魏宇辰、许峰

明孝陵碑殿、陵恩门须弥座、东西井亭、御厨坊、具服殿东西配殿、焚帛炉：李佳程、王冰、杨云帆、朱珊、马爱武、王楠、吴海波

享殿、内红门：周剑凯、谢岩、葛珈辰、张凯、张静怡、米烨红、曹鑫、李书舟

神道、升仙桥、八字门、明楼：李煦芝、王琛、景礼洋、谭仕豪、杨光、朱海

2018 年是对明孝陵石像生及附葬功臣墓进行测绘，分别由建筑学 1602 班和 1601 班完成，名单如下：

石像生：曹羽佳、孙佳歆、杨懿、张丽婷、龚宏宇、刘鹏飞、杨文卓

指导教师：孙璨、孙政

石翁仲：米振、沈玲慧、赵琳、张嘉轩、吴添翼、方佑诚、邓磊

指导教师：孙璨

徐达墓：乔能欢、蔡竹轩、苏欣月、孙婧、贺川、李翔宇、赵浩然、毕晋

指导老师：郭华瑜、李国华

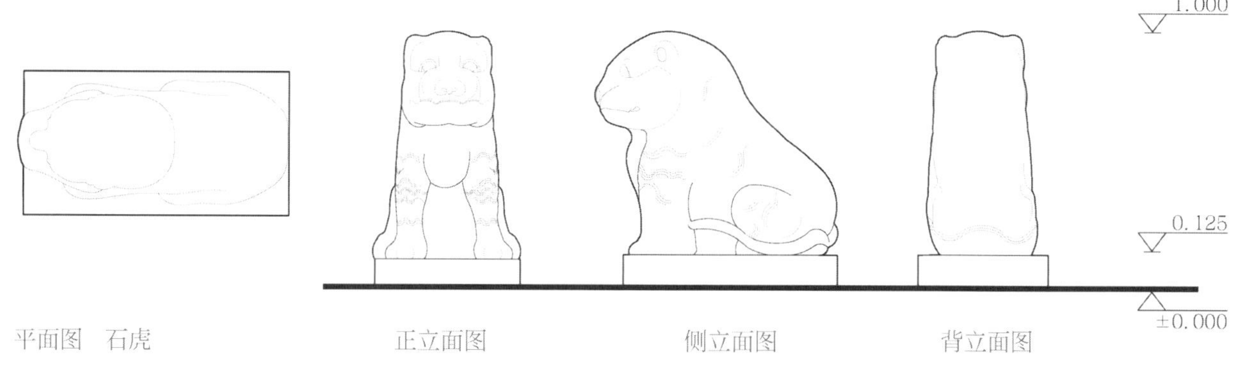

平面图　石虎　　正立面图　　侧立面图　　背立面图

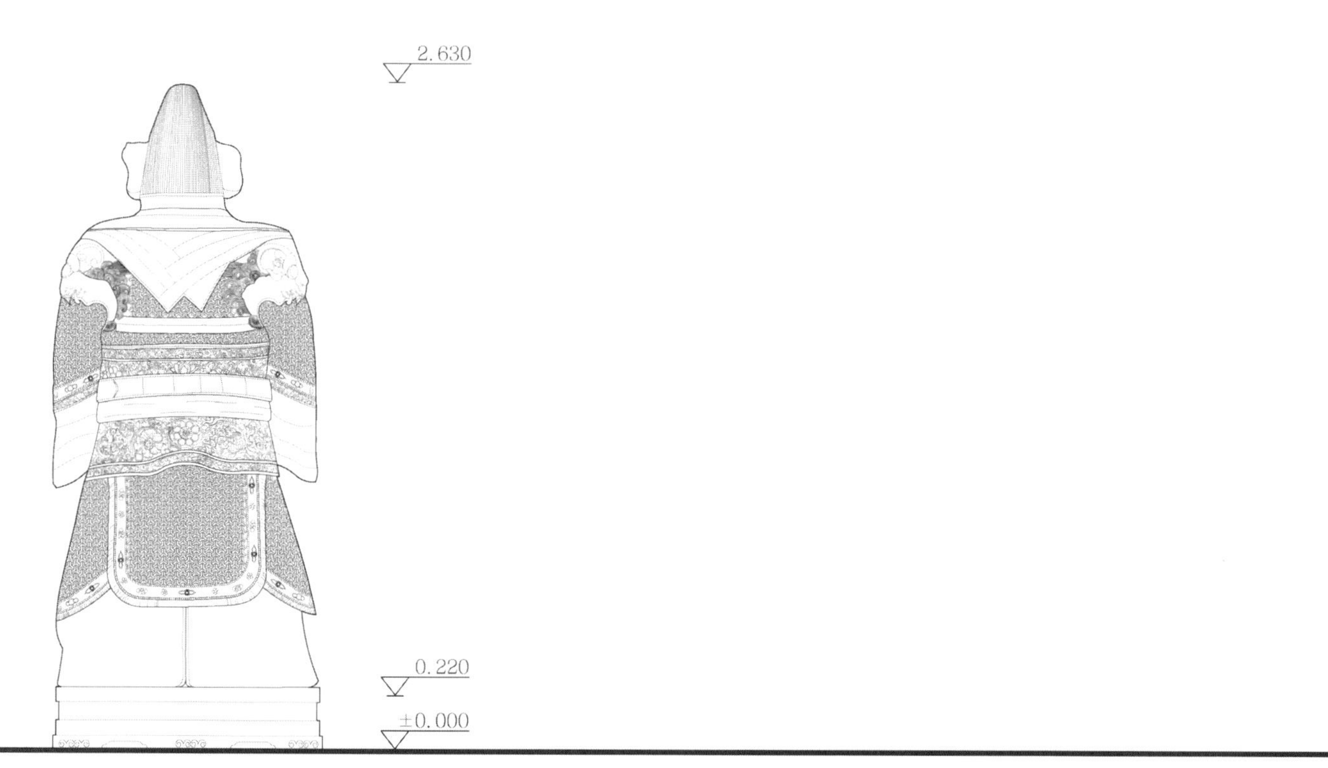

背立面图

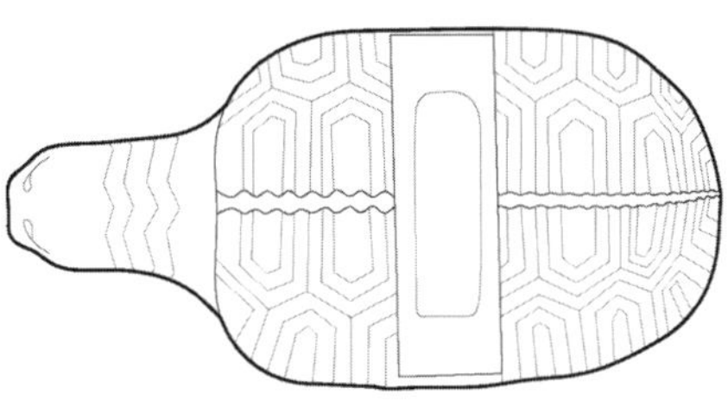

铁龟　　平面图　　正立面图

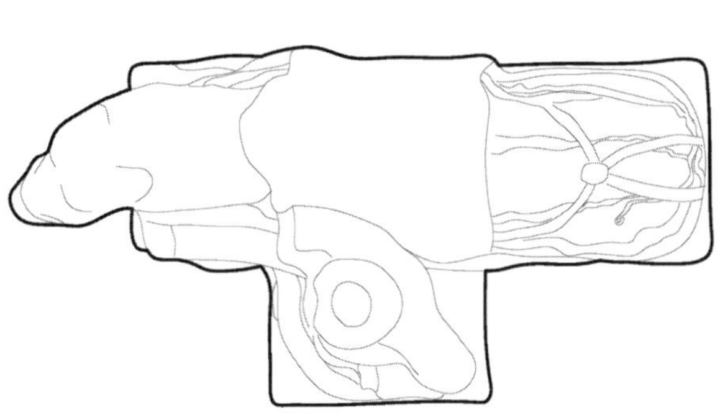

执马官　　平面图　　正立面图

石羊　正立面图　侧立面图　背立面图

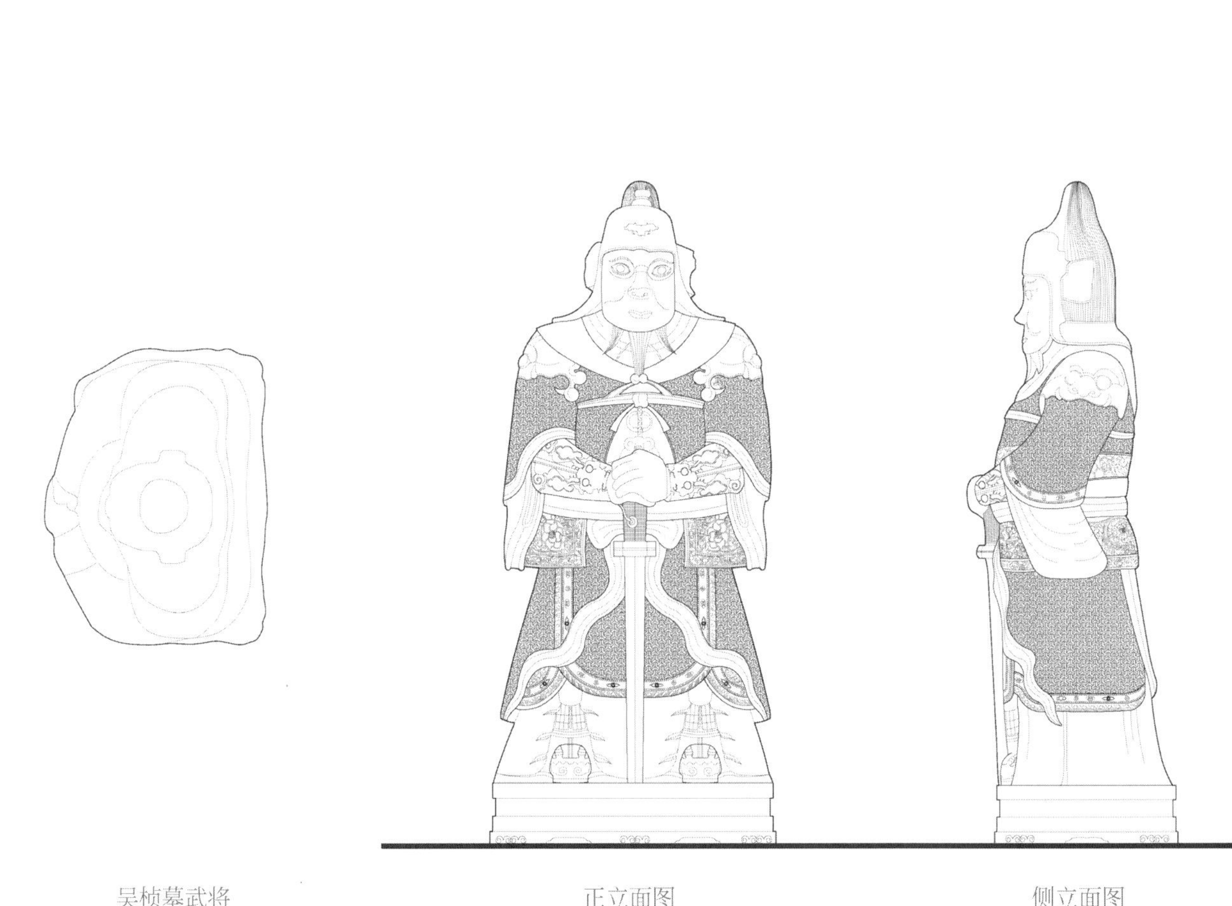

吴桢墓武将　正立面图　侧立面图

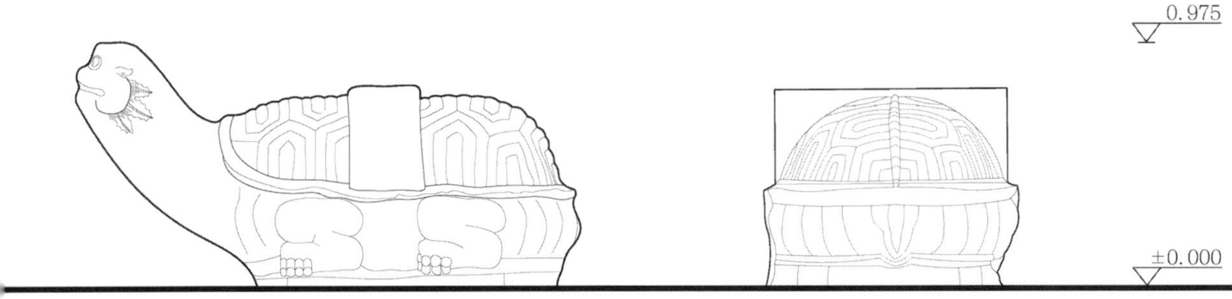

0.975

±0.000

侧立面图

背立面图

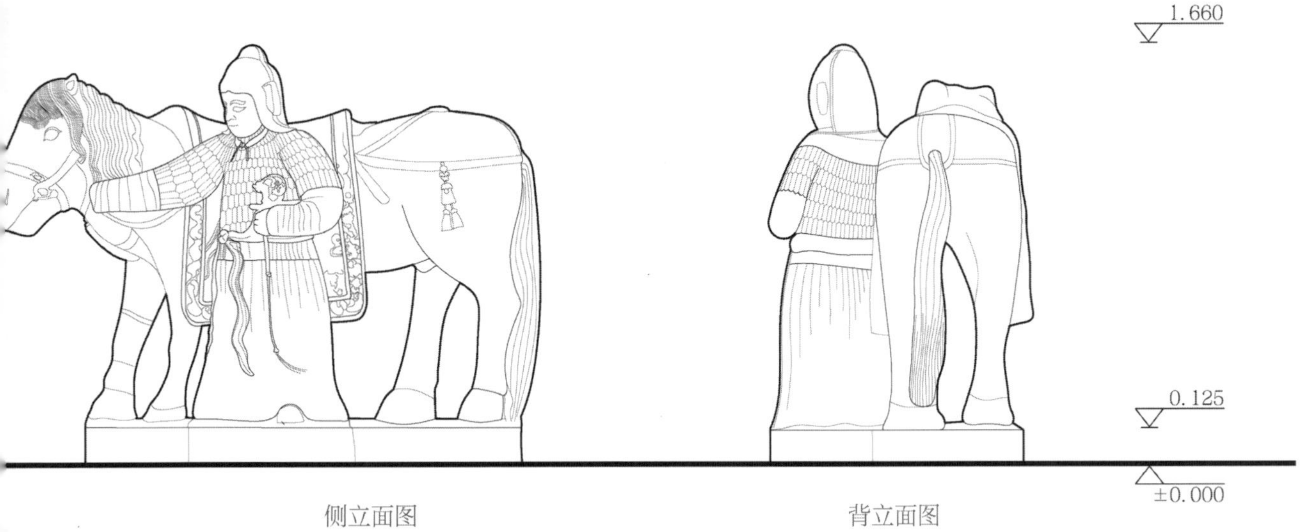

1.660

0.125

±0.000

侧立面图

背立面图

0 0.3 0.6 0.9m

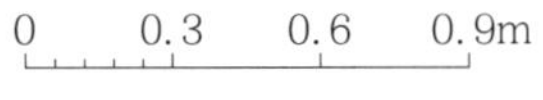

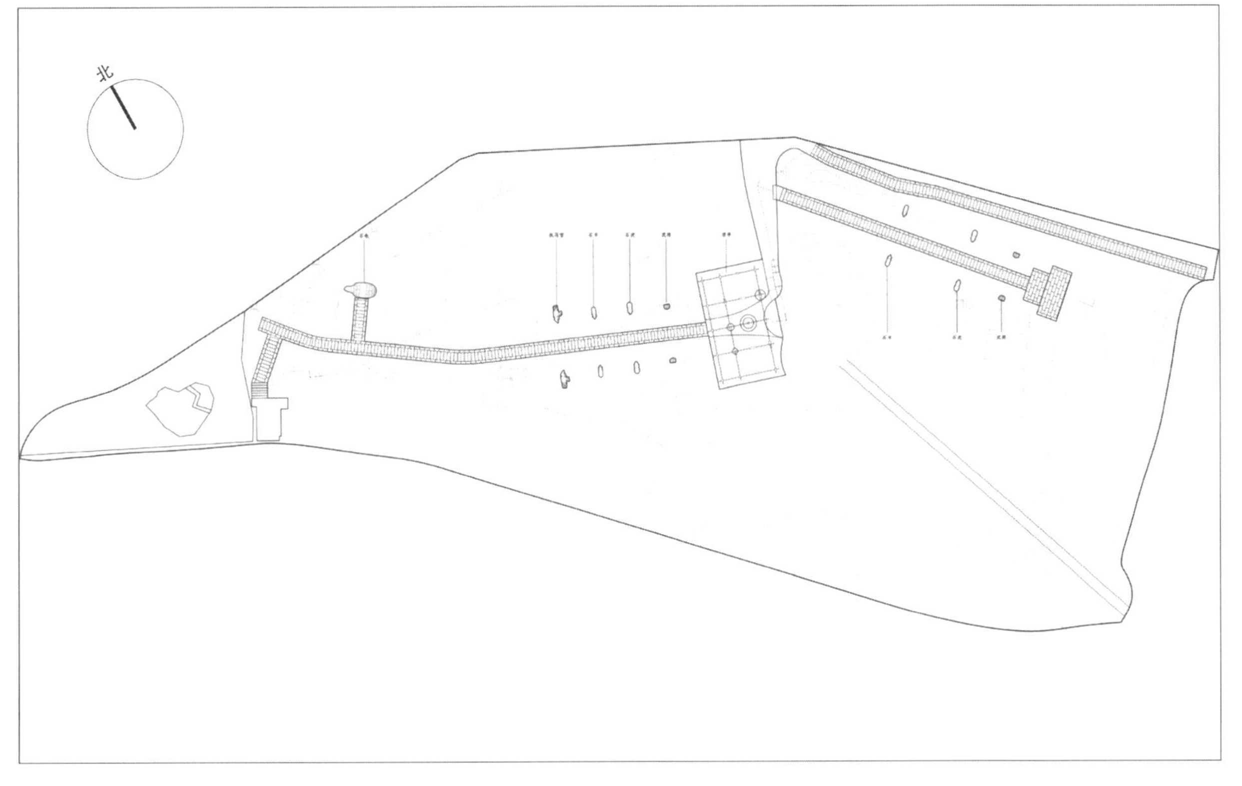

吴良、吴桢墓总平面图

吴良、吴桢墓剖面图

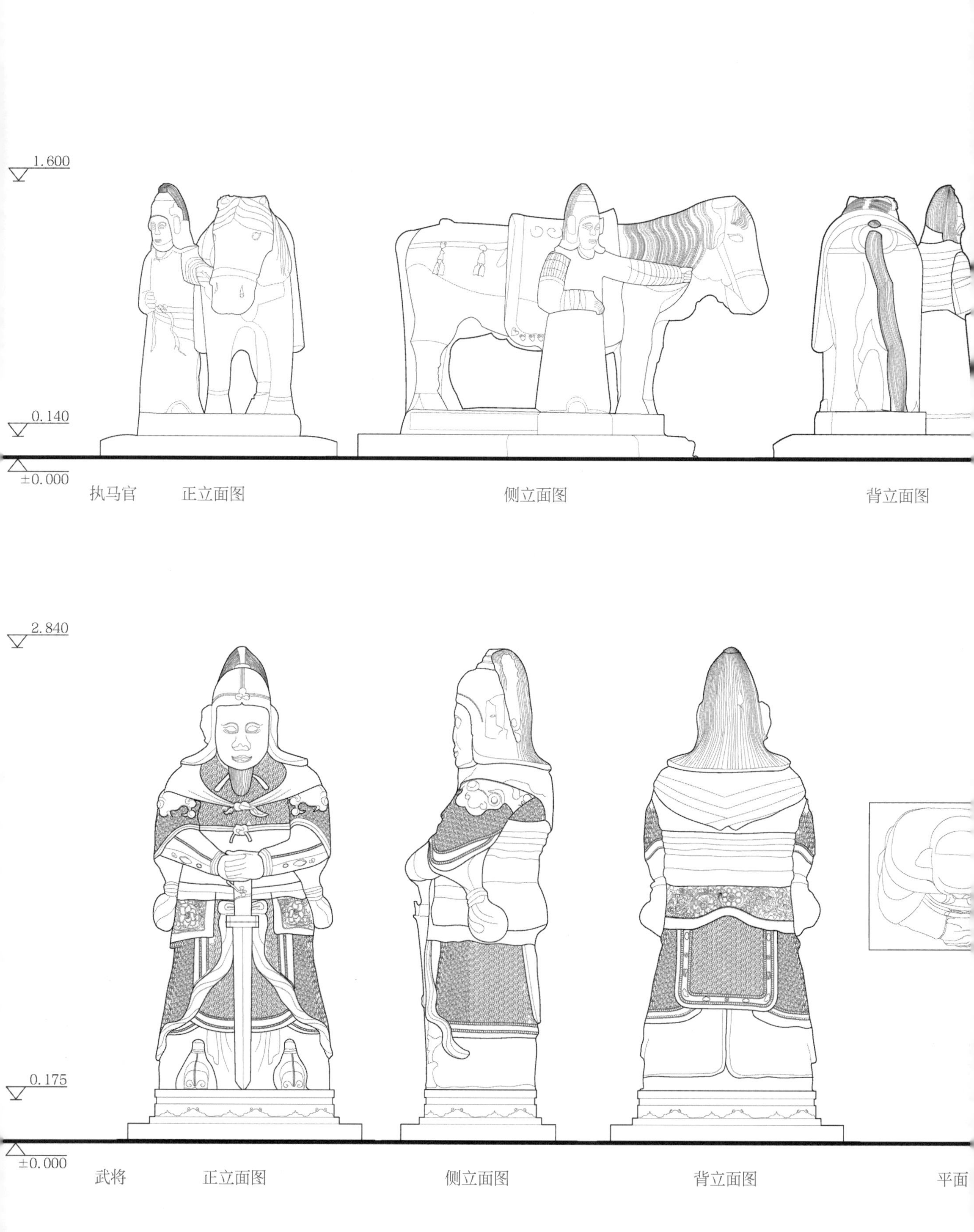

1.600
0.140
±0.000
执马官
正立面图
侧立面图
背立面图
2.840
0.175
±0.000
武将
正立面图
侧立面图
背立面图
平面

吴良、吴桢墓

吴良、吴桢墓石像生路全景照片

吴良、吴桢墓在钟山北麓，现南京电影机械厂内，相距很近。吴桢墓在南，神道有石马、石羊、石虎、武将各一对；吴良墓在北，神道依次为铁龟、执马官、石羊、石虎和武将，武将后有凉亭一座。吴氏兄弟墓前石刻比较完整，镂刻精细，神态逼真，有较高的艺术价值。

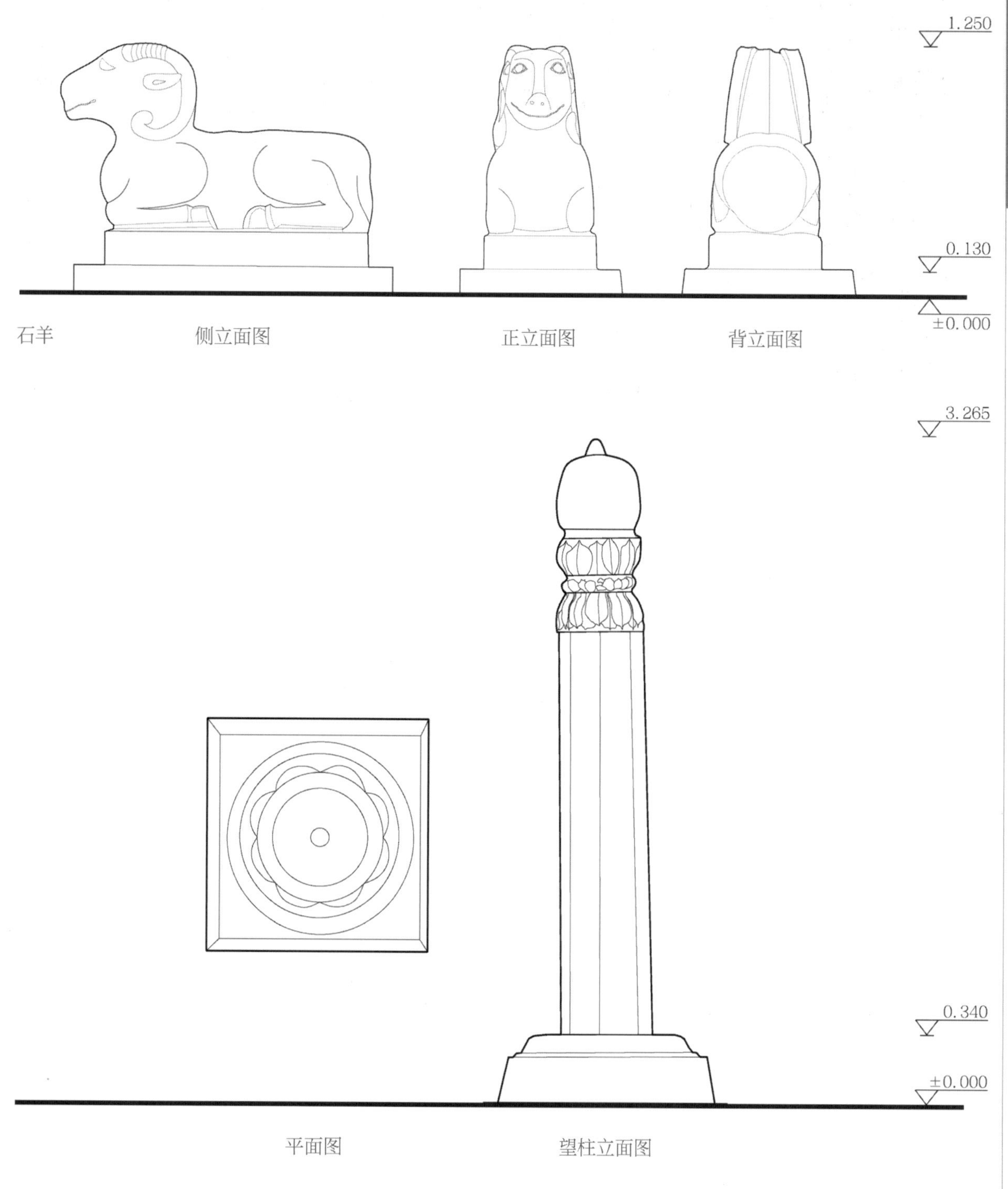
1.250
0.130
±0.000
石羊
侧立面图
正立面图
背立面图
3.265
0.340
±0.000
平面图
望柱立面图
0
0.3
0.6
0.9m

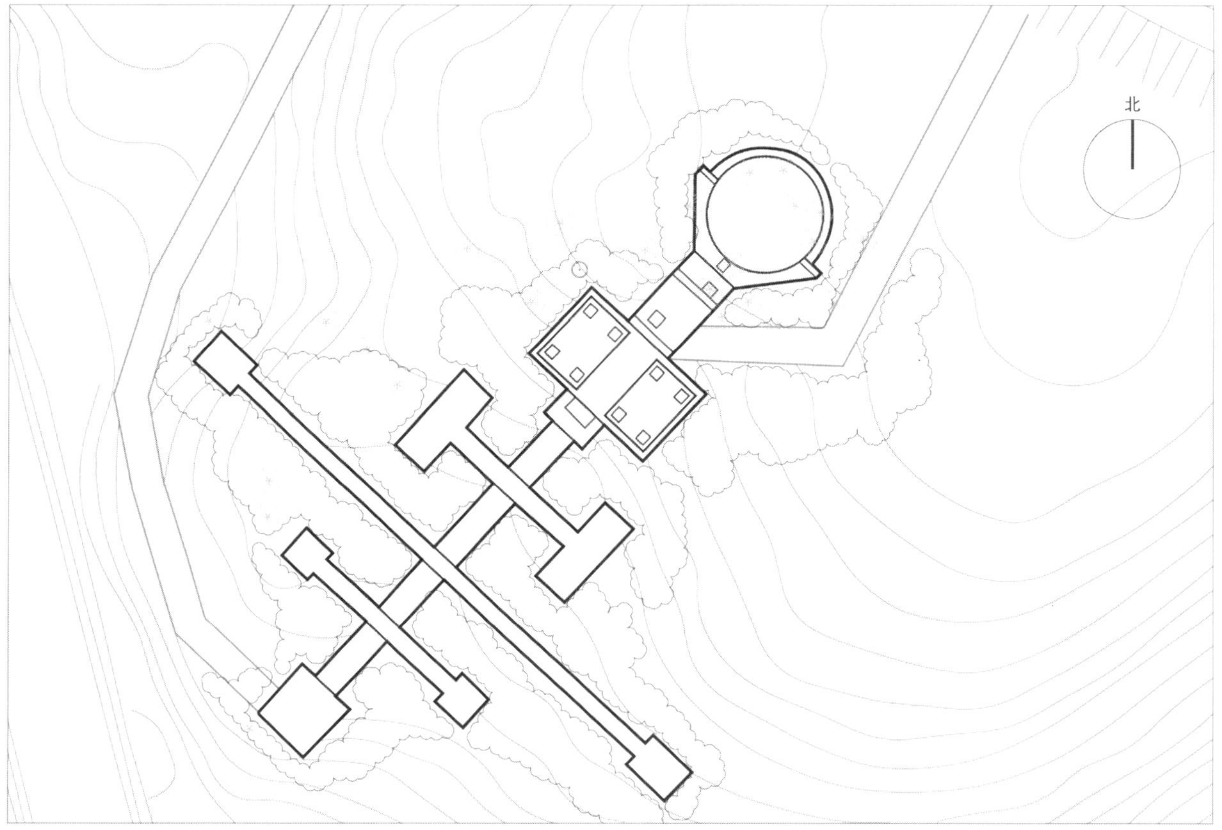

常遇春墓总平面图

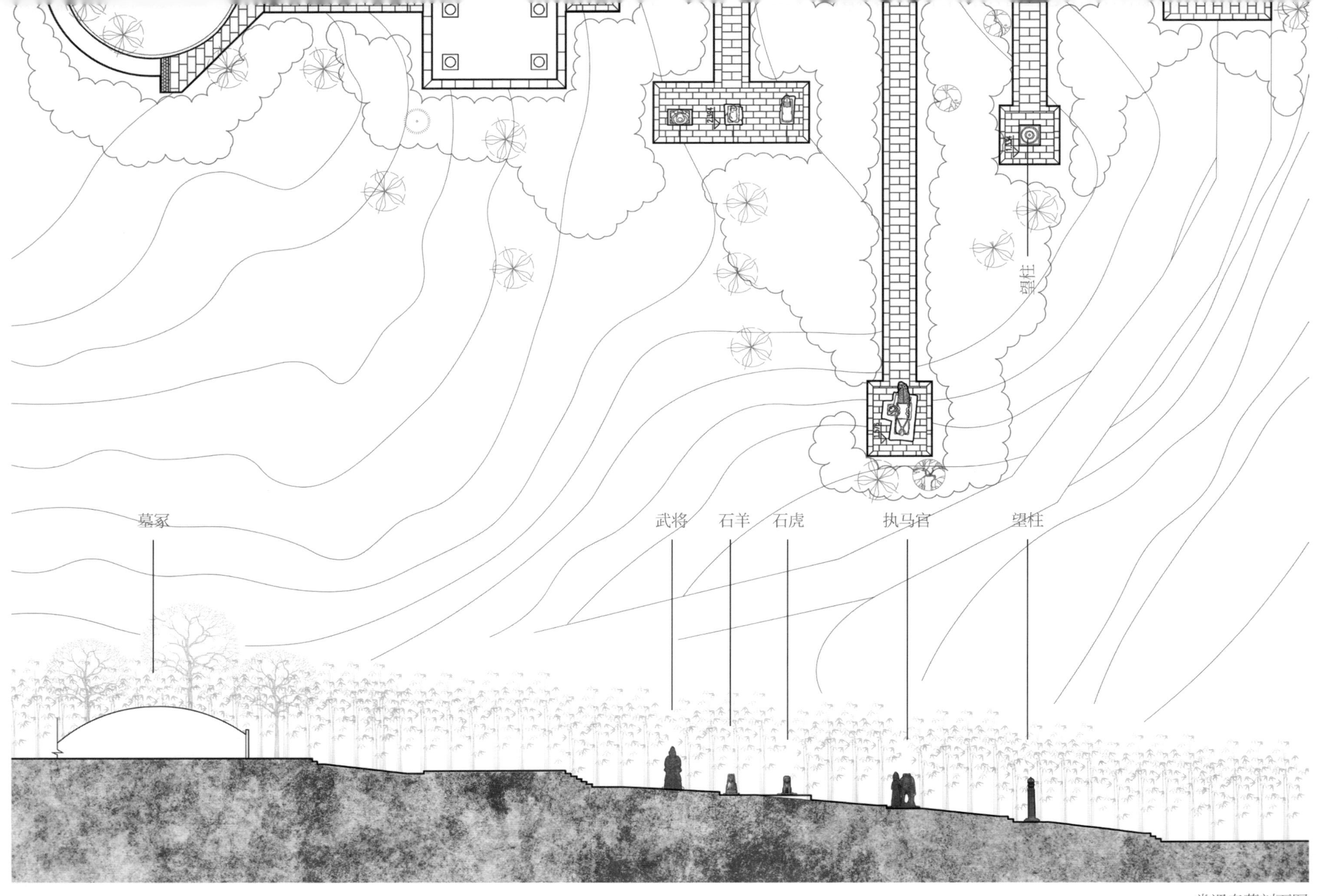

常遇春墓剖面图

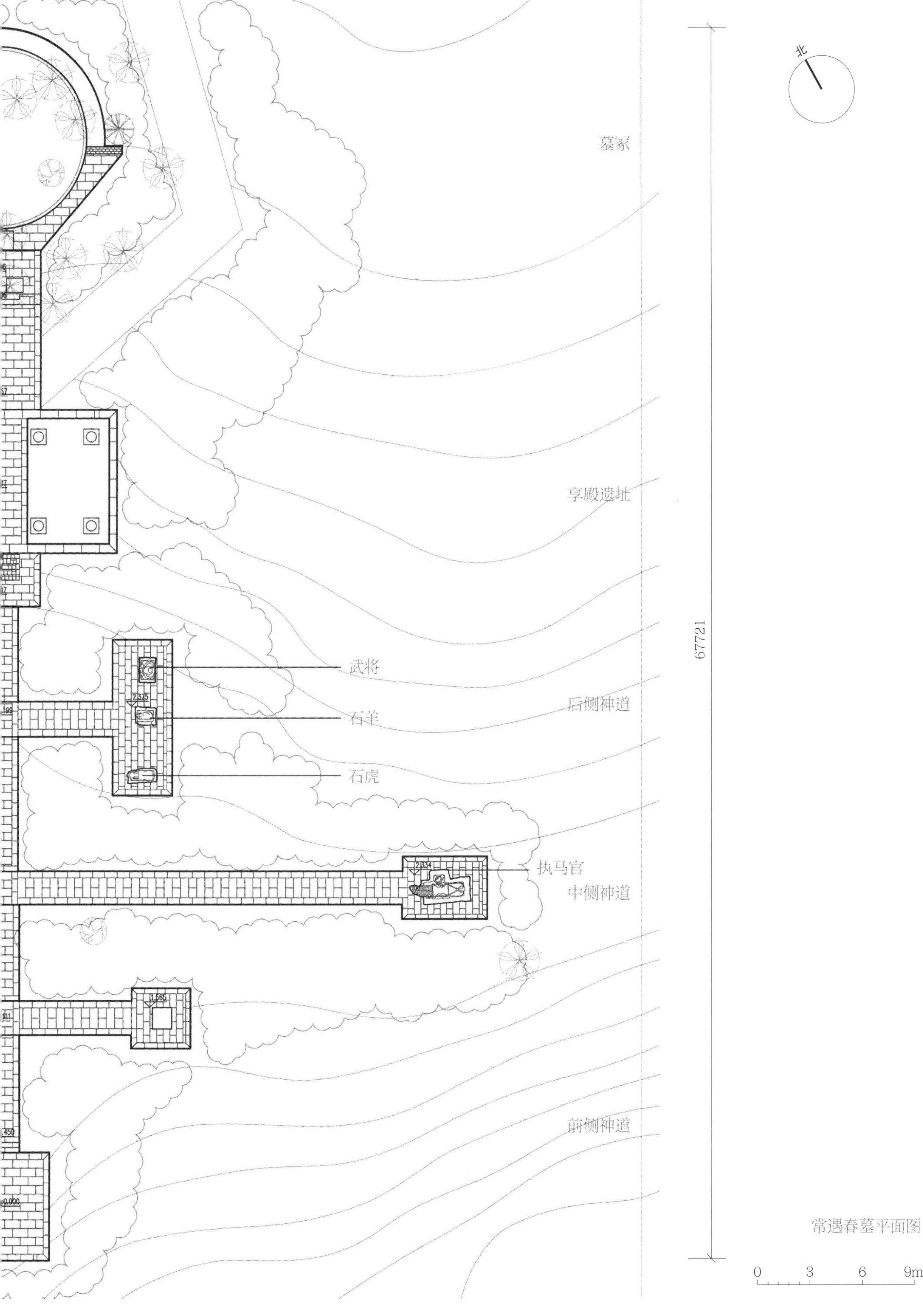
北
墓冢
享殿遗址
67721
武将
2.375
石羊
后侧神道
石虎
执马官
2.334
中侧神道
1.565
前侧神道
0.000
0
3
6
9m
常遇春墓平面图

常遇春墓

常遇春墓全景照片

常遇春墓坐北朝南，有三段神道，前侧神道两端立有望柱，中侧神道两侧为执马官，后侧神道立有石虎、石羊和武将，神道后为享殿遗址，最后置有墓冢，墓高 2.4 米，墓基周长约 29 米，现碑为清同治十年二月其裔孙所立。

墓冢平面图

墓冢剖面图

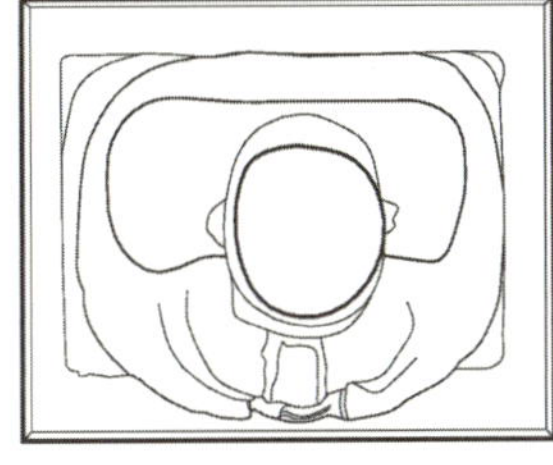

平面图

正立面图

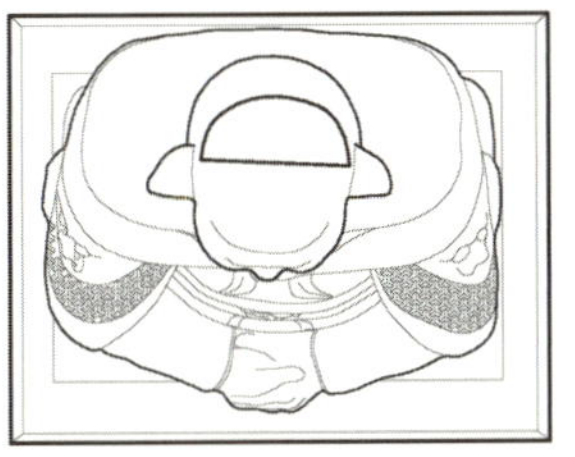

平面图

正立面图

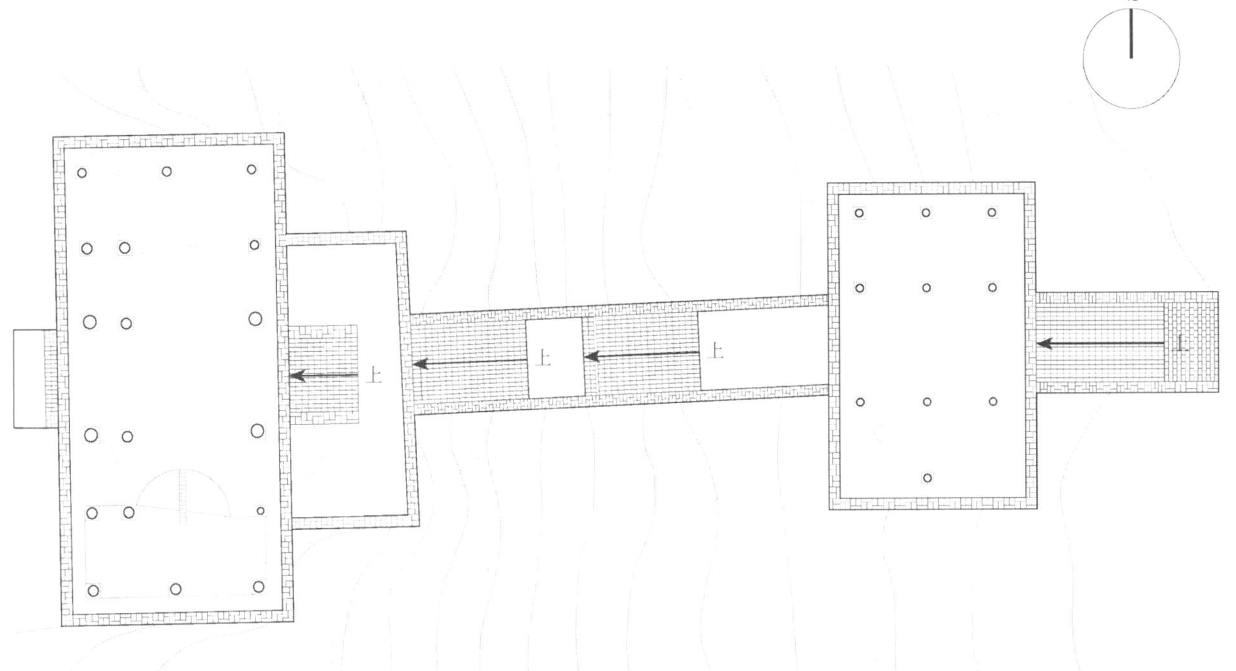

享殿遗址平面图

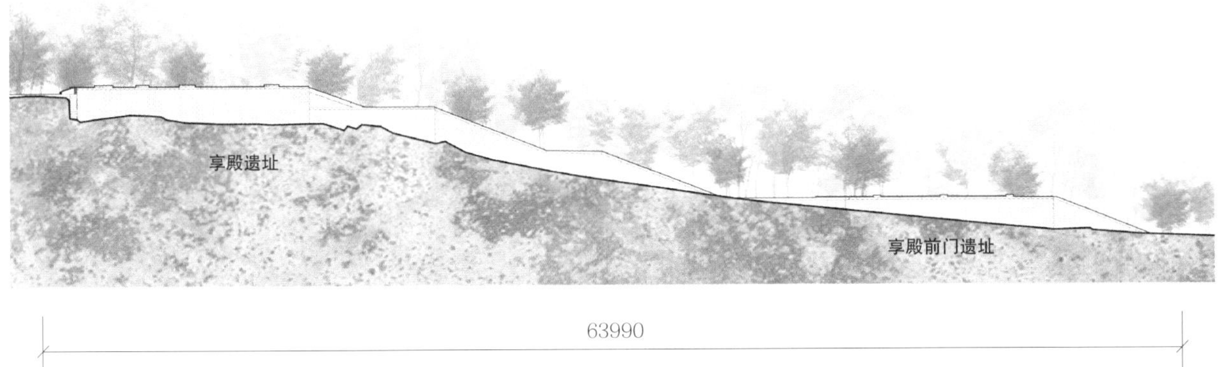

享殿遗址剖面图

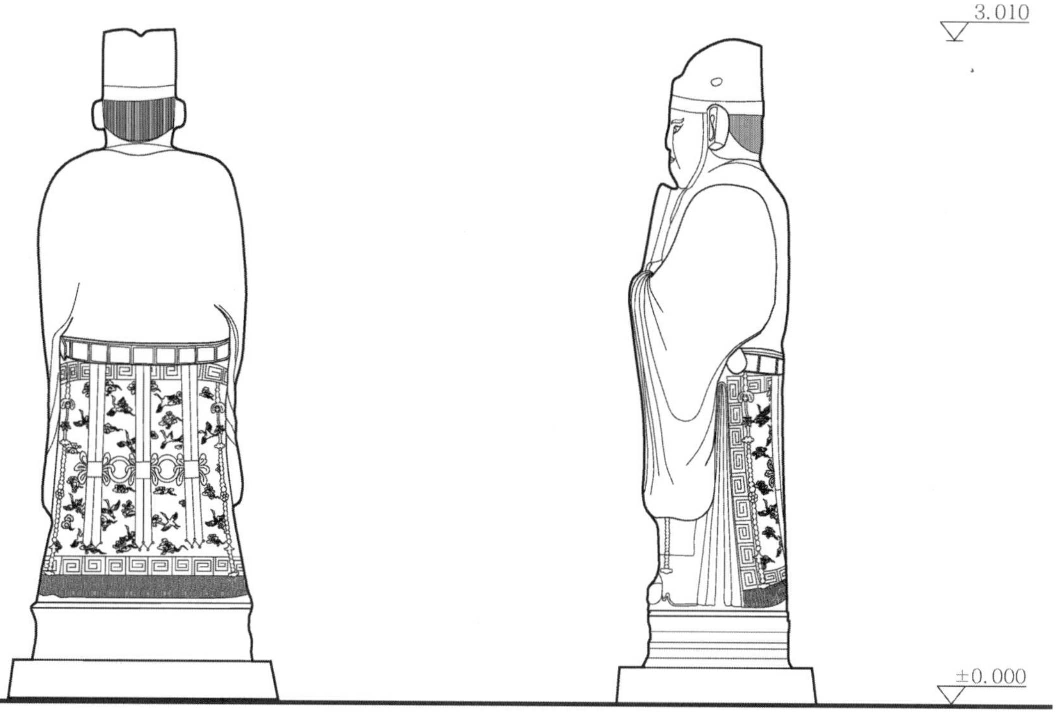

3.010

±0.000

背立面图　　侧立面图　　文臣

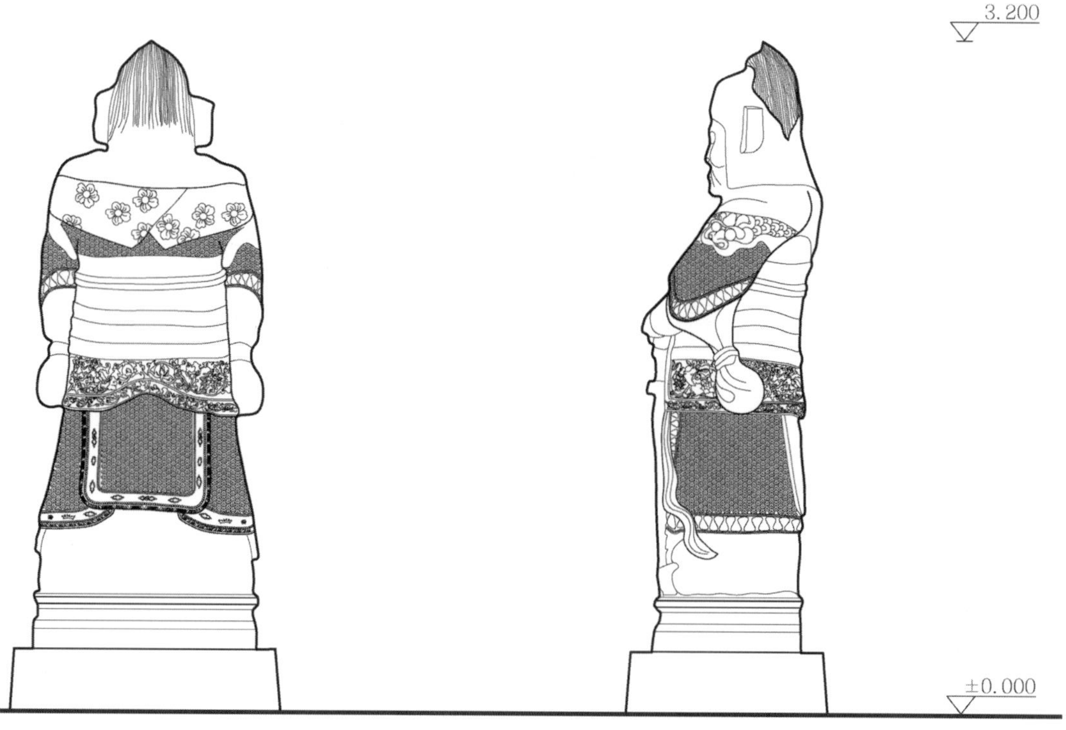

3.200

±0.000

背立面图　　侧立面图　　武将

0　0.3　0.6　0.9m

石羊 正立面图 侧立面图

石虎 正立面图 侧立面图

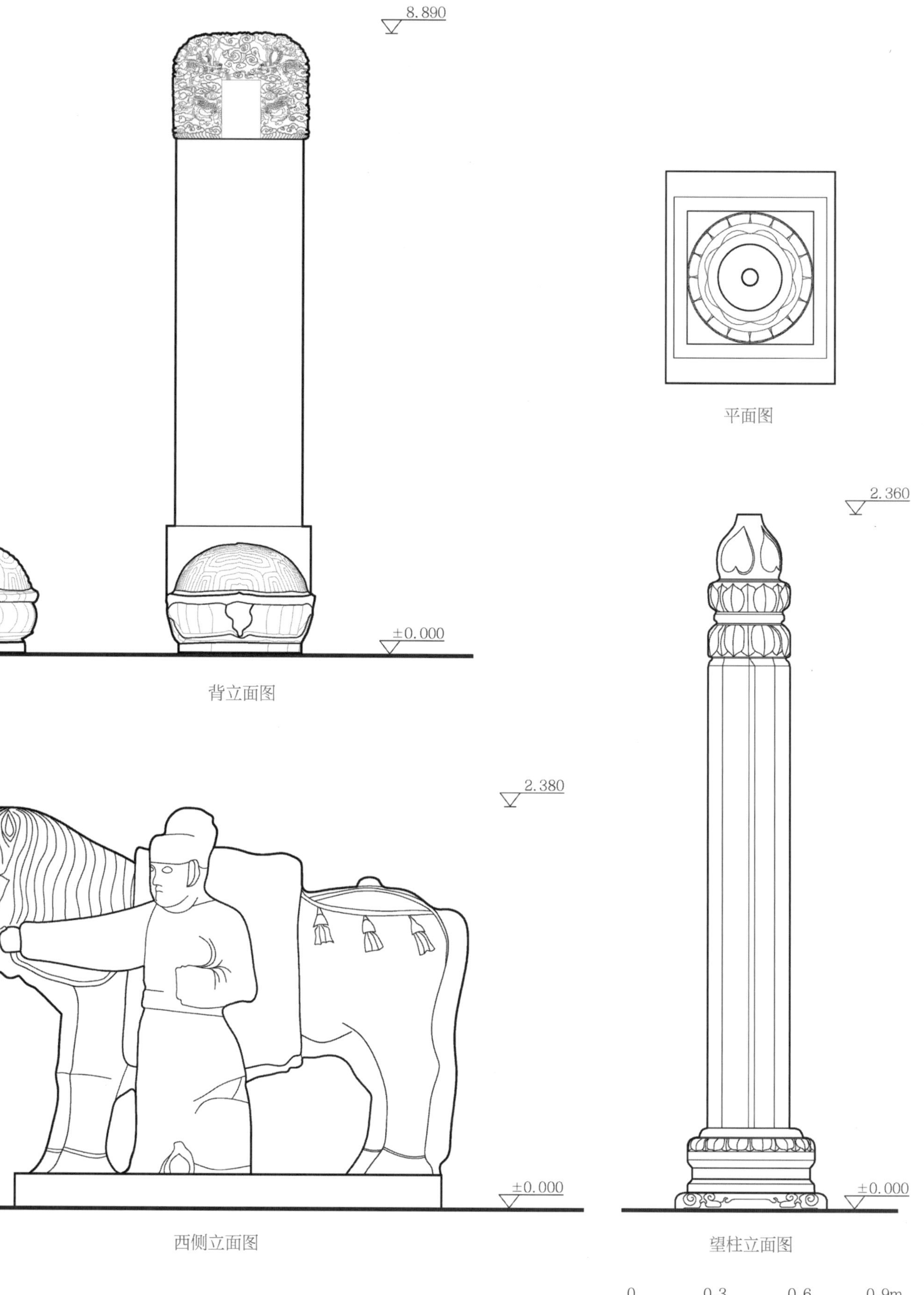

背立面图

平面图

西侧立面图

望柱立面图

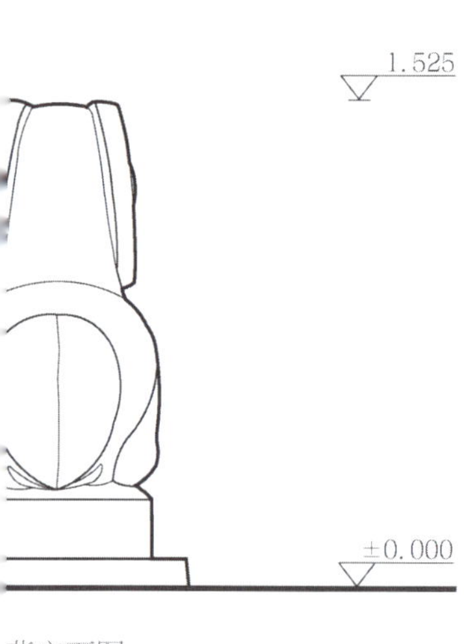

背立面图

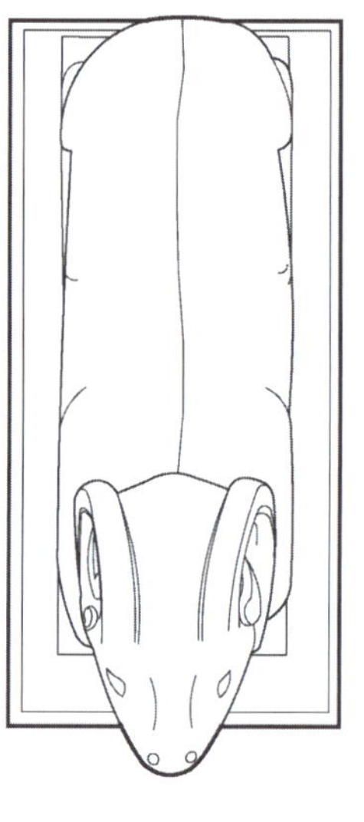

平面图

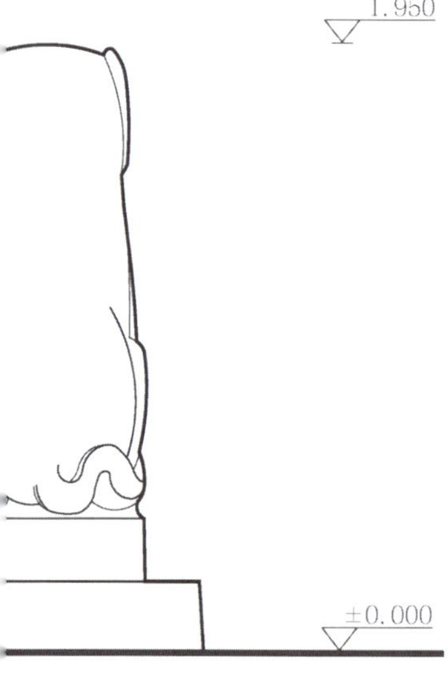

背立面图

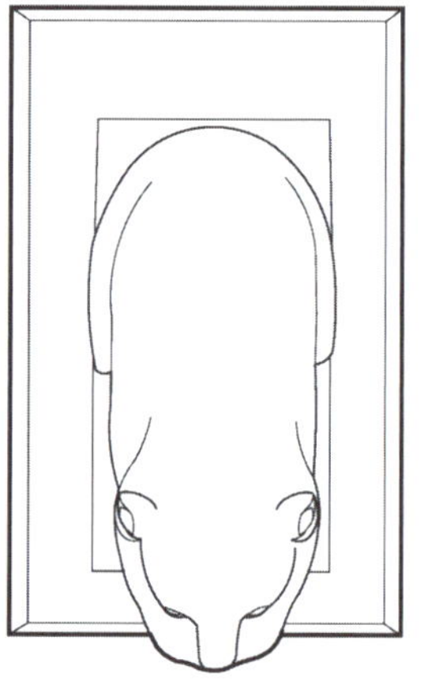

平面图

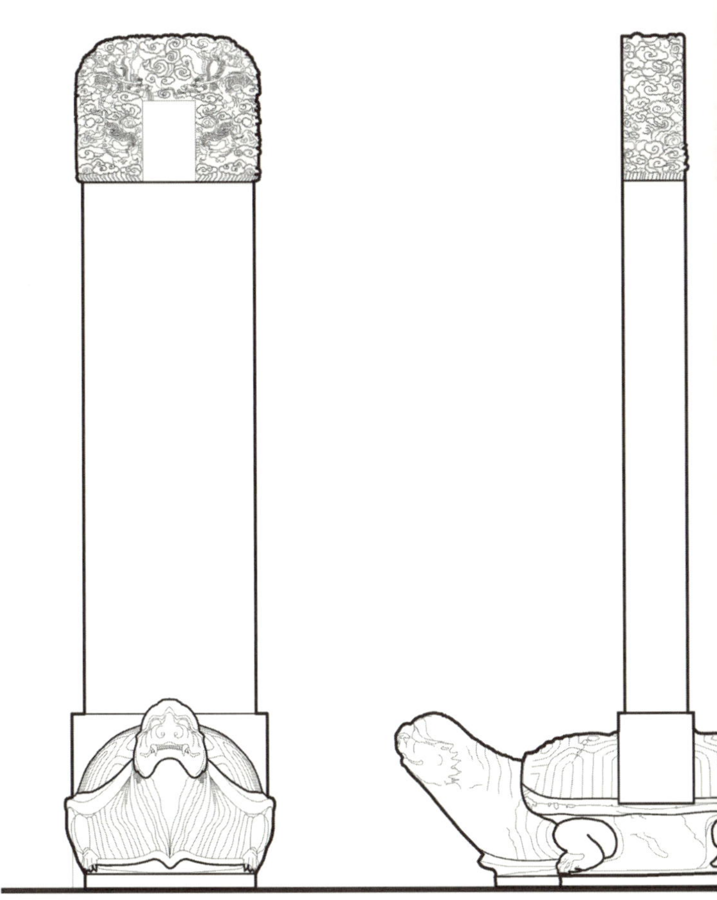

神道碑　　正立面图　　侧立面图

0　1　2　3m

控马官　　东侧立面图　　背立面图

0　0.3　0.6　0.9m

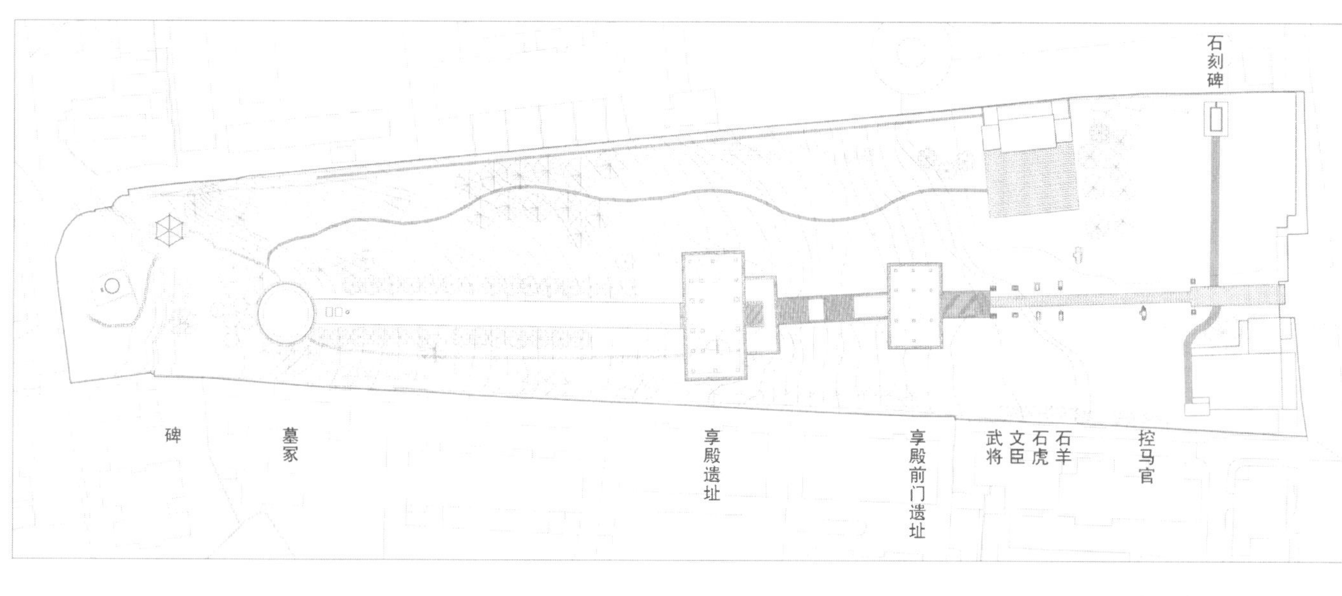

李文忠墓总平面

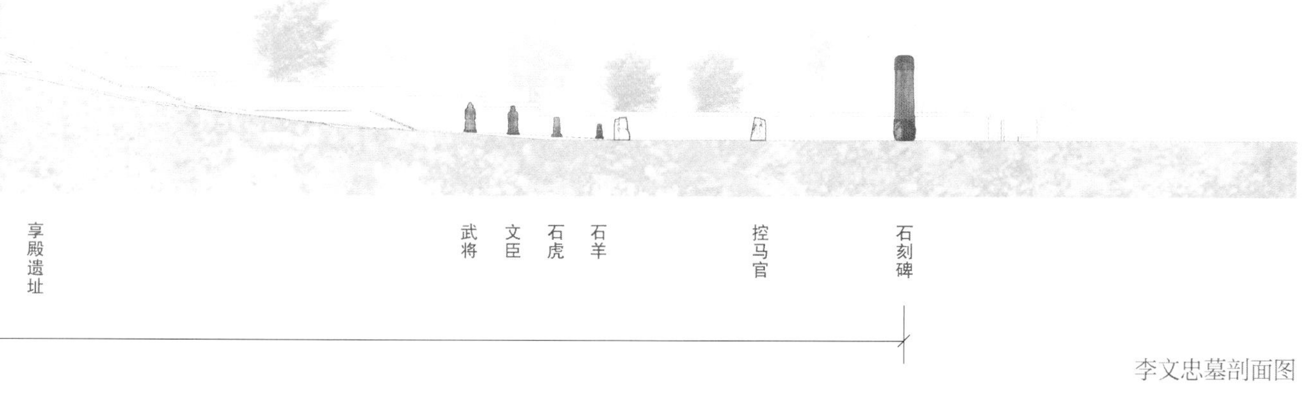

李文忠墓剖面图

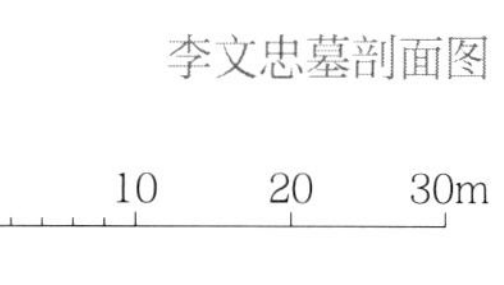

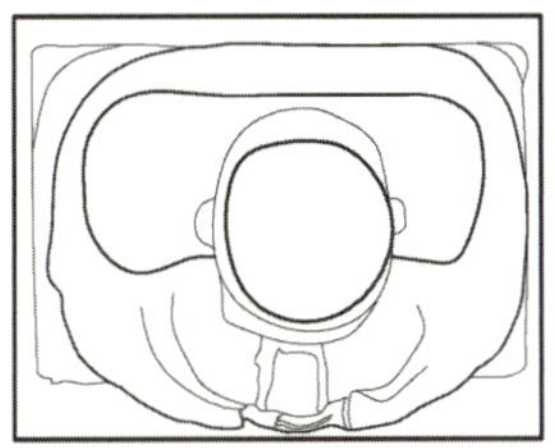

平面图

正立面图

平面图

正立面图

李文忠墓

李文忠墓神道全景照片

李文忠墓园坐北朝南，分前、中、后三部分。前为神道，有石刻碑一、望柱二、石马一，及石羊、石虎、武将、文臣各二；中为享殿遗址；后为墓冢，有碑，为李文忠十八世李永钦于清光绪二十二年立。墓园占地面积 1.3 万平方米，由神道碑、神道石刻，享殿前门、享殿、墓冢等建筑组成。

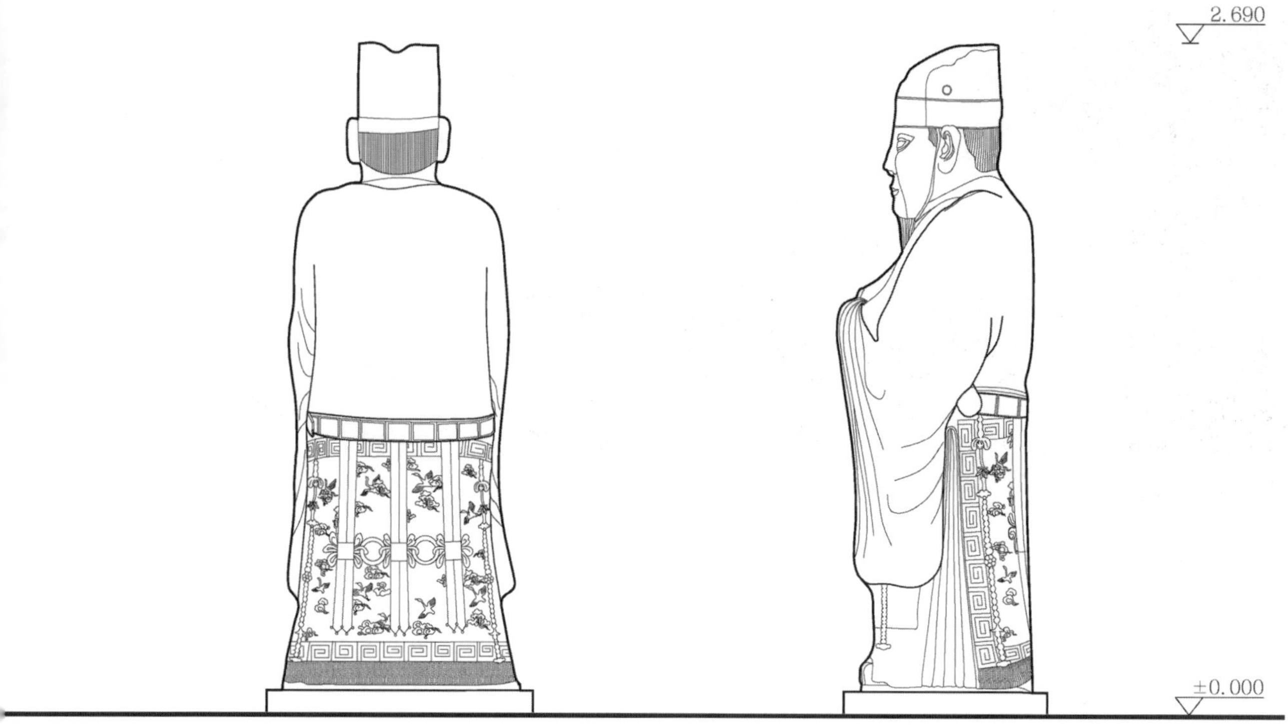

2.690

±0.000

背立面图

侧立面图

文臣

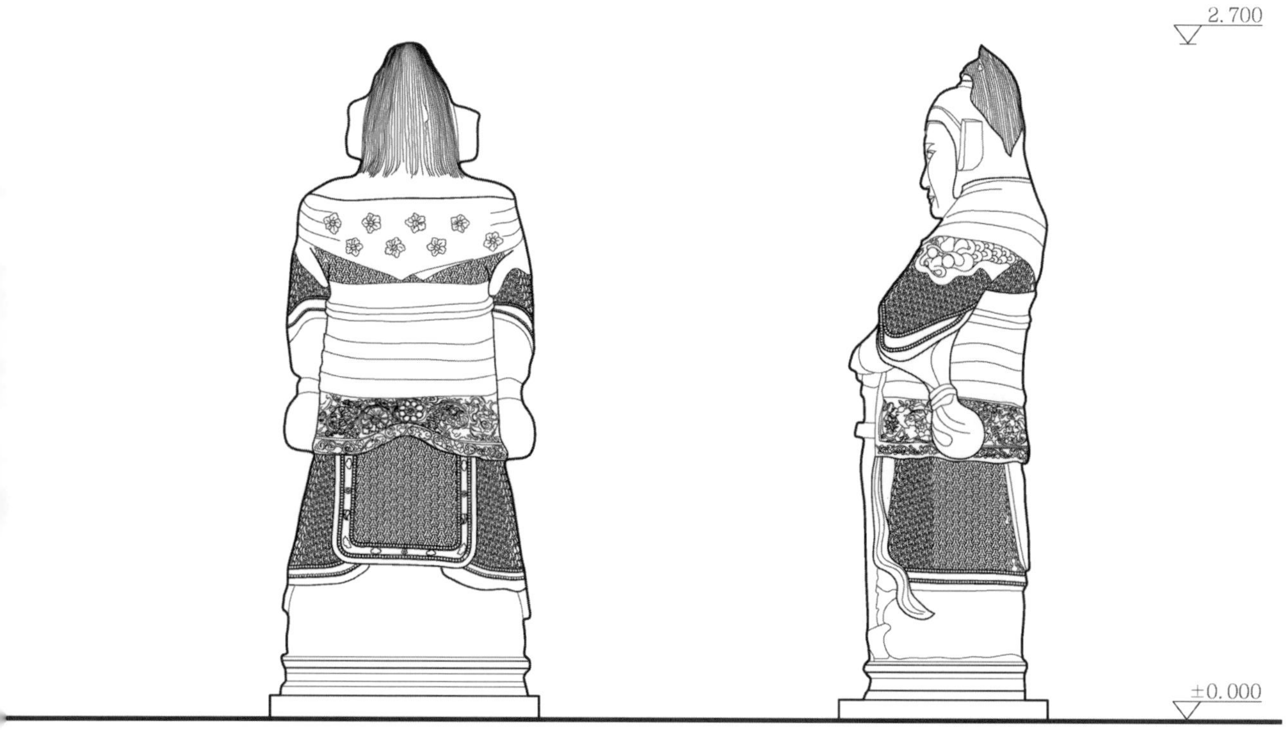

2.700

±0.000

背立面图

侧立面图

武将

0 0.3 0.6 0.9m

正立面图

背立面图

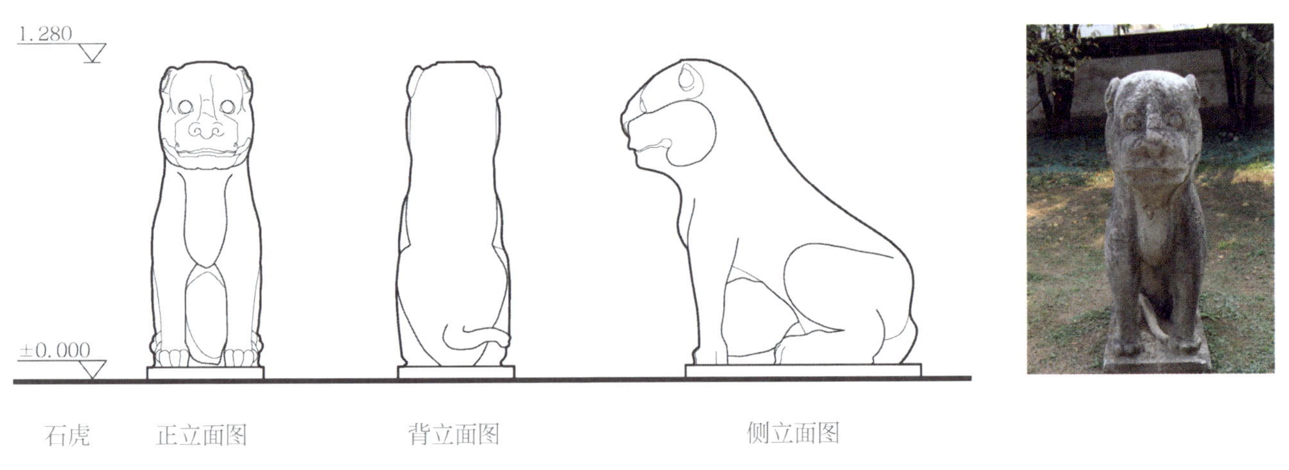

石虎　正立面图　背立面图　侧立面图

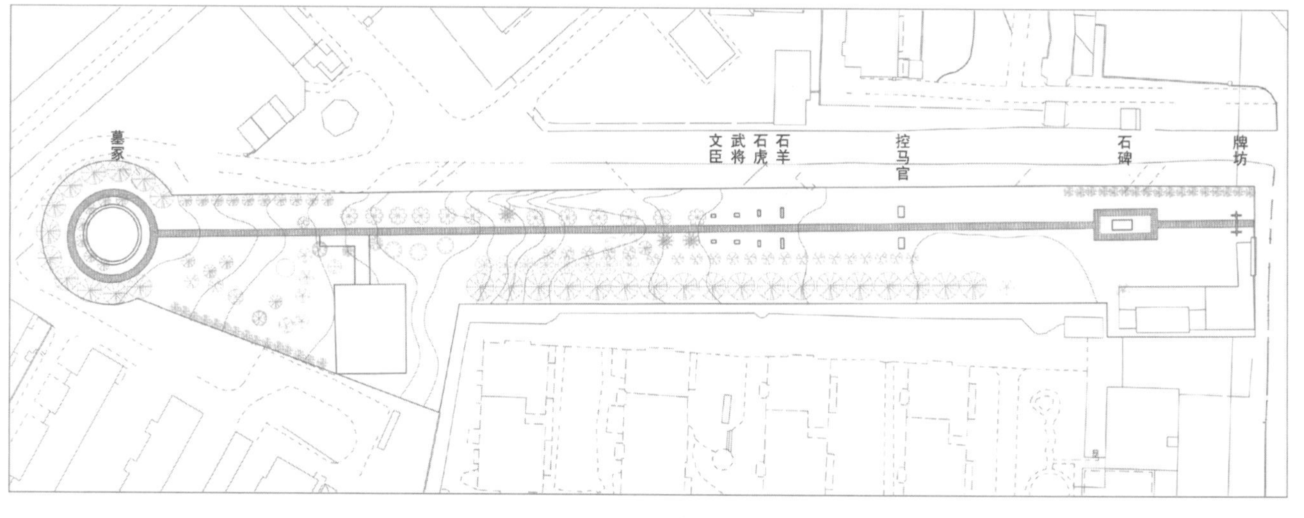

徐达墓总平面

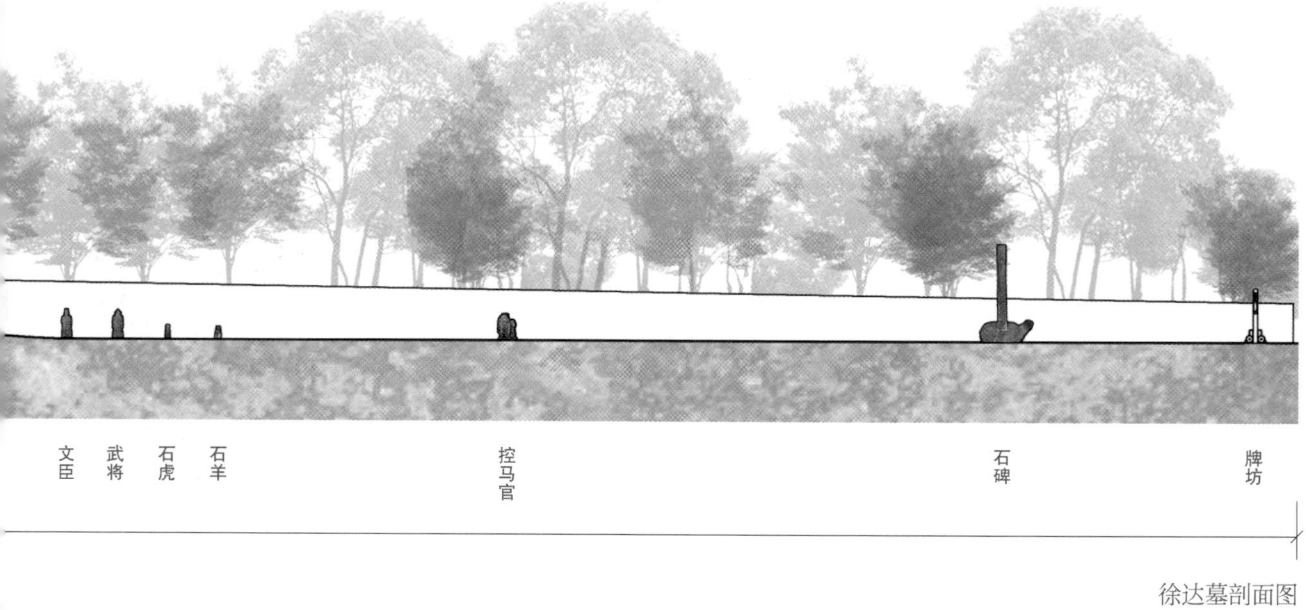

文臣 武将 石虎 石羊 控马官 石碑 牌坊

徐达墓剖面图

0 10 20 30m

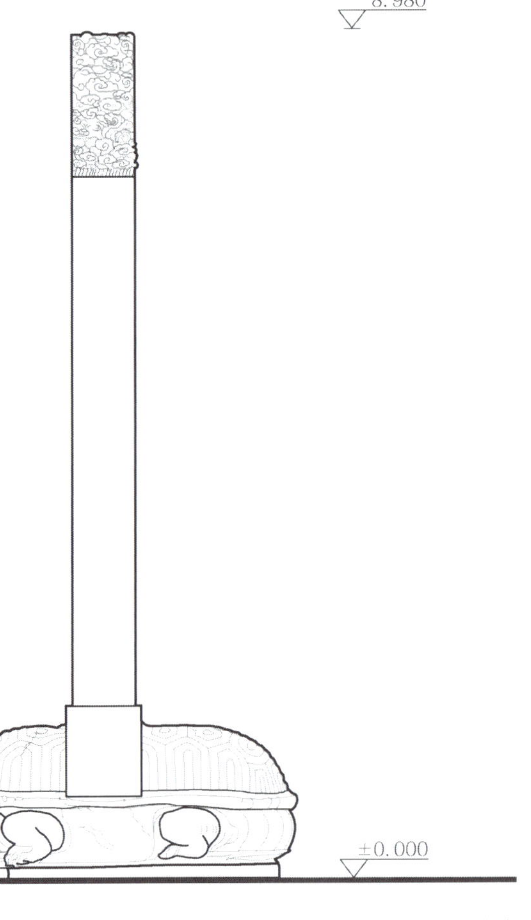
8.980
±0.000
侧立面图
神道碑
0
1
2
3m

1.210
±0.000
石羊
正立面图
背立面图
侧立面图
0
0.3
0.6
0.9m

徐达墓

徐达墓石像生全景照片

徐达墓是徐达与其夫人的合葬墓，东西两侧原是徐氏家冢，后来都被占用，只留徐达墓以祭奠这位人物。徐达墓坐北朝南，面对钟山，入口处立“明中山王”神道，牌坊后为神道碑，是明代功臣墓神道碑最高的一座，保存完好。其后为石马、石羊、石虎、武士、文臣各一对。

1368 年，朱元璋在南京建立明朝，为表彰与他共患难且战功卓越的功臣，在鸡笼山立功臣庙，功臣死后实行赐葬。论次功臣有 21 人，遵循死者塑像、生者虚其位的原则。这些功臣死后最高荣誉是赐葬南京，功臣墓呈拱卫状置于朱元璋陵墓周边。分布在中山之阴、城南诸山及城北幕府山。中山之阴有徐达墓、常遇春墓、李文忠墓、吴良、吴桢墓、仇成墓。按制功臣墓坟冢、碑碣的大小尺寸、墓道石刻的规制、随葬品的数量等，都依官衔有严格规定。封王者墓前可以有石人四个，文武各一对，石虎、石羊、石马、石望柱各一对。

明功臣墓

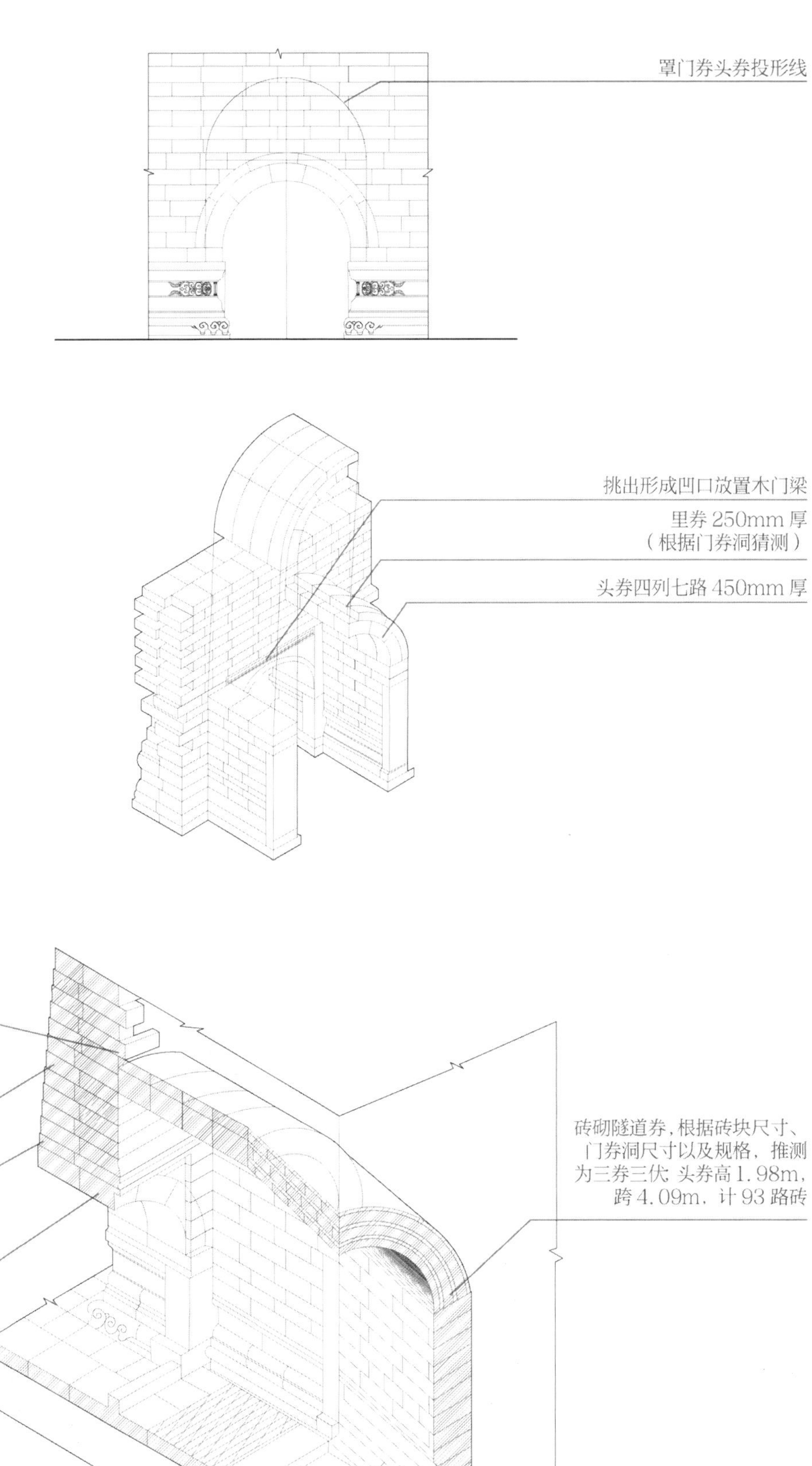

罩门券头券投形线
挑出形成凹口放置木门梁
里券 250mm 厚
（根据门券洞猜测）
头券四列七路 450mm 厚
石券两层，四排七路，头层券高 2.04m，跨 4.09m；龙口两侧两路券石与其他券石错缝连接
外墙青石垒砌，内外两层
内层券高 2.08m，跨度 4.16m，券石厚 0.25m
门洞券头券两排五路，高 1.63m，跨 3.26m，券石厚 0.45m
砖砌隧道券，根据砖块尺寸、门券洞尺寸以及规格，推测为三券三伏 头券高 1.98m，跨 4.09m，计 93 路砖

隧道券洞分析图

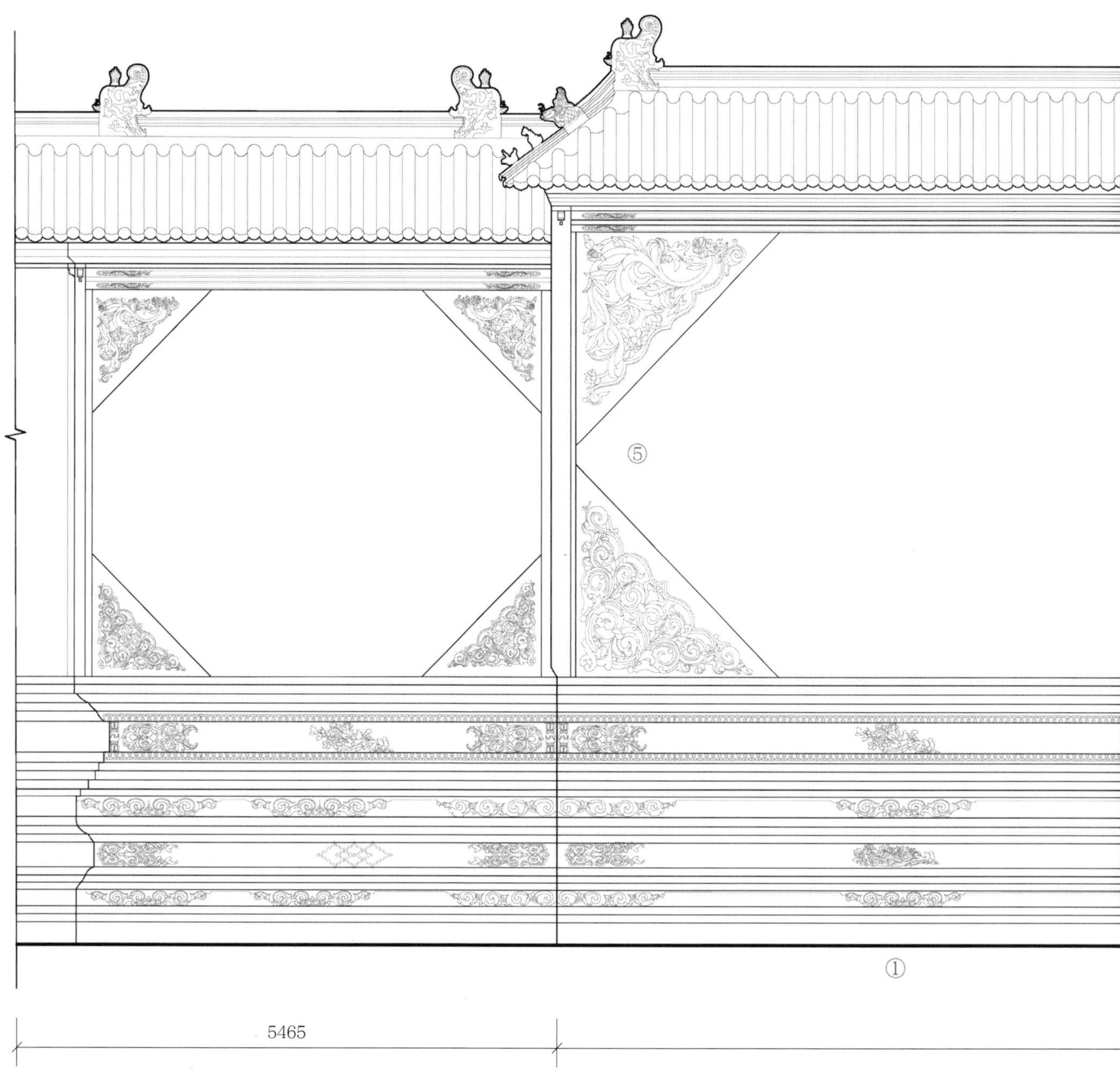

⑤
①
5465

9.085

±0.000

②

③

④

13820

1950

东侧影壁南立面展开图

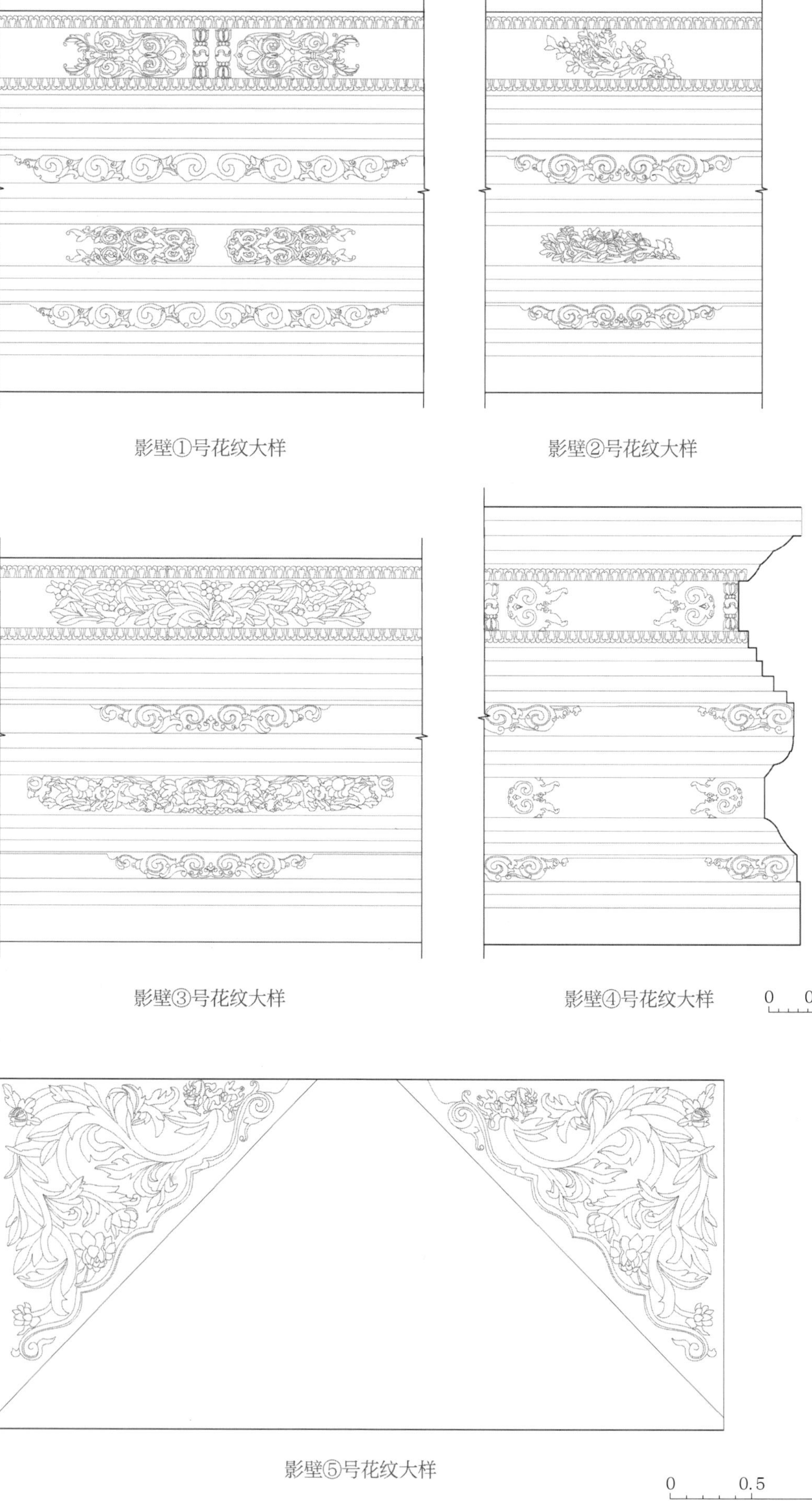

影壁①号花纹大样

影壁②号花纹大样

影壁③号花纹大样

影壁④号花纹大样

影壁⑤号花纹大样

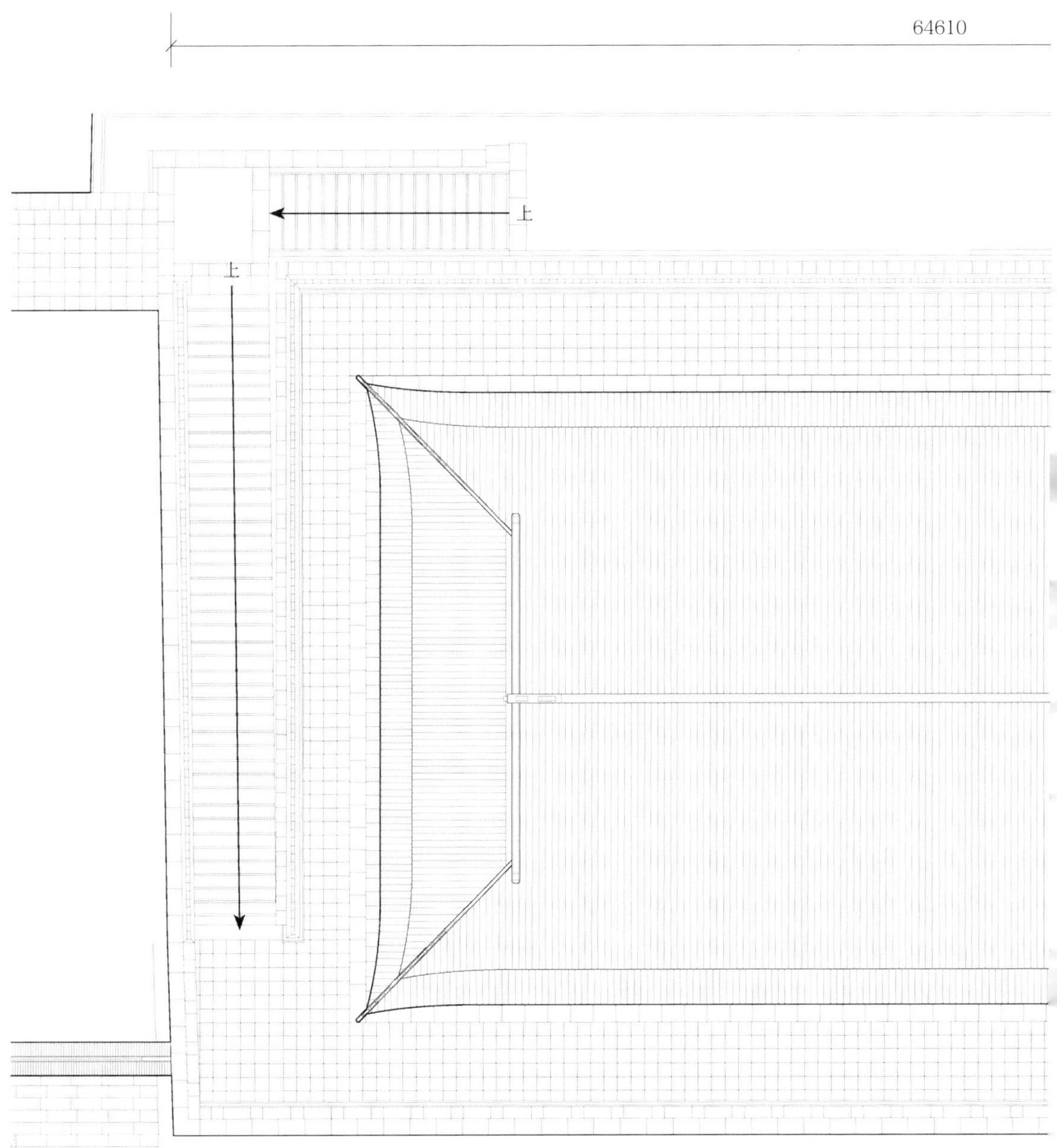
64610
上
上

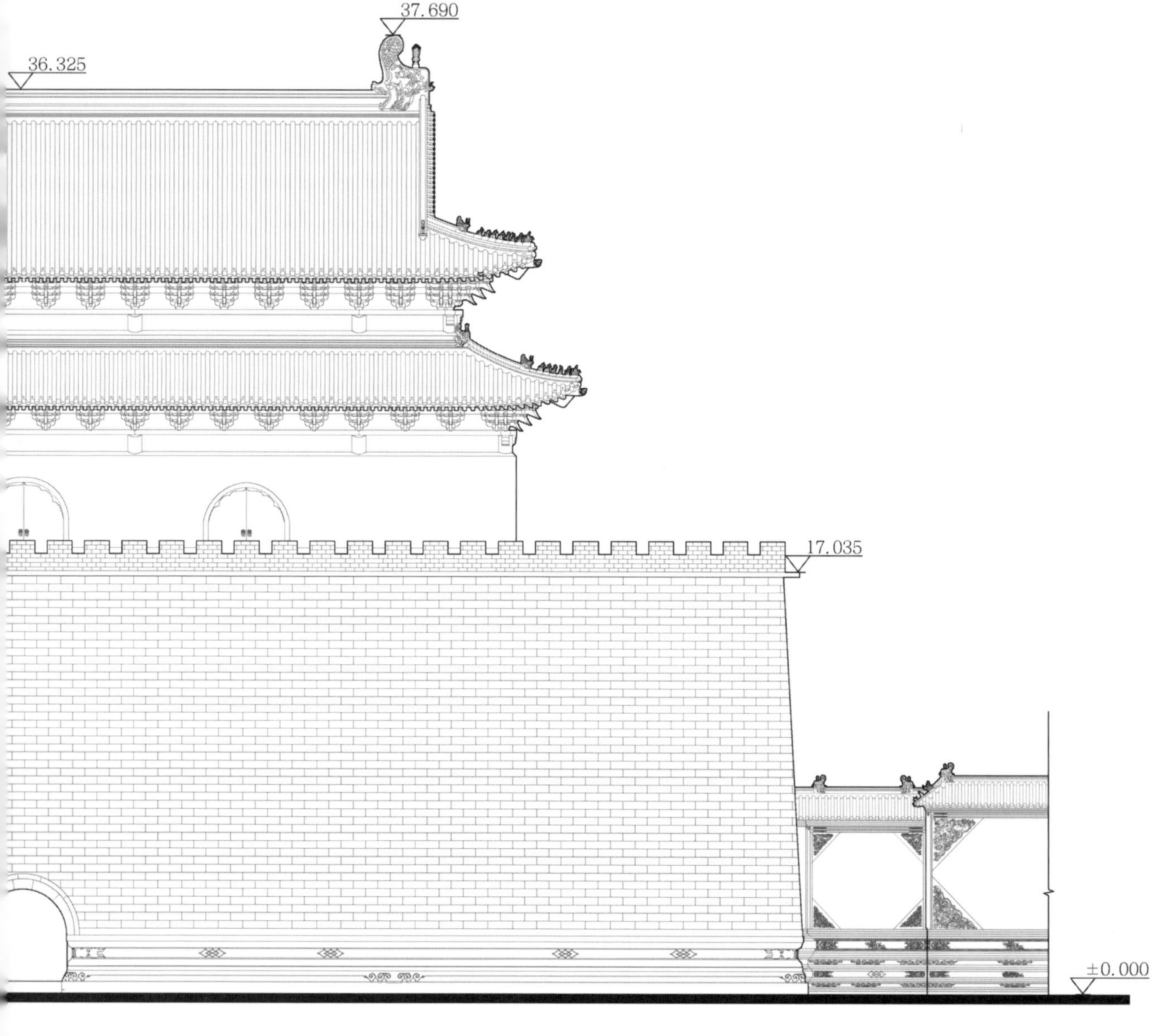

方城明楼立面图

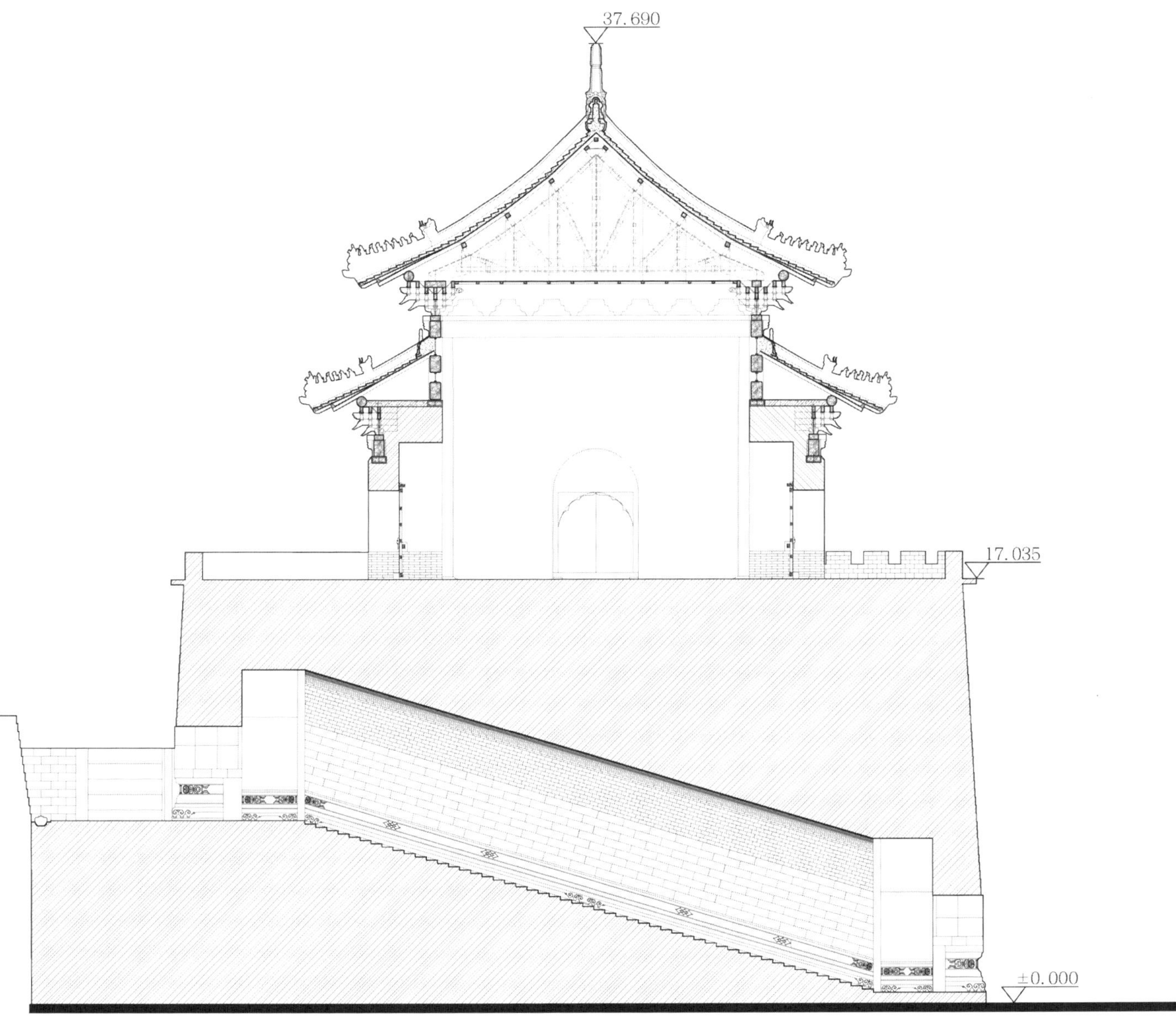

方城明楼 1-1 剖面图

（在 2009 年加建明楼屋顶）

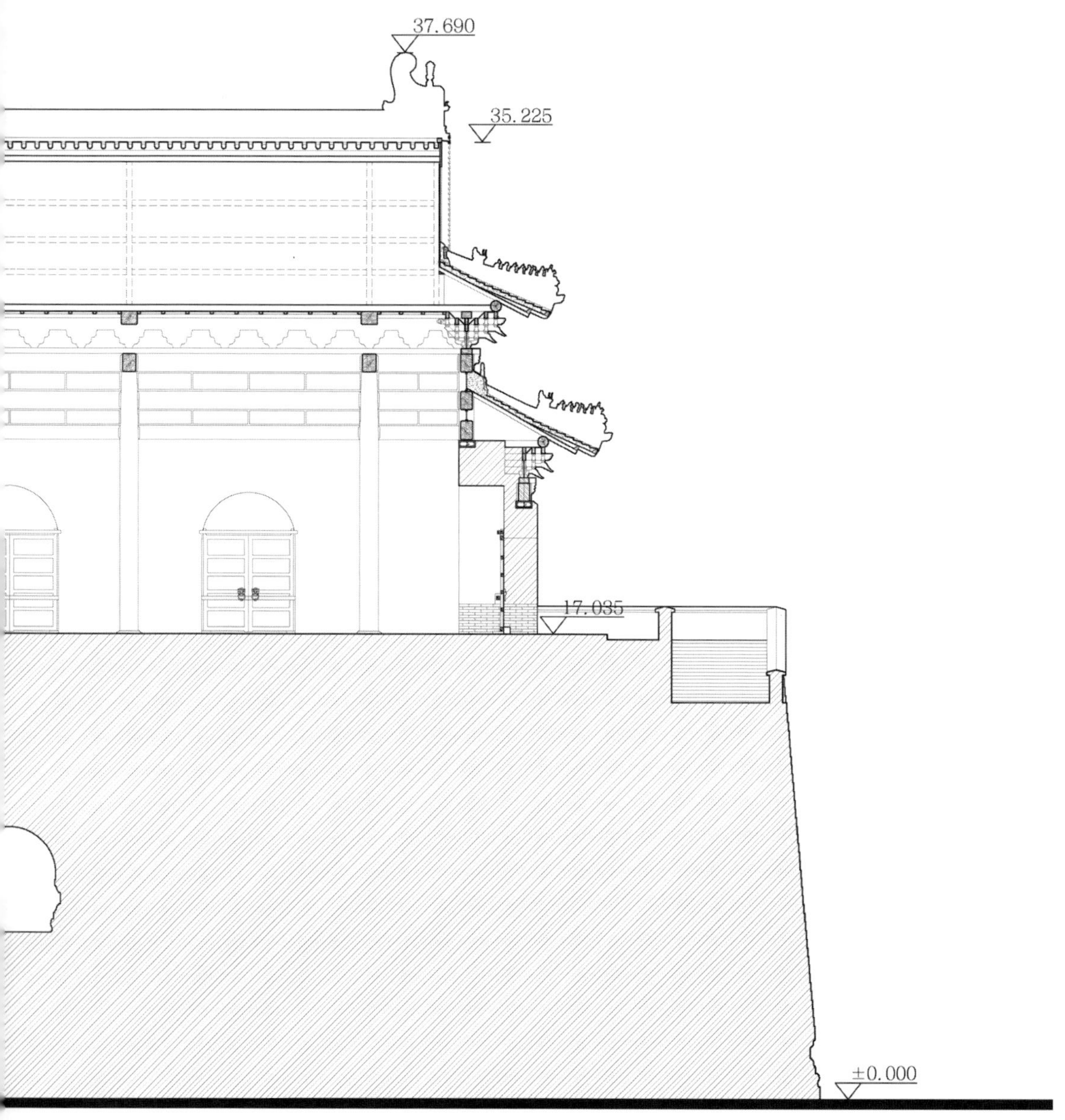

方城明楼 2-2 剖面图

0 3 6 9m

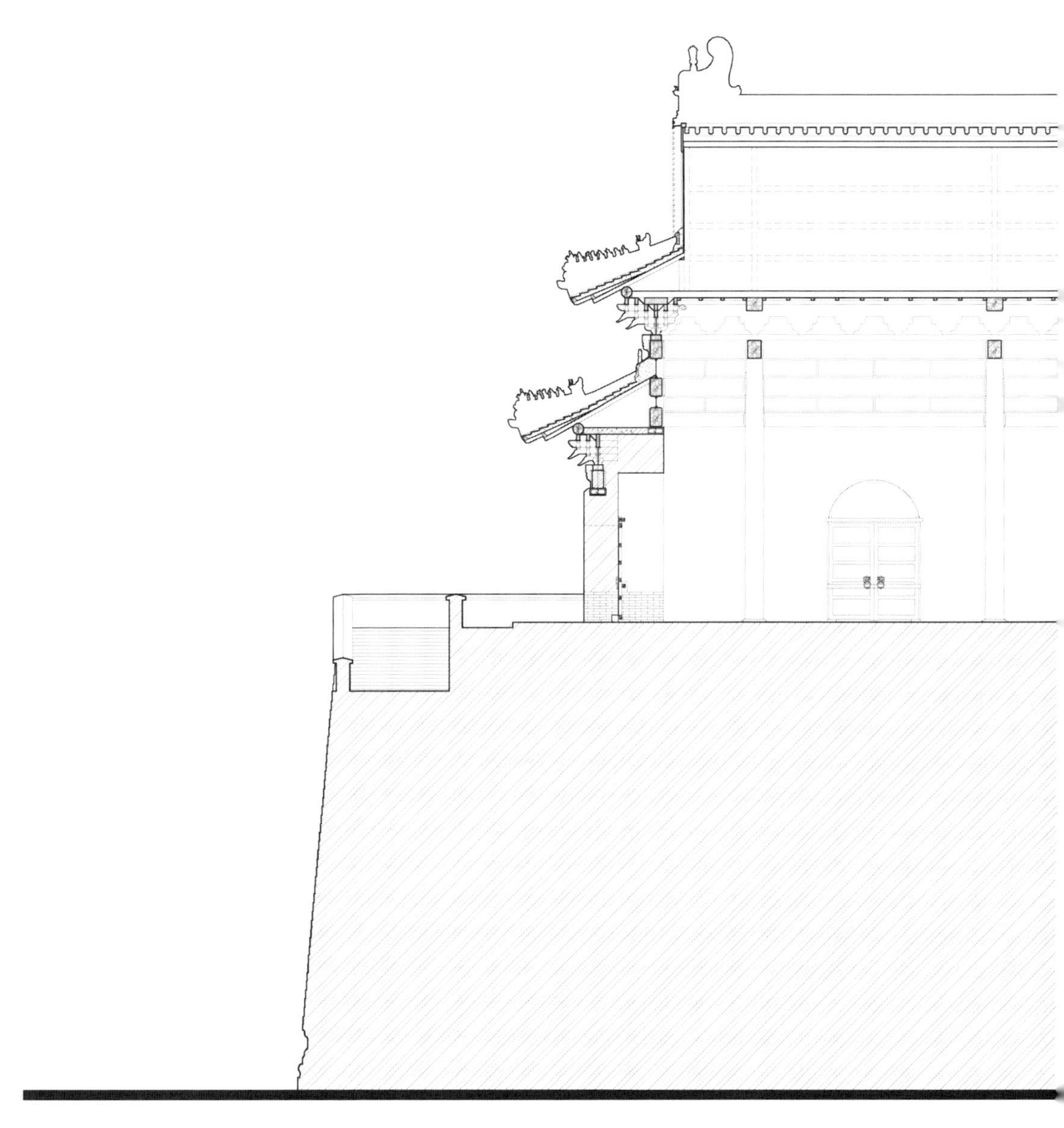

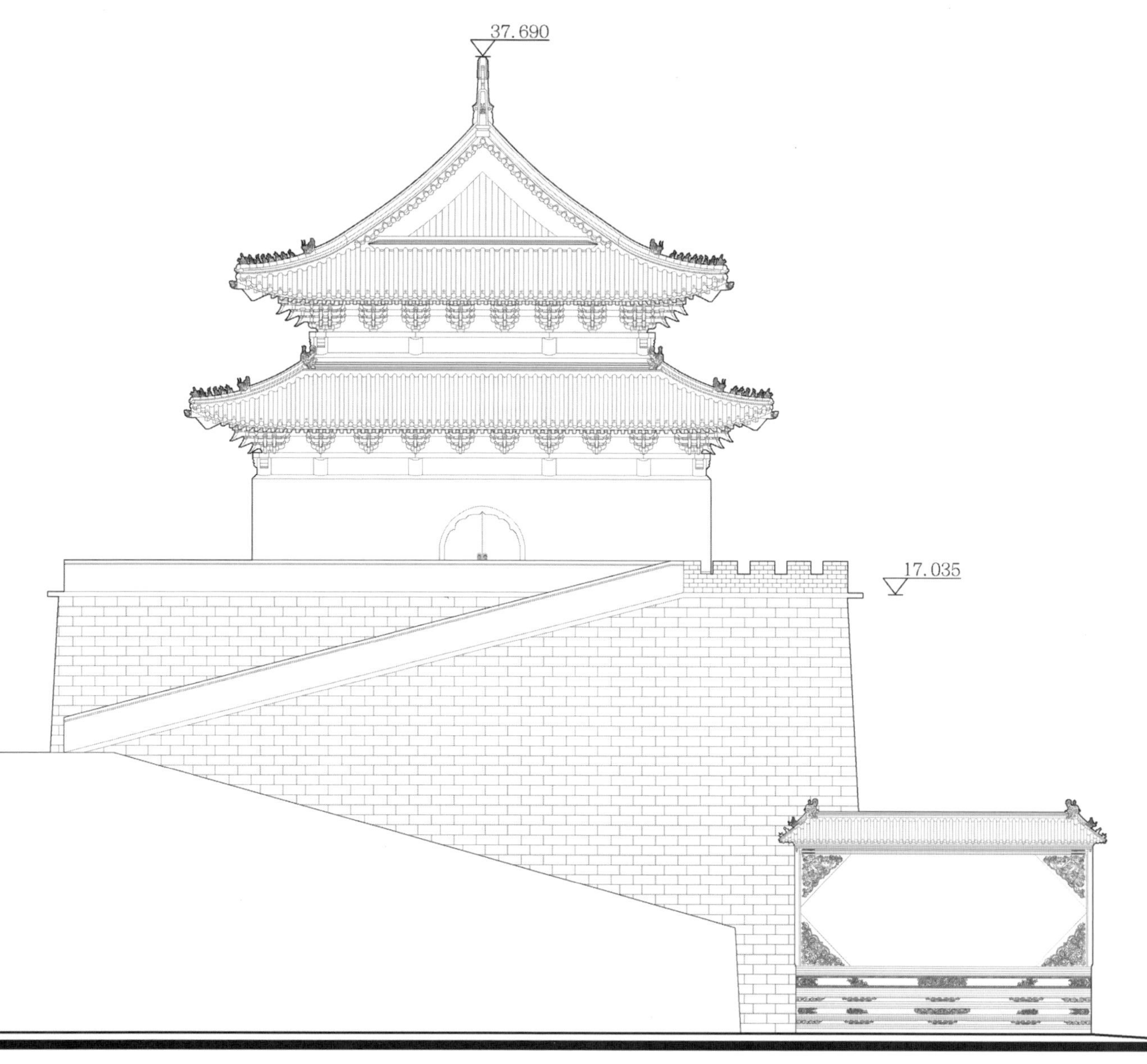

方城明楼东立面图

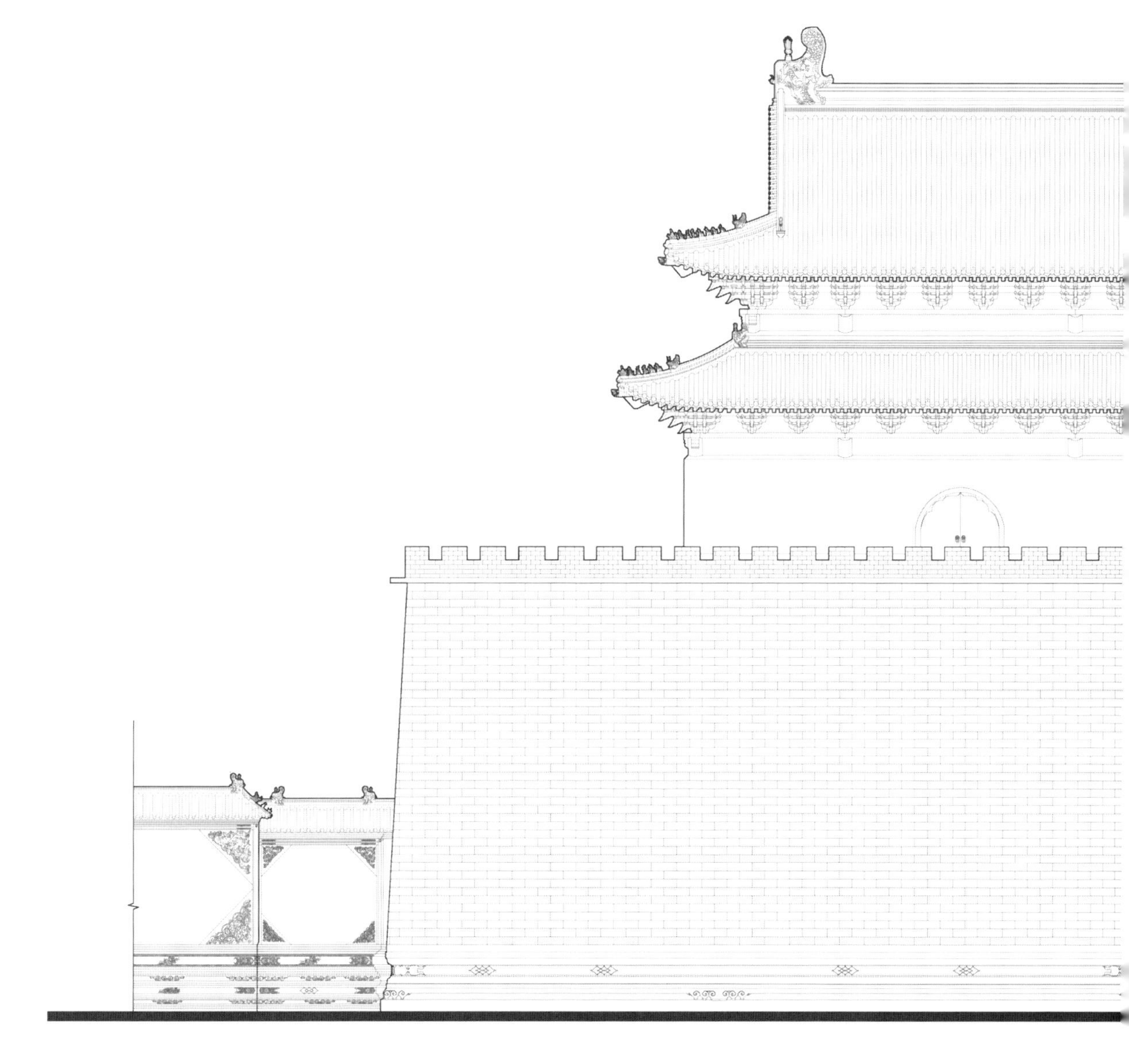

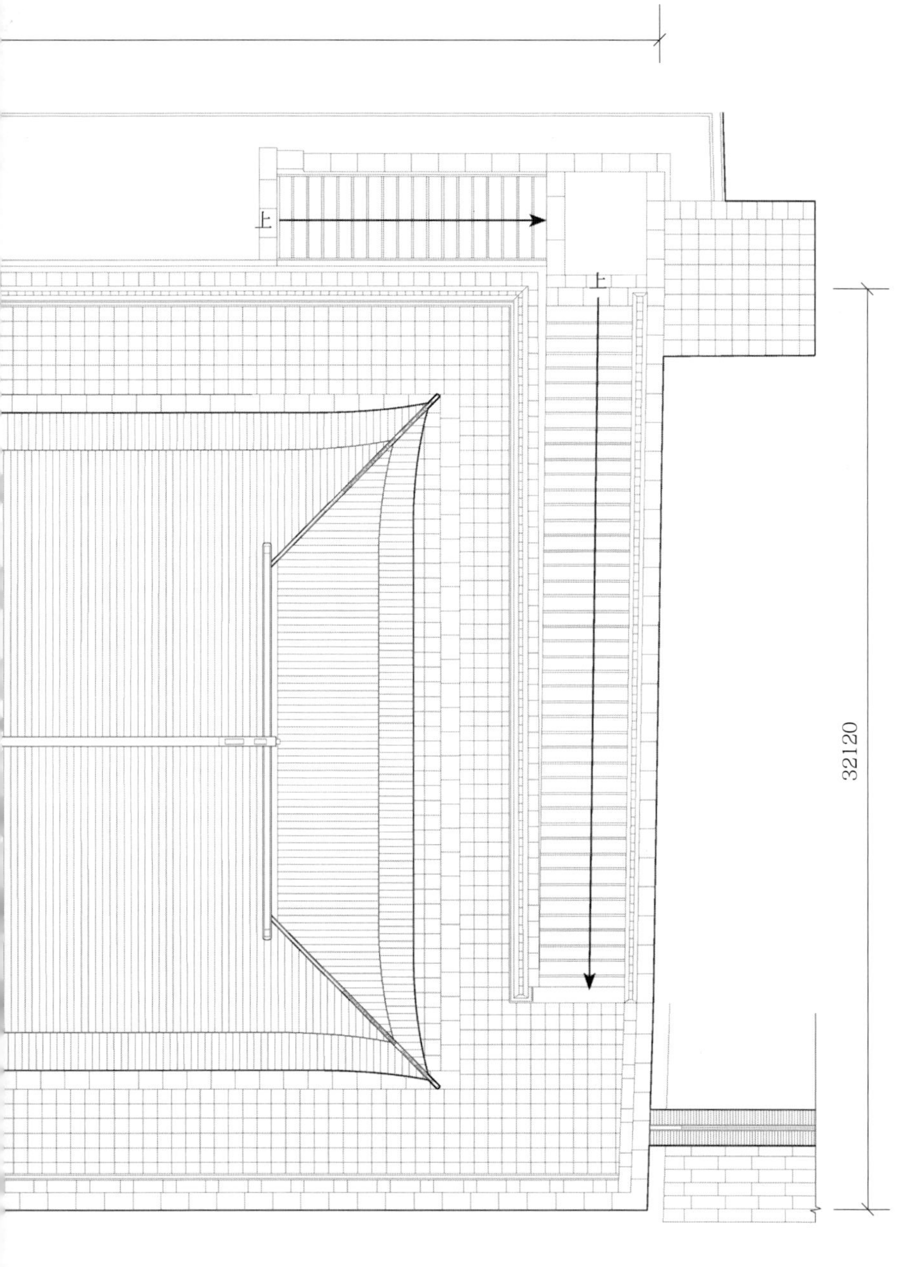

方城明楼屋顶平面图

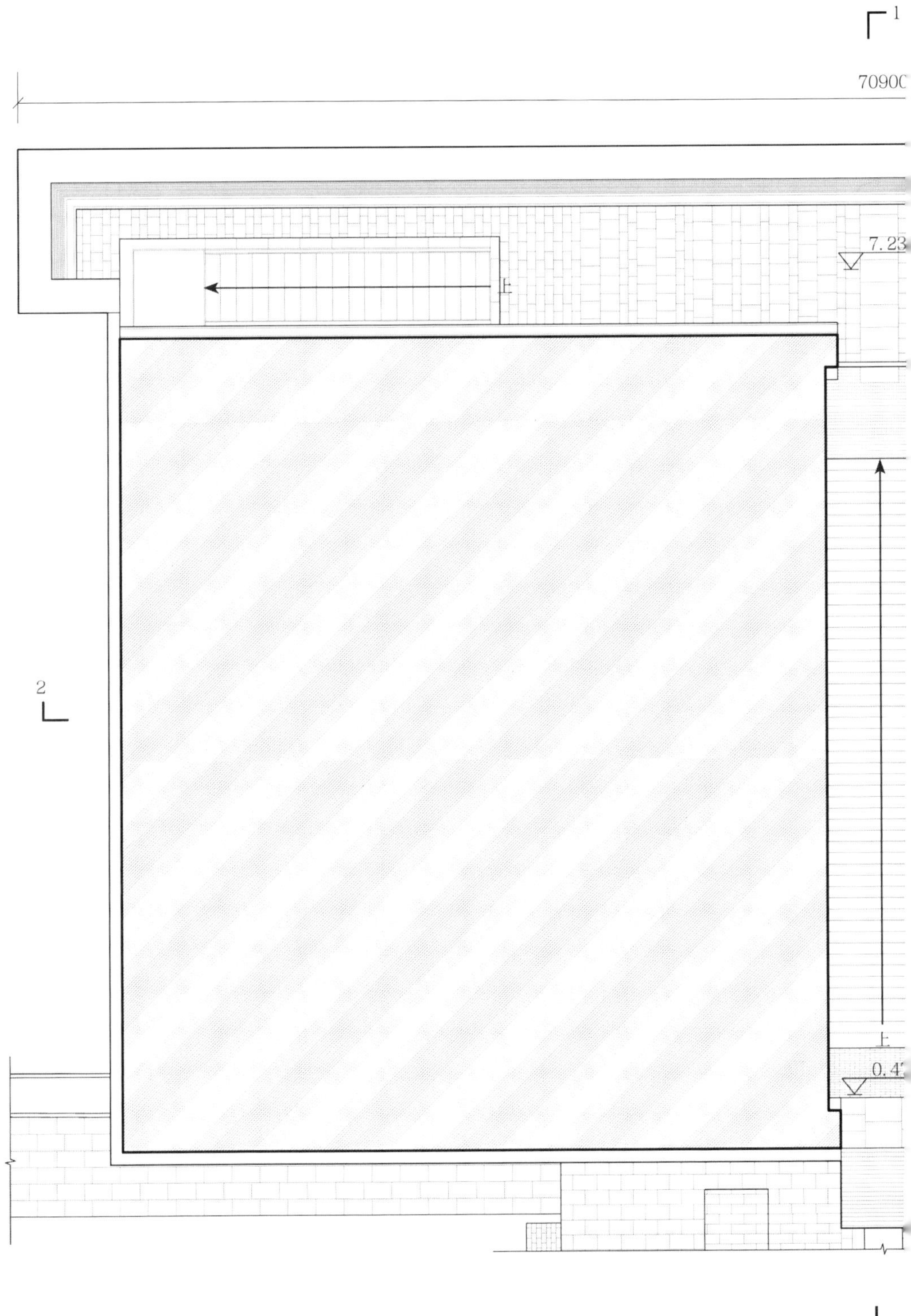
1
70900
7.23
上
2
上
0.47

方城明楼实景

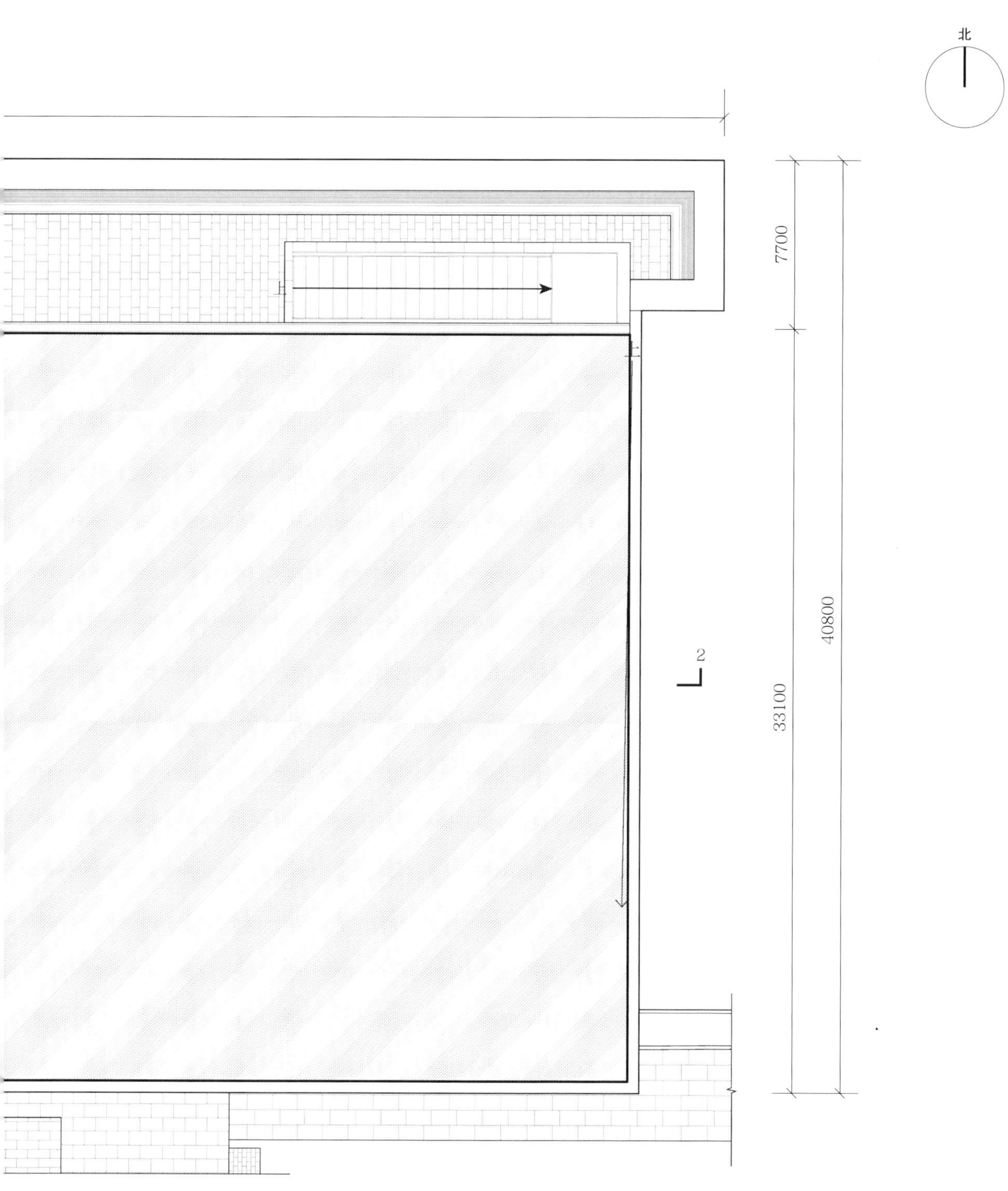

方城平面图

明孝陵方城明楼形制为明清皇家陵寝首创，在中国古代建筑史中意义重大。方城是位于孝陵宝顶前面的一座巨型石构建筑，平面作长方形，东西面阔 60.8 米，南北进深 34.22 米。方城的东西两侧建影壁，呈“八”字形，俗称“八字墙”。南面正中开有通向宝顶的拱券形纵向隧道，隧道内壁下部为石质须弥座结构，夹道东西两侧皆有台阶可登临明楼。

孝陵明楼原为五开间、重檐歇山顶殿堂式建筑。明楼是明清皇家陵寝同类型建筑中体量最大、等级最高者，迄今已历 600 余年沧桑。清末太平天国时期，战火焚毁了孝陵所有建筑的木构部分，明楼也仅留四壁墙垣矗立在方城之上。现存孝陵明楼屋顶为 2009 年进行加顶保护工程时所恢复。

方城明楼

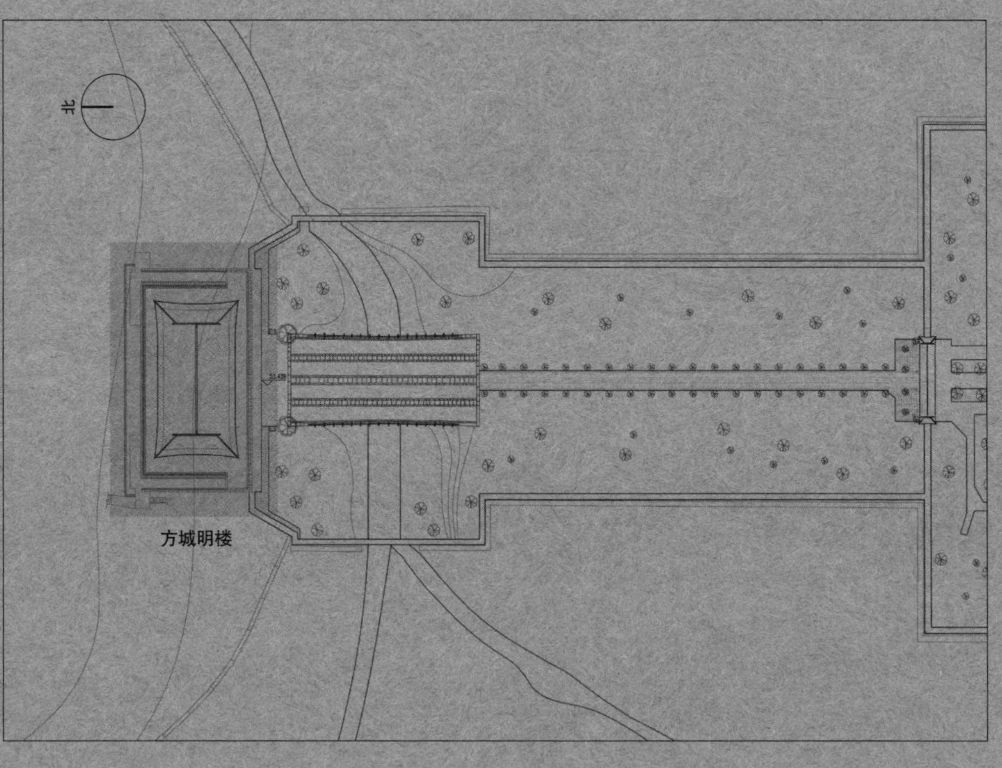

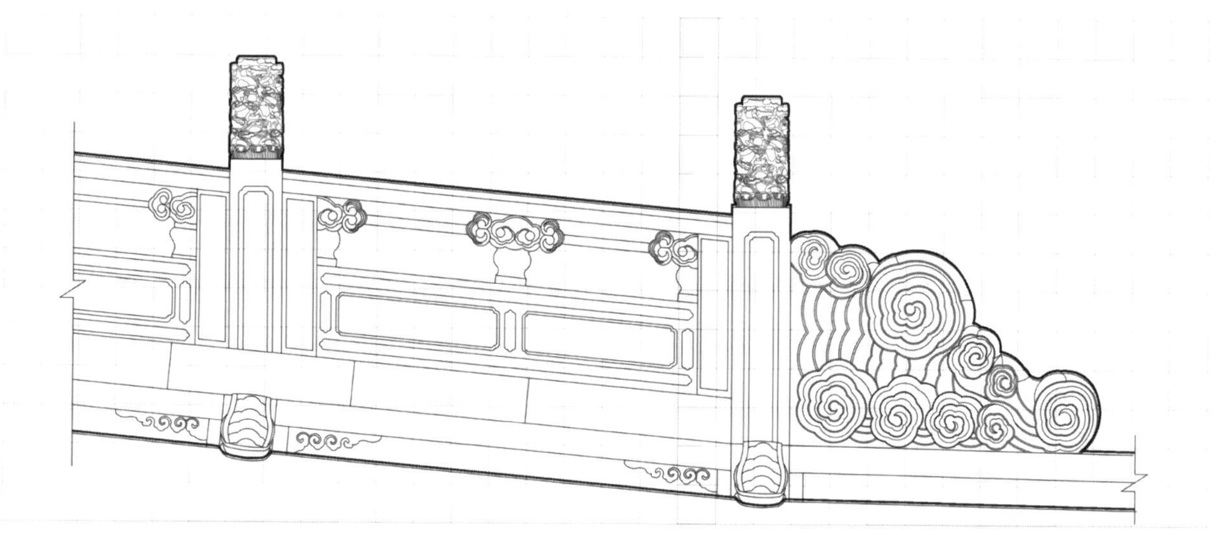

升仙桥栏杆及抱鼓石大样

0　0.5　1　1.5m

龙凤柱头大样

螭首大样

0　0.2　0.4　0.6m

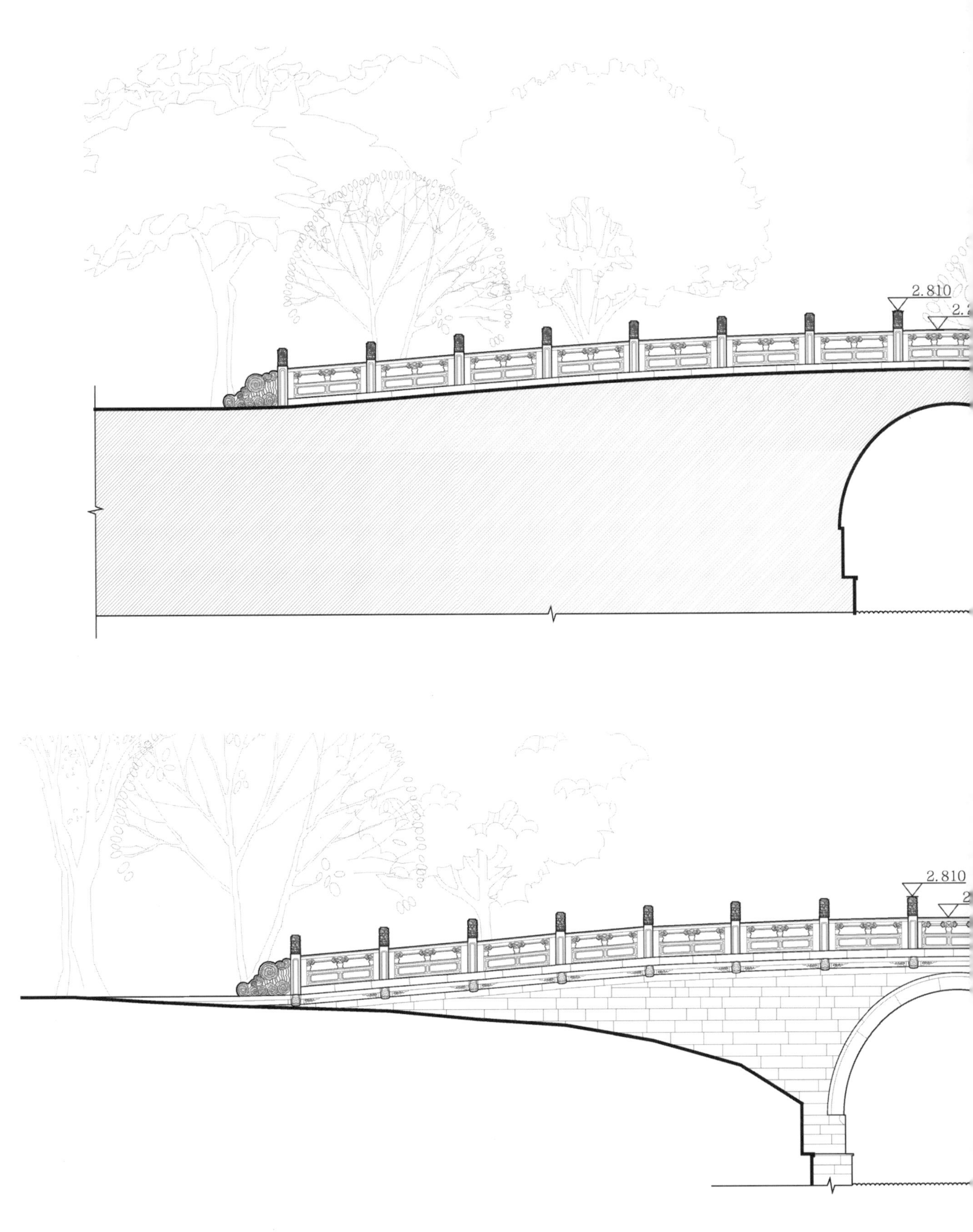

2.810
2.810

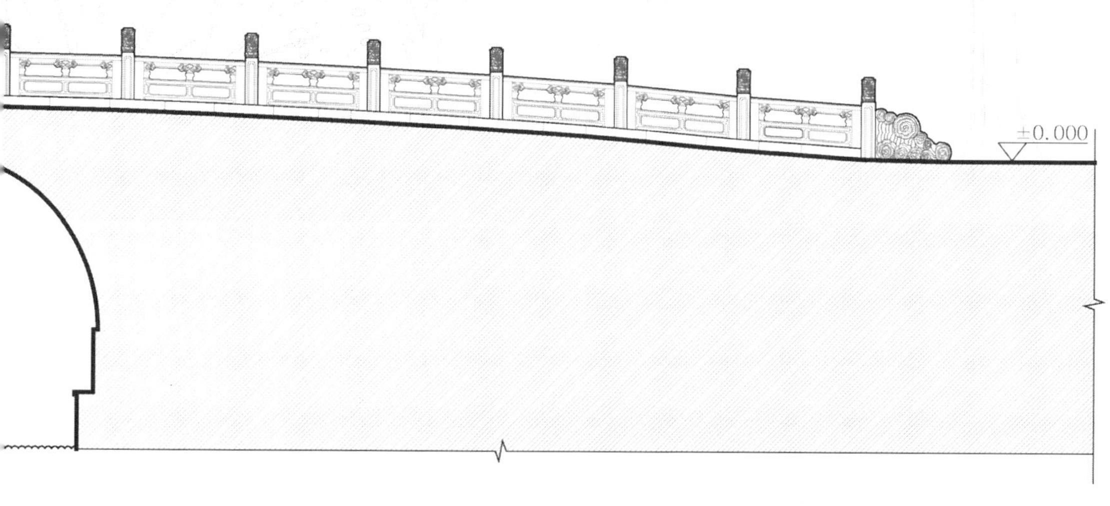

升仙桥 1-1 剖面图

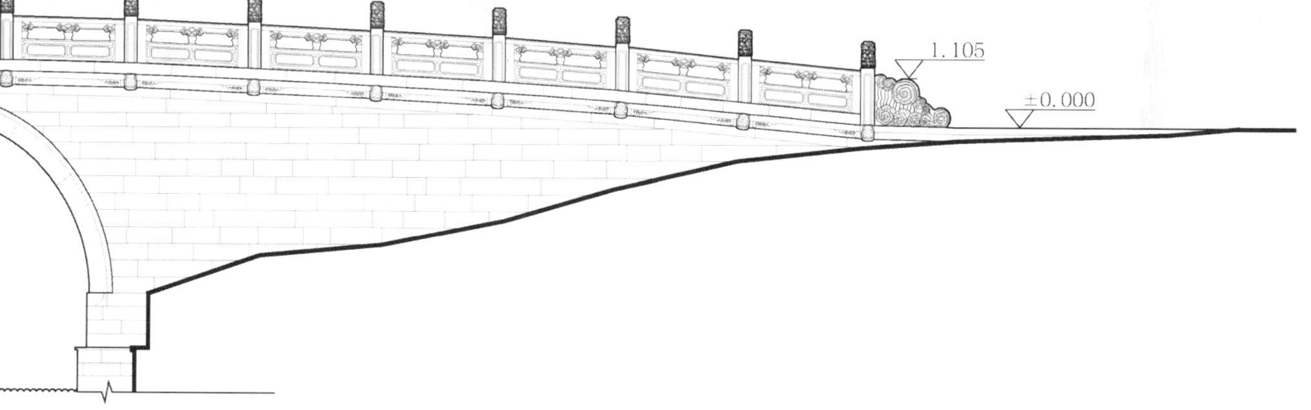

升仙桥西立面图

0 1 2 3m

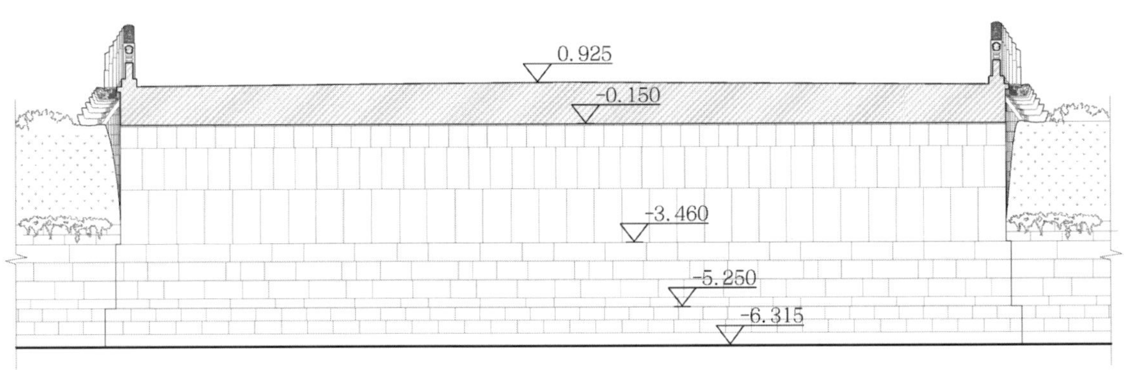

升仙桥 2-2 剖面图

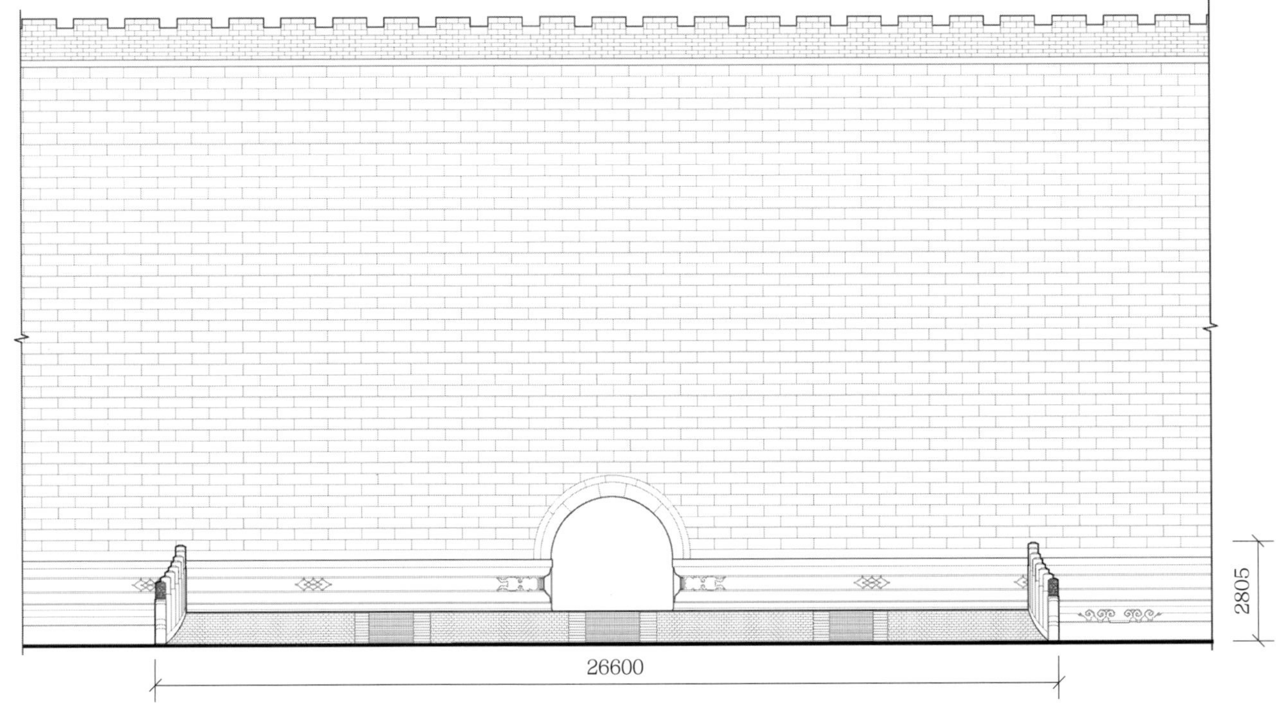

升仙桥南立面图

0 2 3 6m

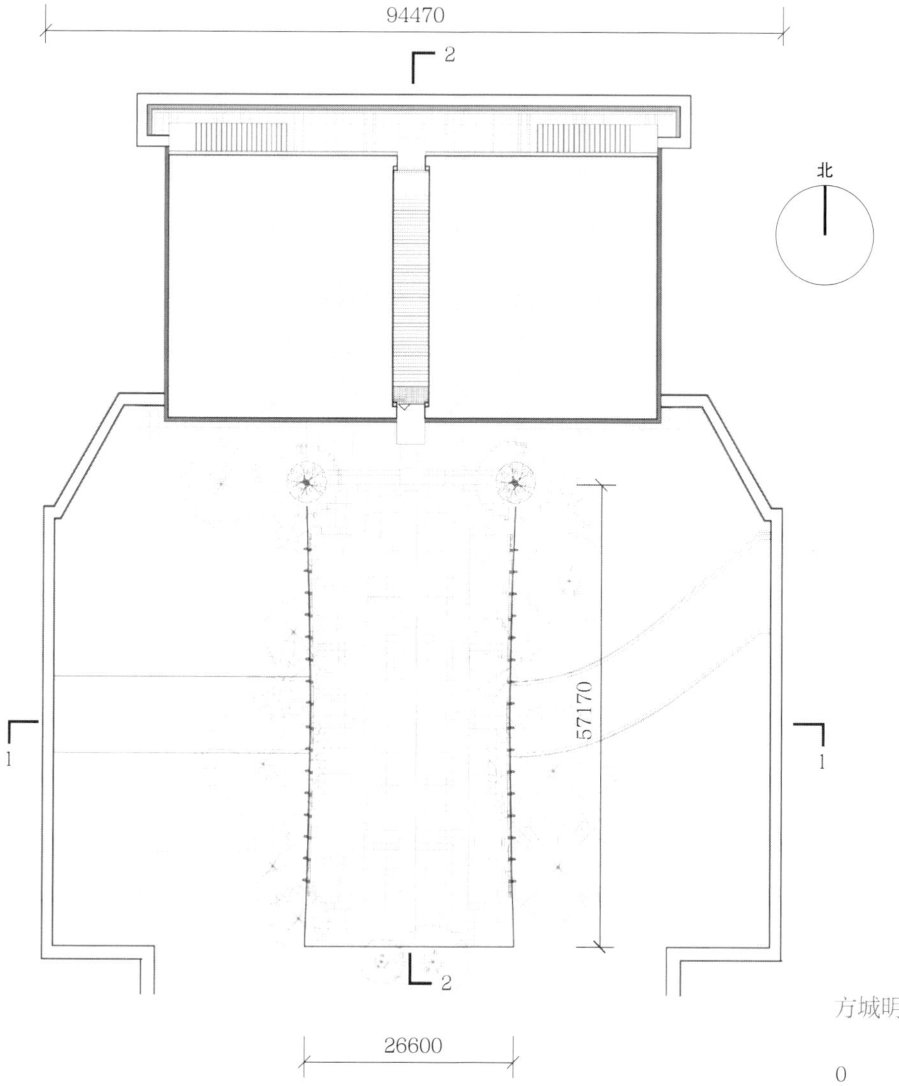

94470

2

北

1

1

57170

2

26600

方城明楼与升仙桥平面图

0 10 20 30m

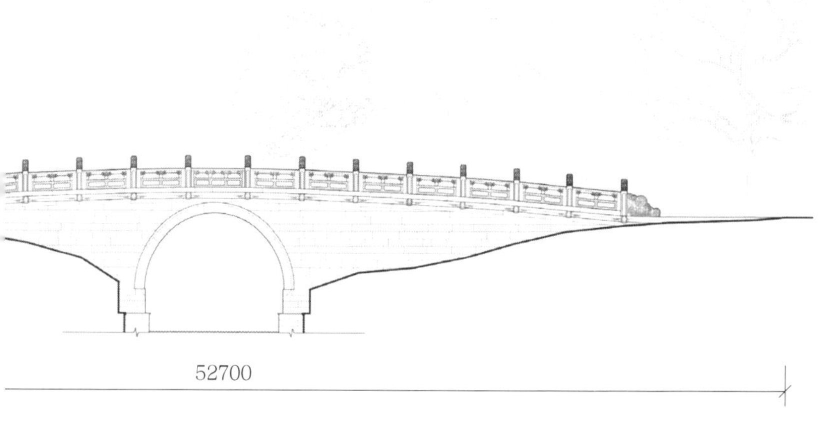

52700

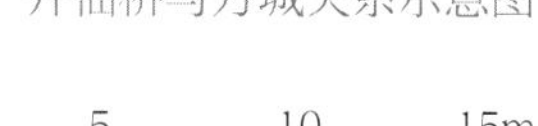

升仙桥与方城关系示意图

0 5 10 15m

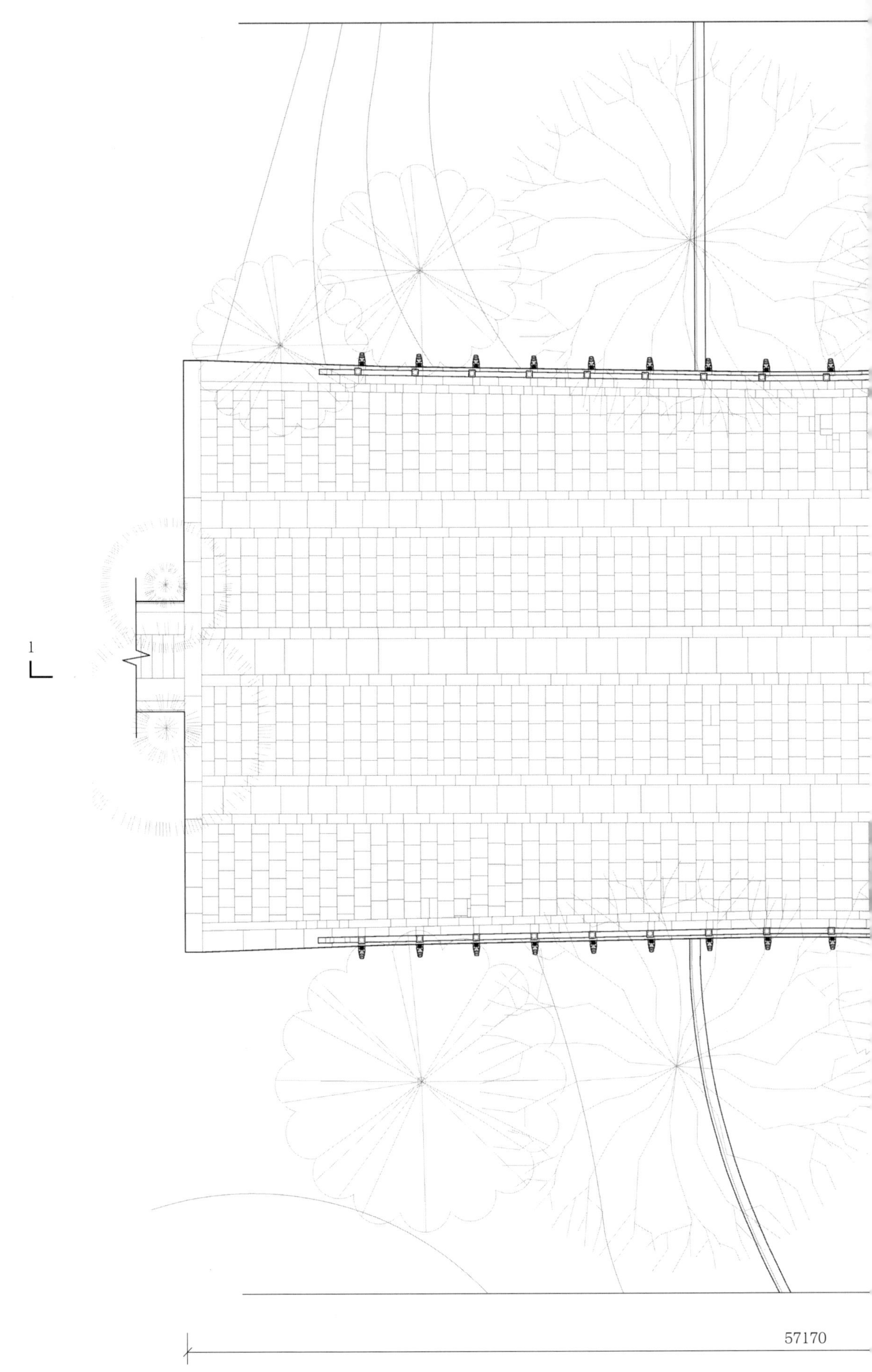
1
57170

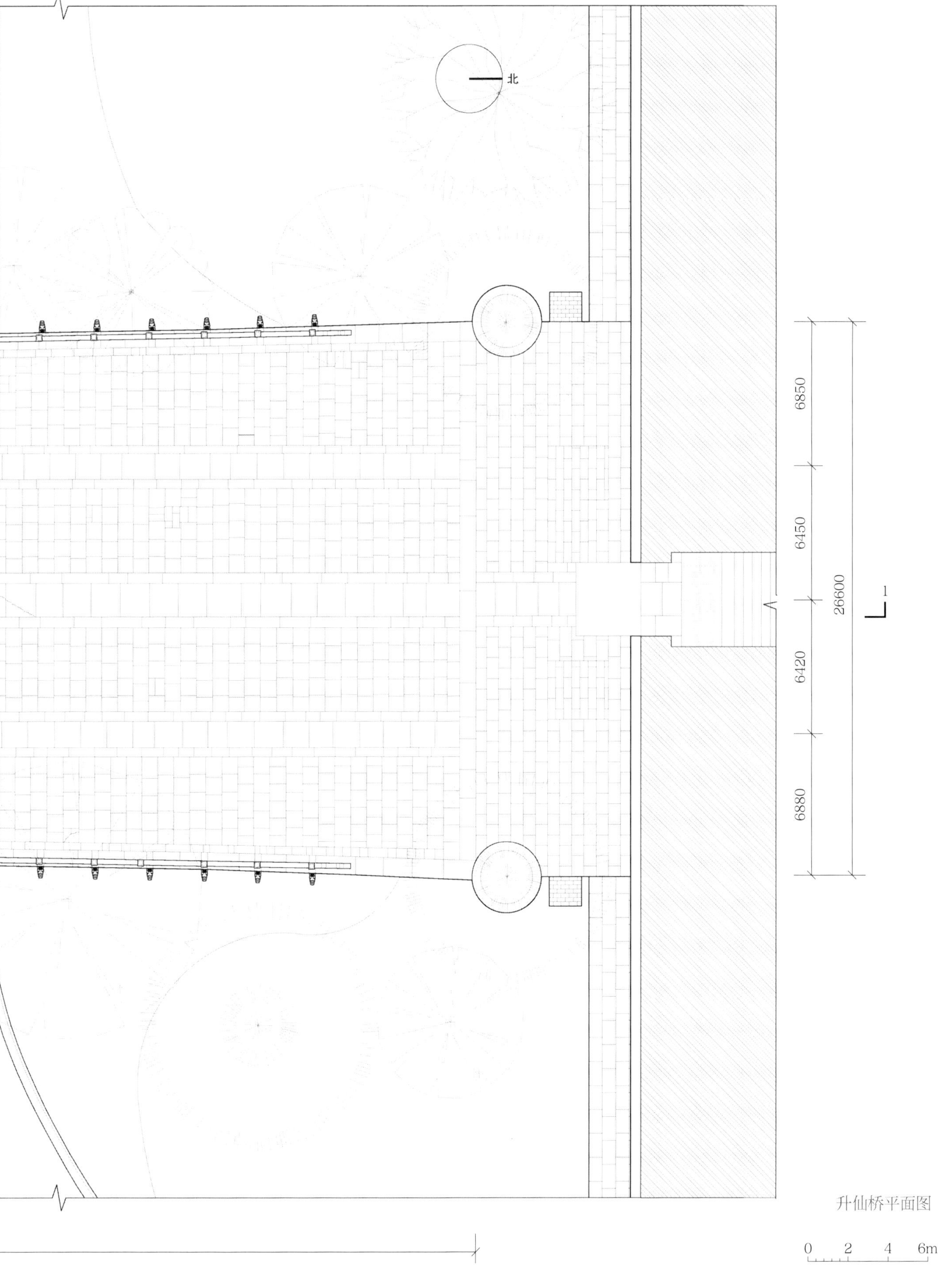

升仙桥平面图

升仙桥实景

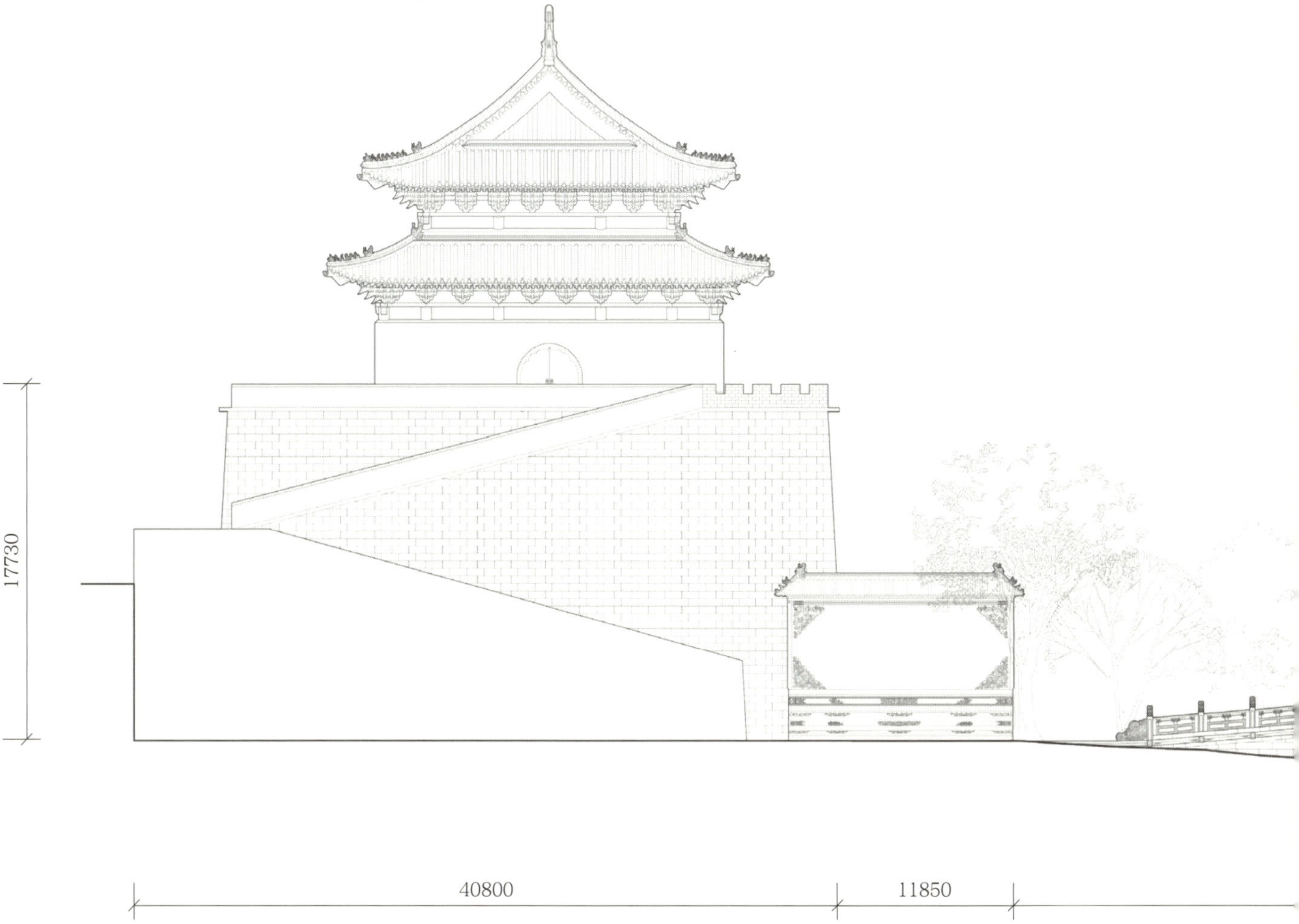

17730

40800

11850

内红门后有一座石造单券拱桥，长约 57.2 米，宽 26.6 米，是明初桥梁建筑中的杰作，当年朱元璋灵柩由此过桥入葬，故名升仙桥。升仙桥桥面以青条石铺砌，两侧置石雕栏杆，石栏、螭首多残缺，2006 年 5—6 月对栏板、望柱、螭首进行修复。

升仙桥

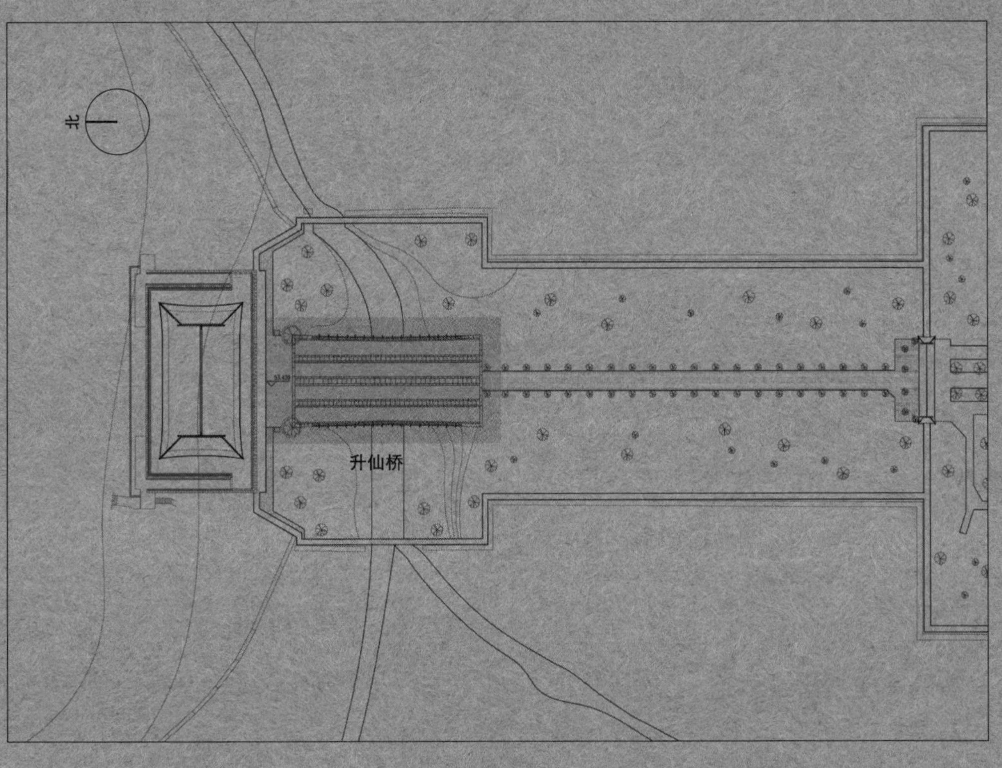

背立面图

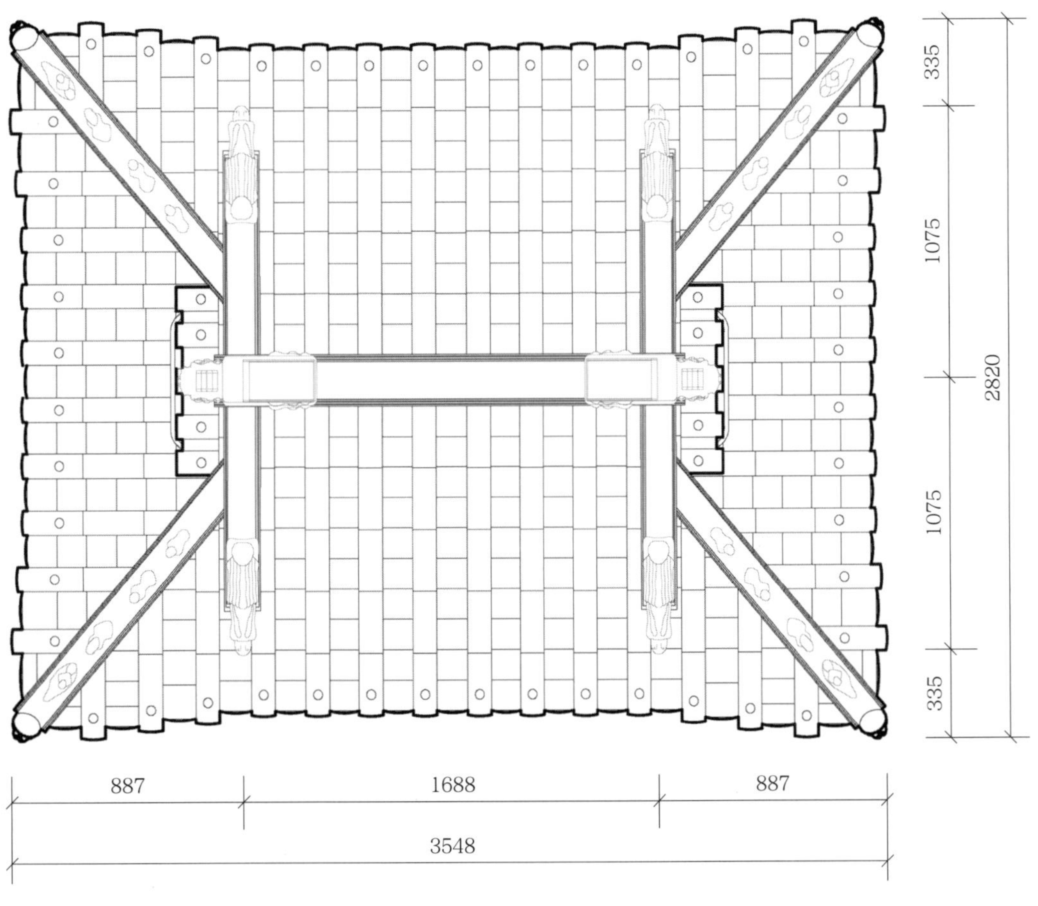

屋顶平面图

0 0.5 1 1.5m

1-1 剖面图

0 0.5 1 1.5m

侧立面图

0 0.5 1 1.5m

点云模型照片

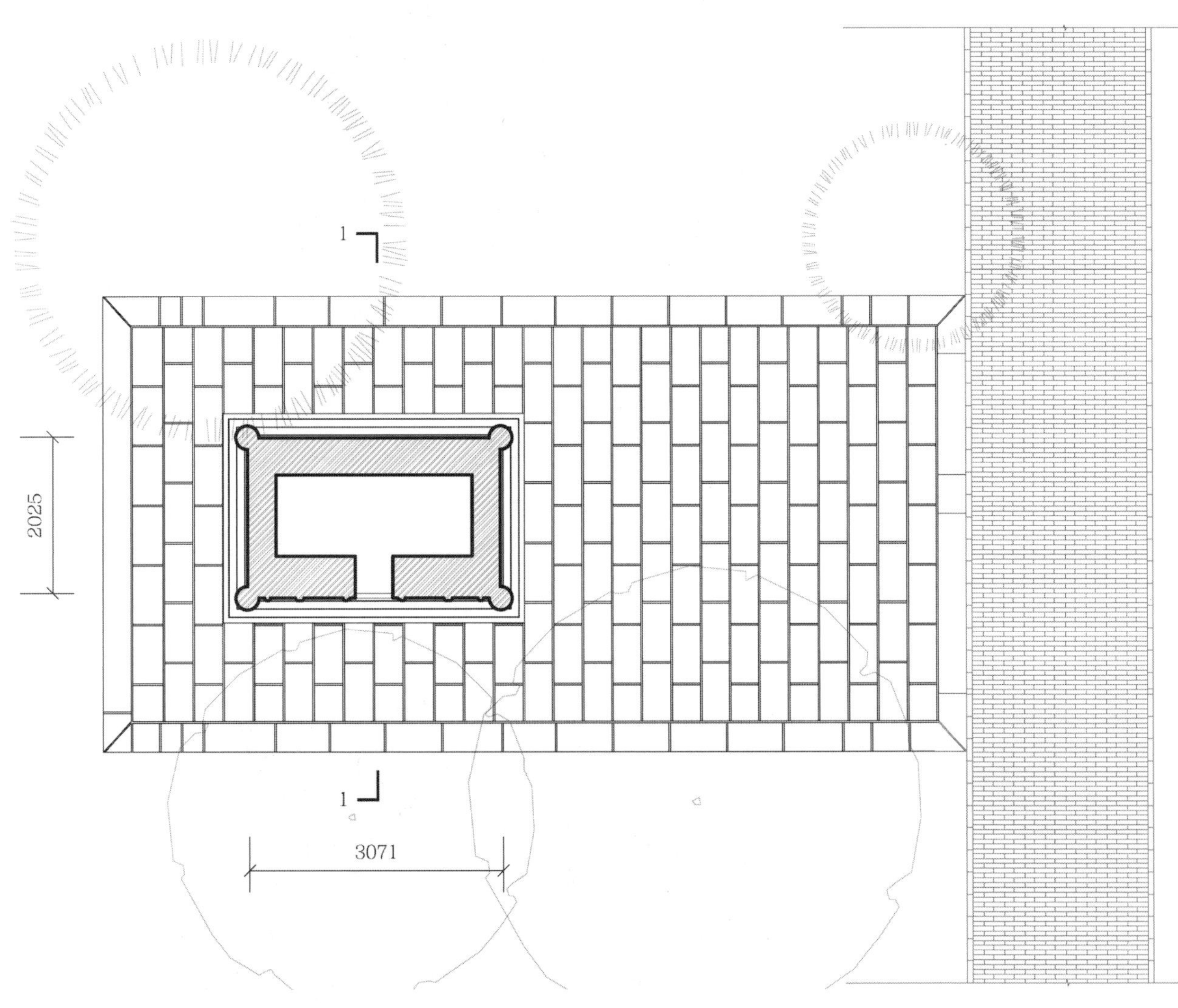

平面图

0 1 2 3m

正立面图

神帛炉现状照片

神帛炉位于碑殿和享殿之间，配殿之前，东西各一座，形制相同，用于焚烧祭祀神帛和祝版。神帛炉下为须弥座石台基，其上以琉璃构件组装为单檐歇山顶殿堂样式，檐下为单翘三踩斗拱和额枋。高 4.17 米，台基面宽 3.07 米，进深 2.05 米。建筑殿身四角分别有琉璃圆柱及马蹄磉，其正面居中设券门，左右各嵌两扇三交六椀菱花仿木琉璃福扇。券门内是小砖券室，其左右和后面墙壁的外侧为黄琉璃砖。

神帛炉

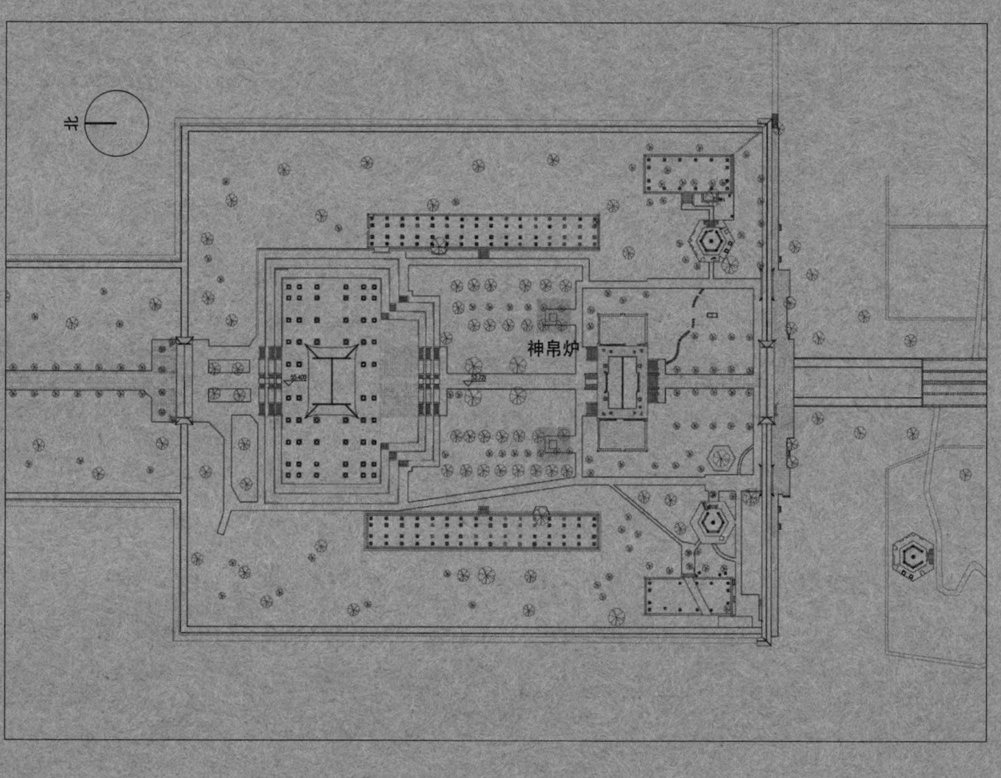

局部凹窝。由于石块间、石块和基底层间重新用过硬和耐久的水泥砂浆接缝、固定，随之而来的影响使得个别地质学上的弱砂岩石材发生瓦解，结果使得从石块侧面开始发育成单体凹窝。

剥离脱落。主要有粉化和片状剥落。粉化属于颗粒状剥落。石材的单个颗粒或颗粒团聚体的剥离、脱落。片状剥落表现为石材整个或部分破裂成形状不规则、厚度和体积大小不同的部分。

生物侵蚀。植物和微生物，例如细菌、蓝藻、藻类、真菌和地衣可以在石材上定居。立面的墙体上主要受藻类和苔藓侵蚀。

残缺部分。墙砖常年受风化等作用的影响，已经发生了强劣化。墙砖之间出现了许多残缺的空洞。

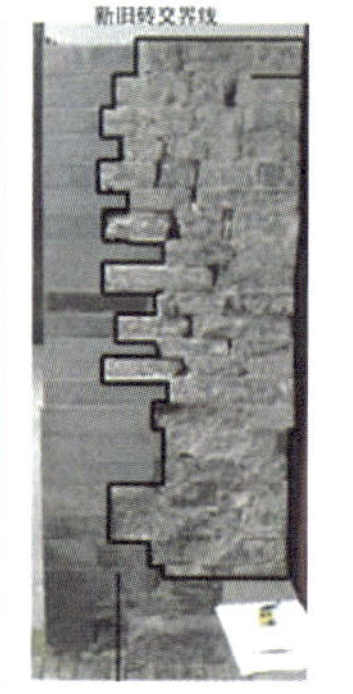

裂隙。由于一部分与另一部分分离而产生的、肉眼清晰可见的单个裂缝、裂隙。

表面脏污。外源粒子（例如煤烟灰）沉积形成的一个极薄层，使得石材表面呈现脏污的外观。

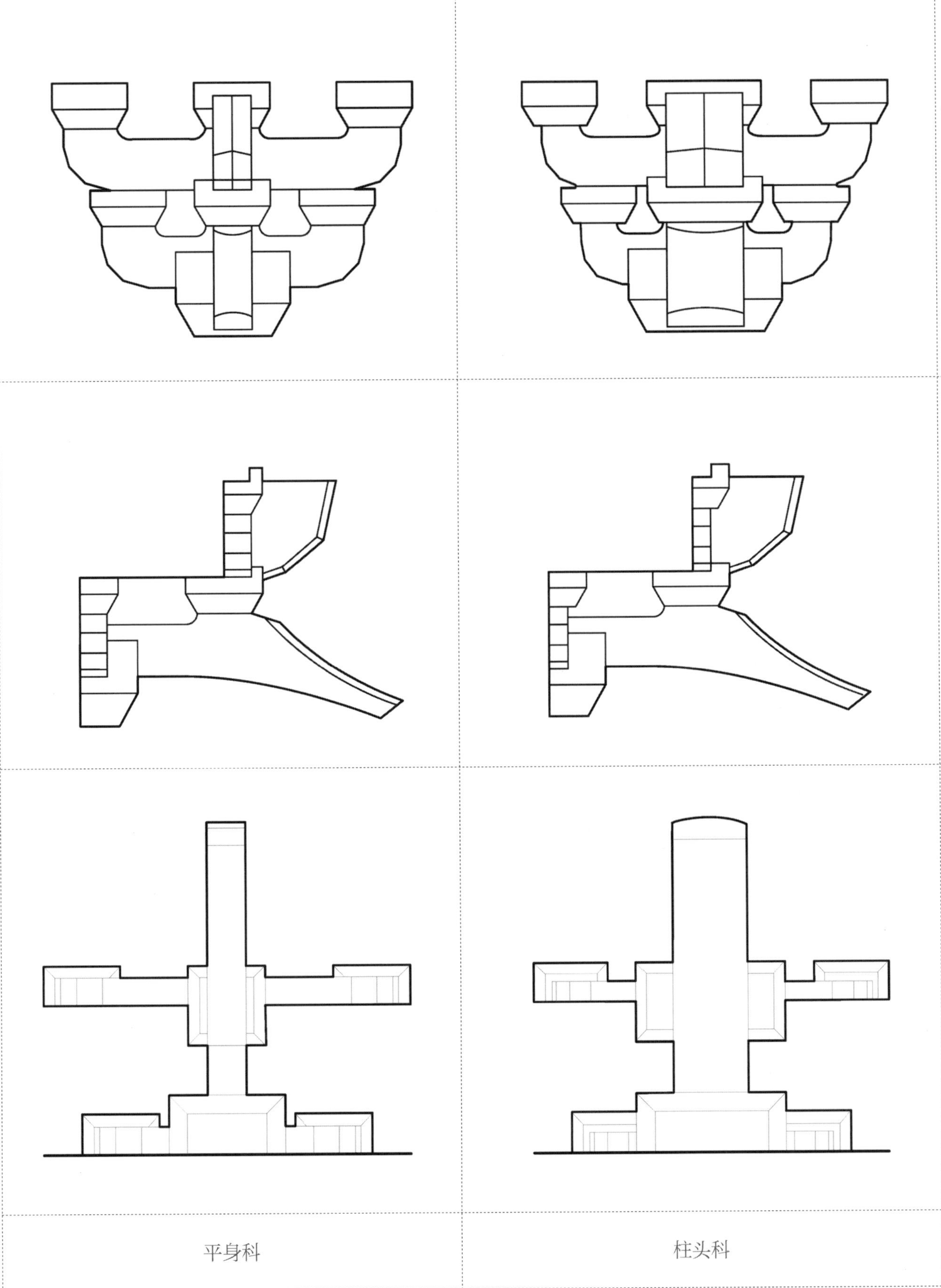
平身科
柱头科

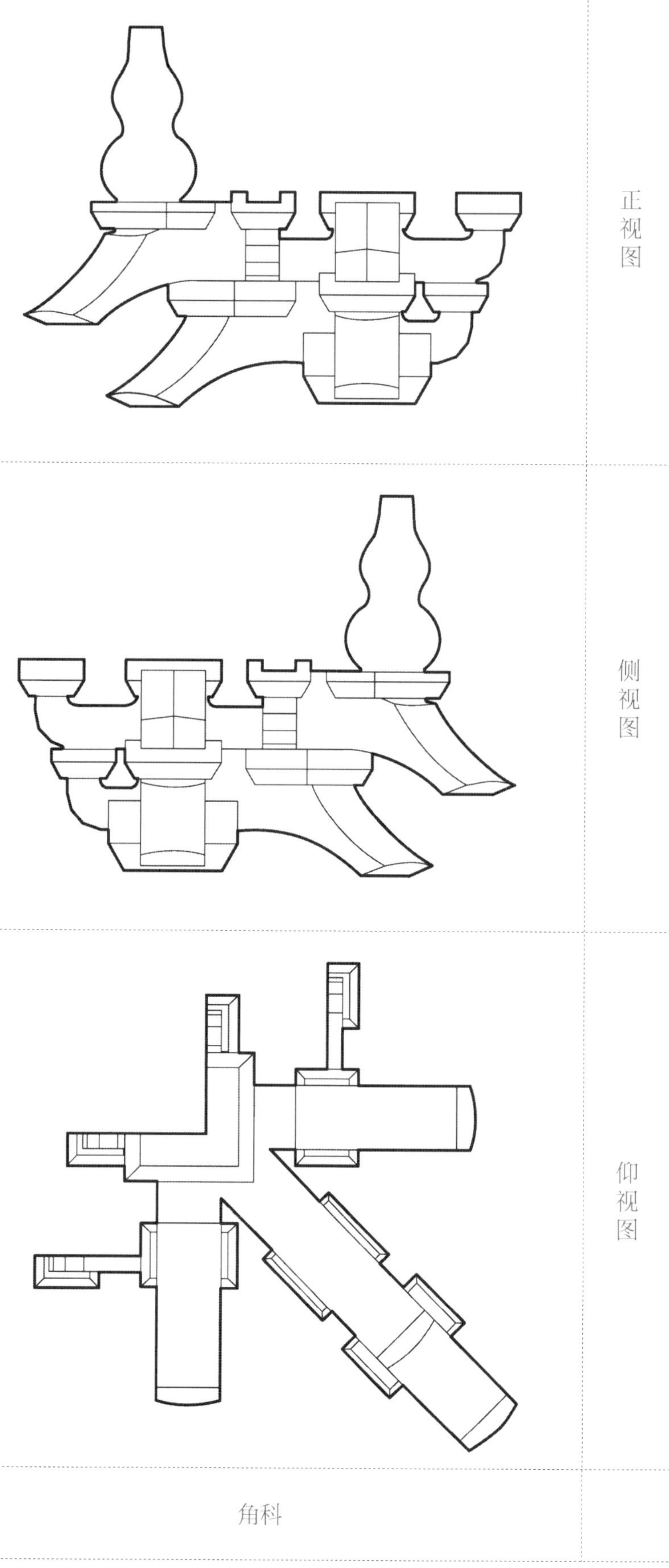

内红门斗拱大样图

0 0.1 0.2 0.3m

吻兽大样

0　0.05　0.1　0.15m

仙人走兽大样

0　0.05　0.1　0.15m

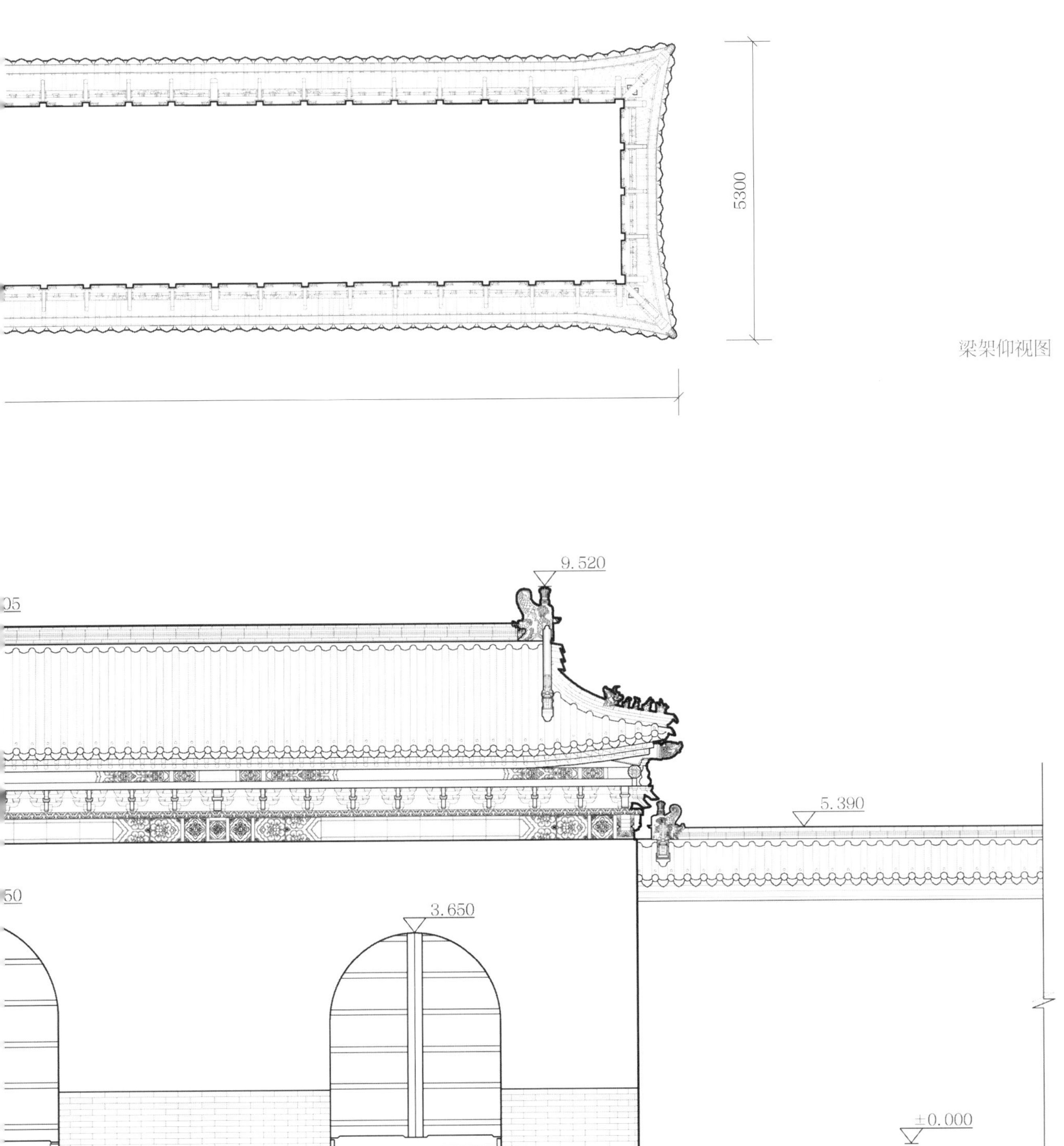

梁架仰视图

内红门北面图

内红门 1-1 剖面

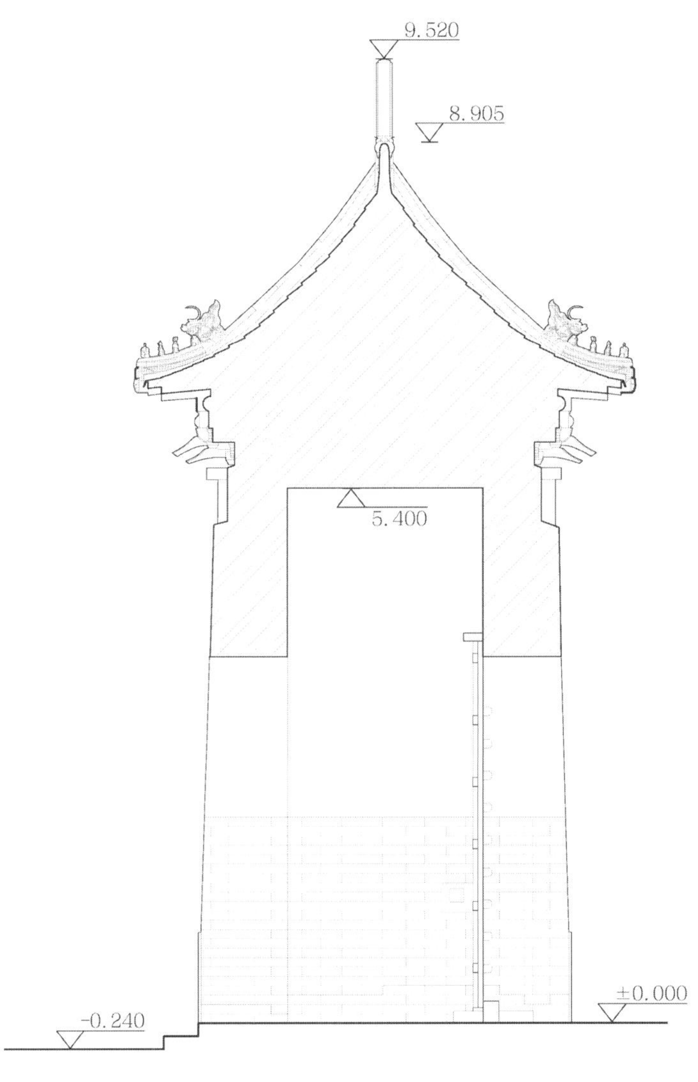

内红门 2-2 剖面

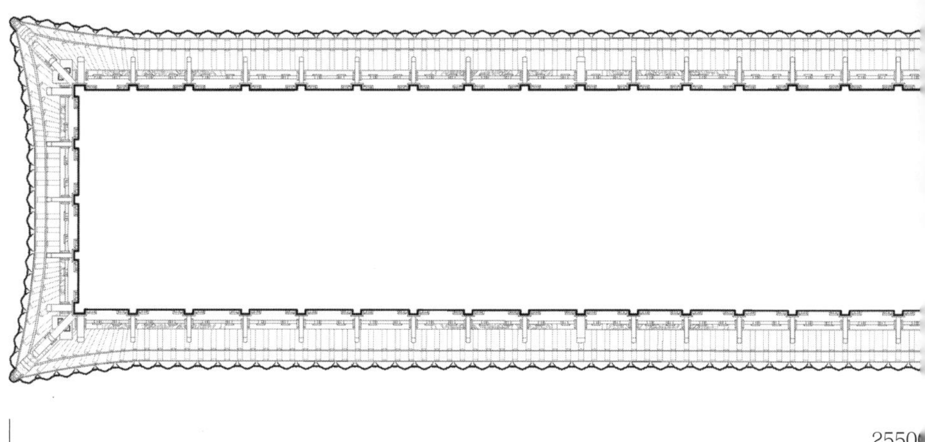

2550

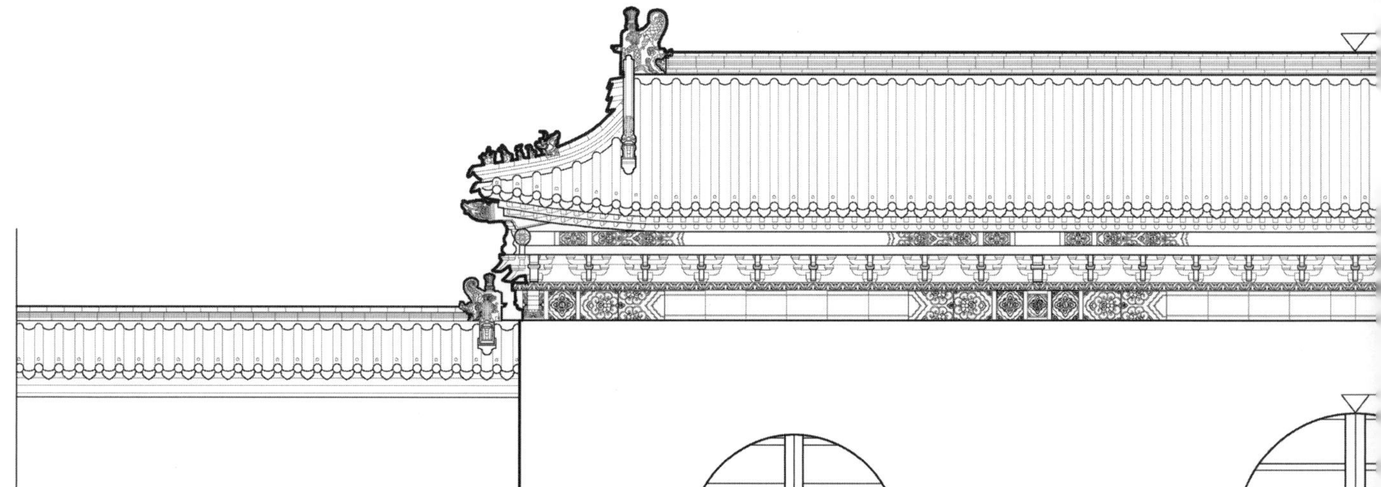

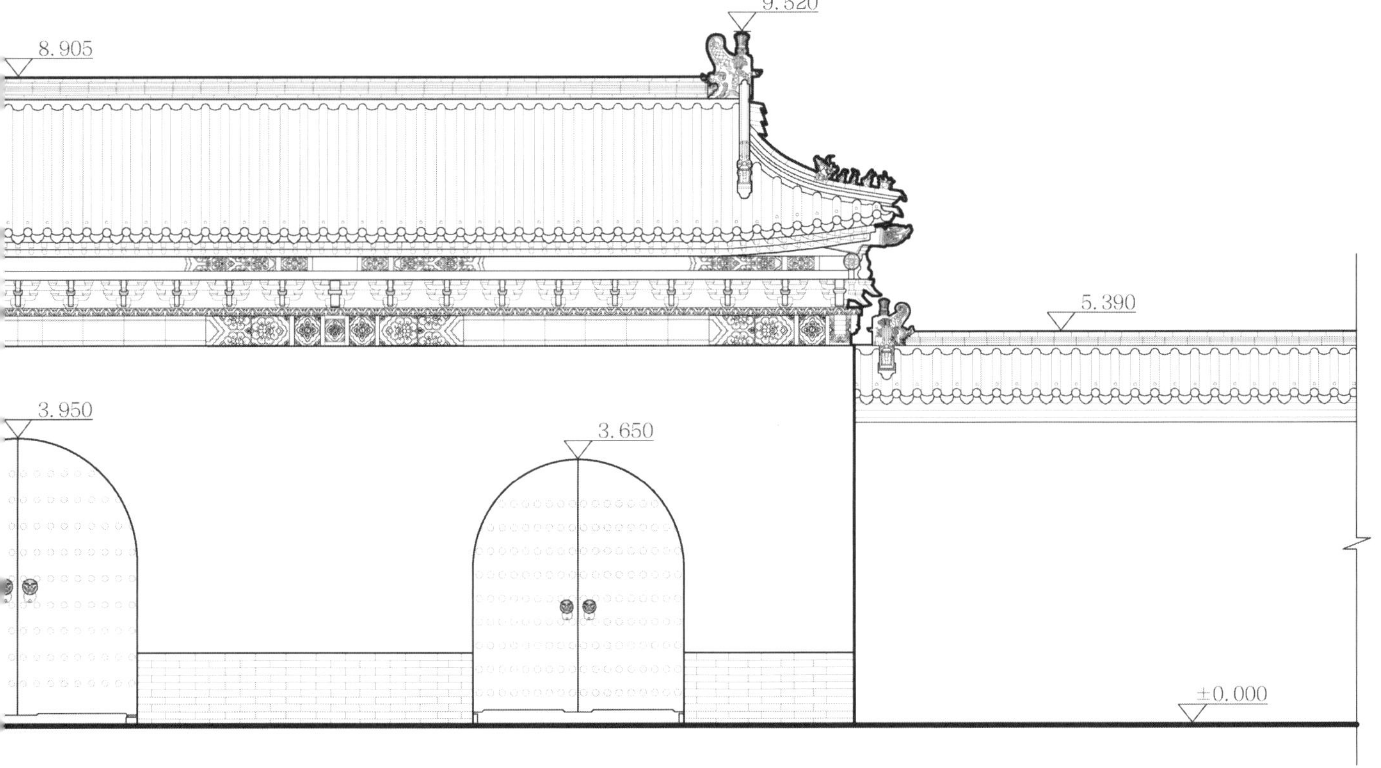

内红门南立面图

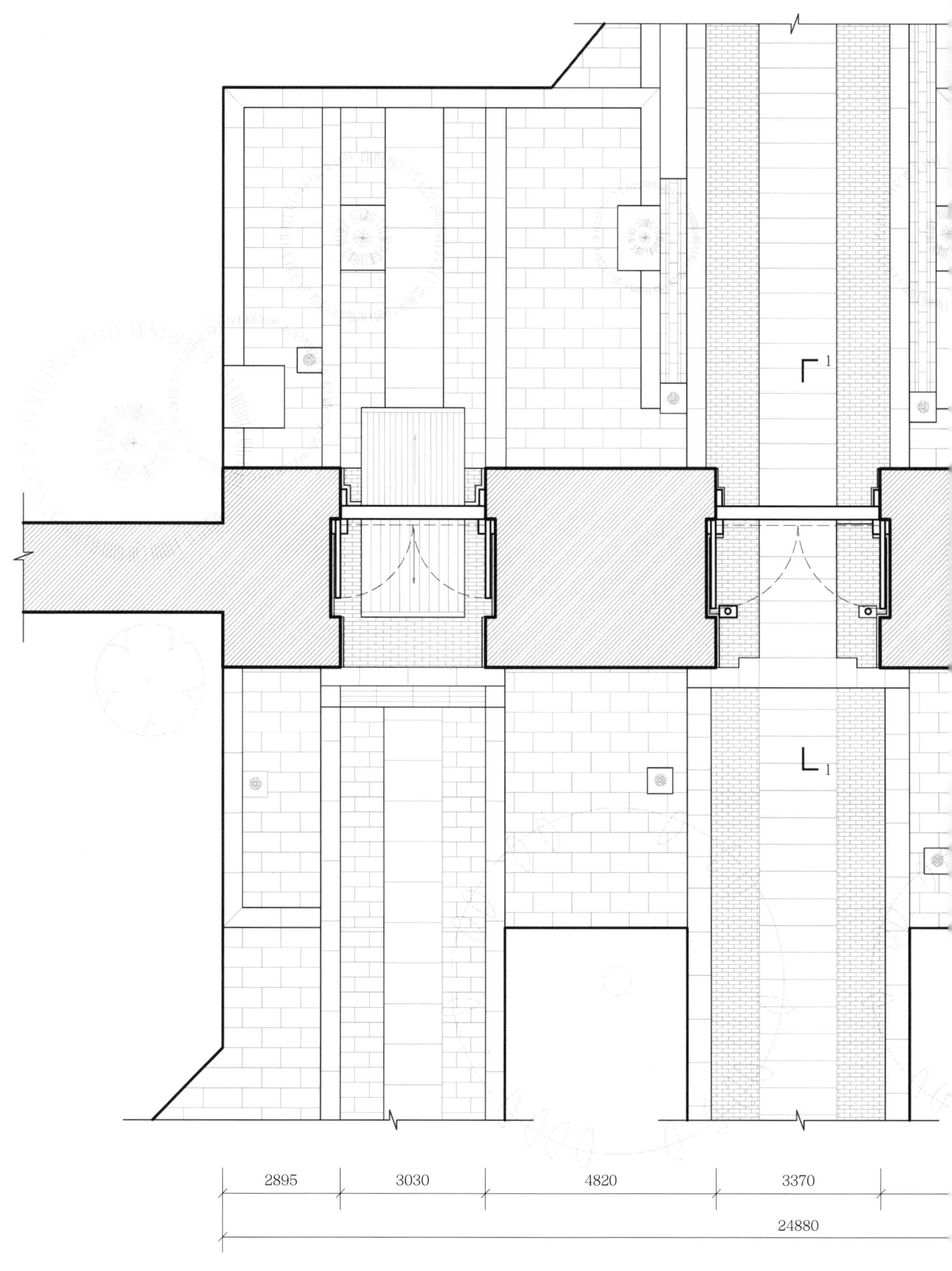

1
1
2895
3030
4820
3370
24880

内红门一层平面图

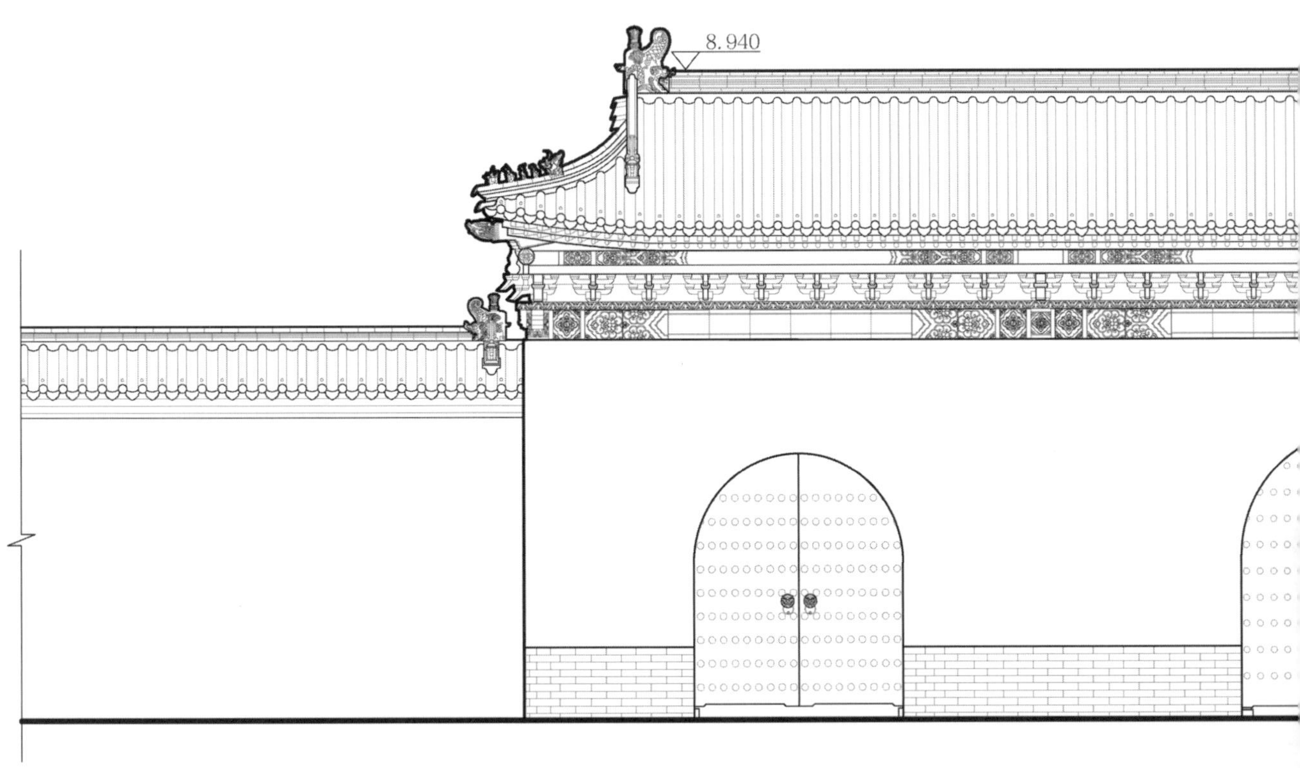
8.940

内红门测绘效果图

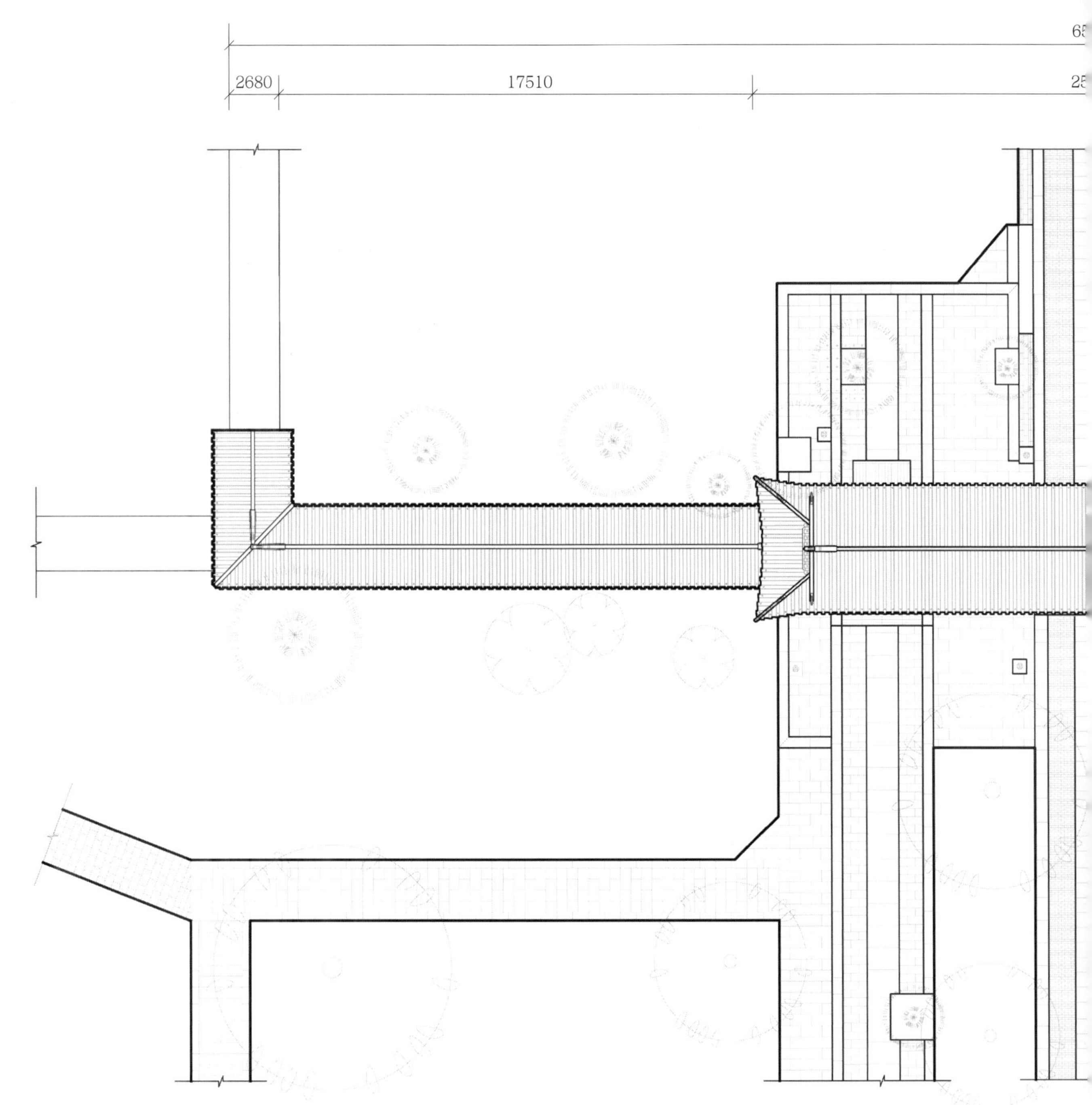
65
2680
17510
25

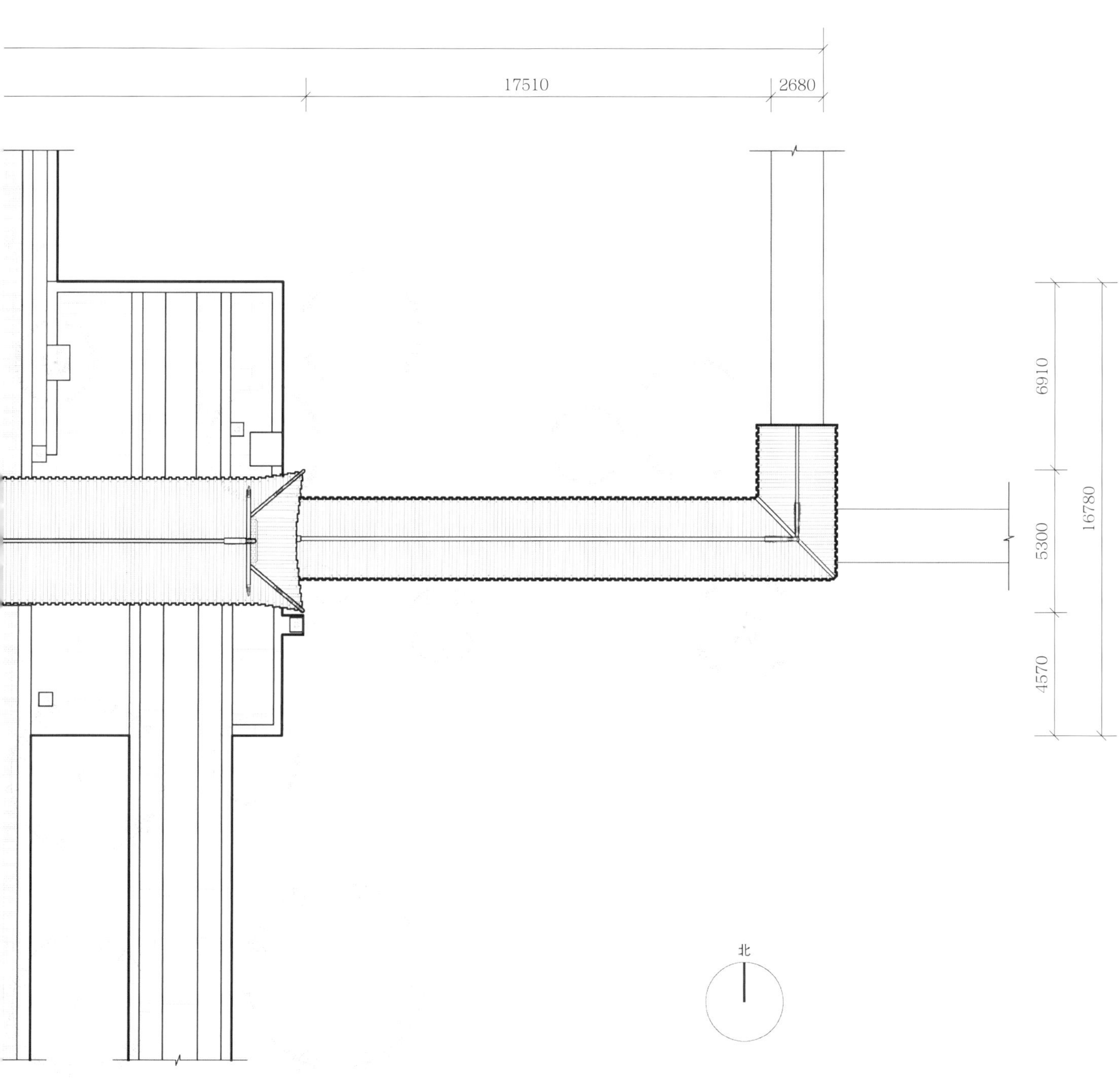

内红门总平面图

0 2 4 6m

内红门实景

内红门位于明孝陵享殿后，两侧连接围墙，为陵宫区通向方城明楼之门，如《读礼通考》中记载：“殿北门三道，缭以周垣。” 开券门三洞，开启方向与文武方门相反，但规格等级略低。原门遭到损坏后，长期只存一洞通行，2006 年按旧制修复，屋顶覆黄色琉璃瓦。

内红门

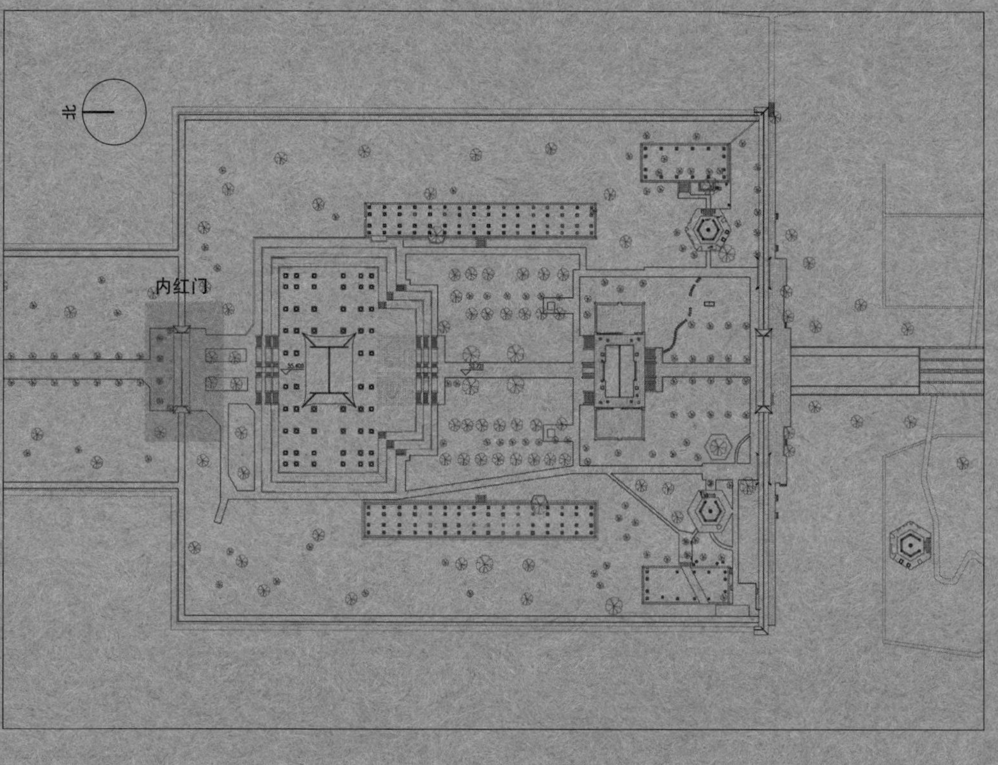

明洪武十六年（1383 年）

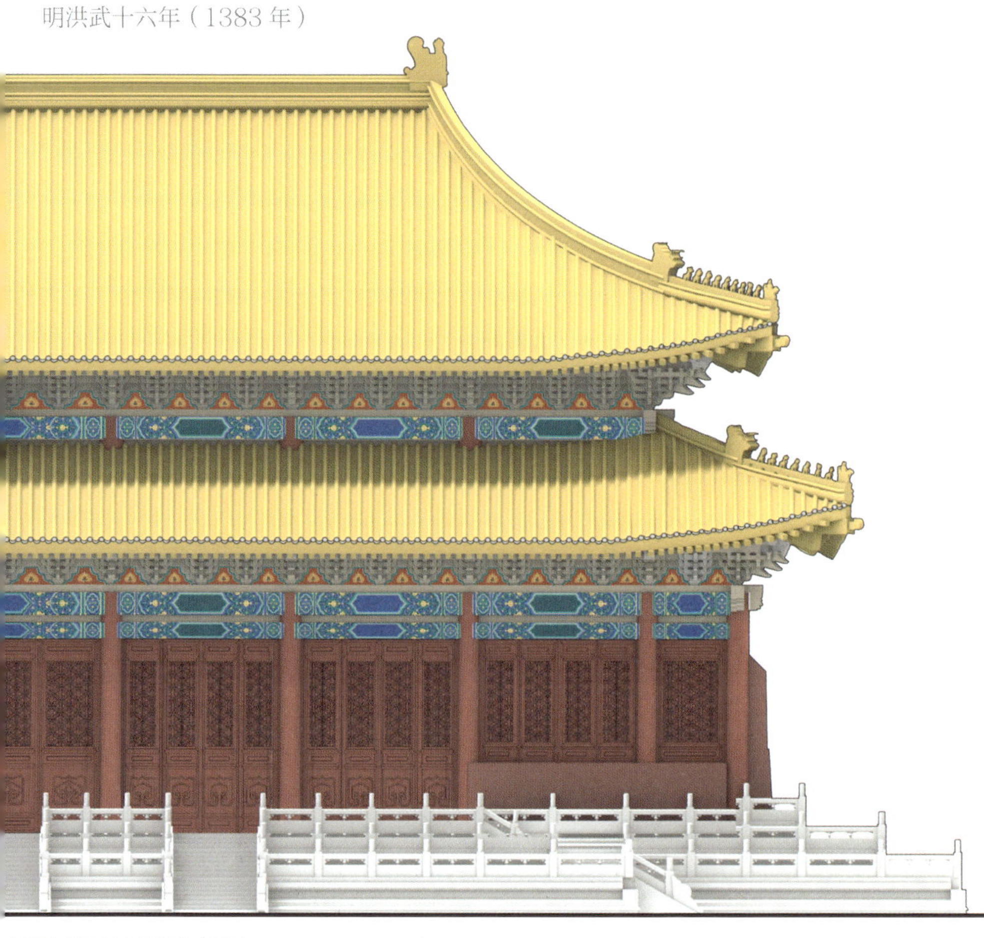

享殿复原南立面图（明）

台基大样图

0 0.3 0.6 0.9m

台基现状照片

正吻大样图

0 0.2 0.4 0.6m

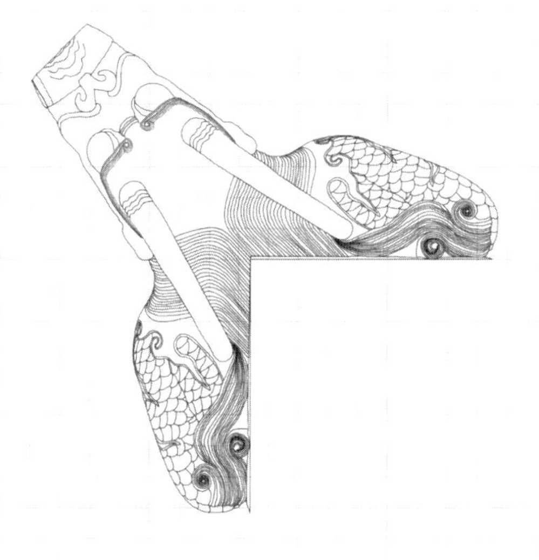

西北角螭首平面

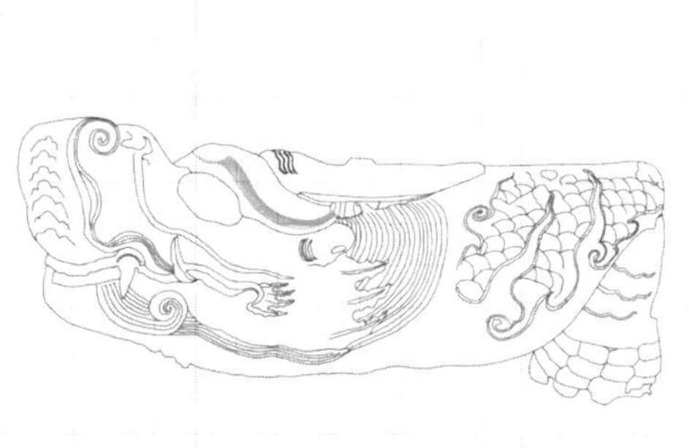

螭首立面

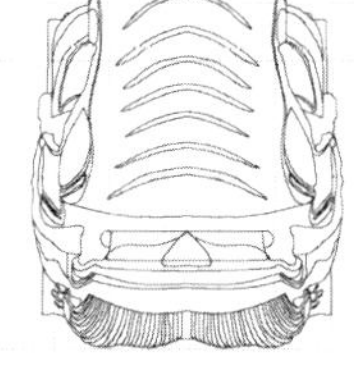

龙吐水正立面

龙吐水侧立面

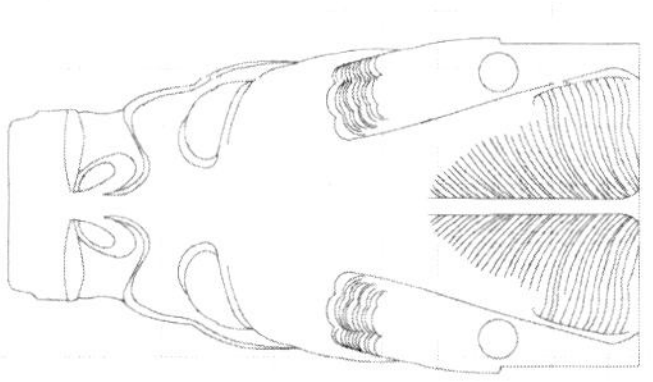

龙吐水侧平面

台基螭首大样图

0 0.1 0.2 0.3m

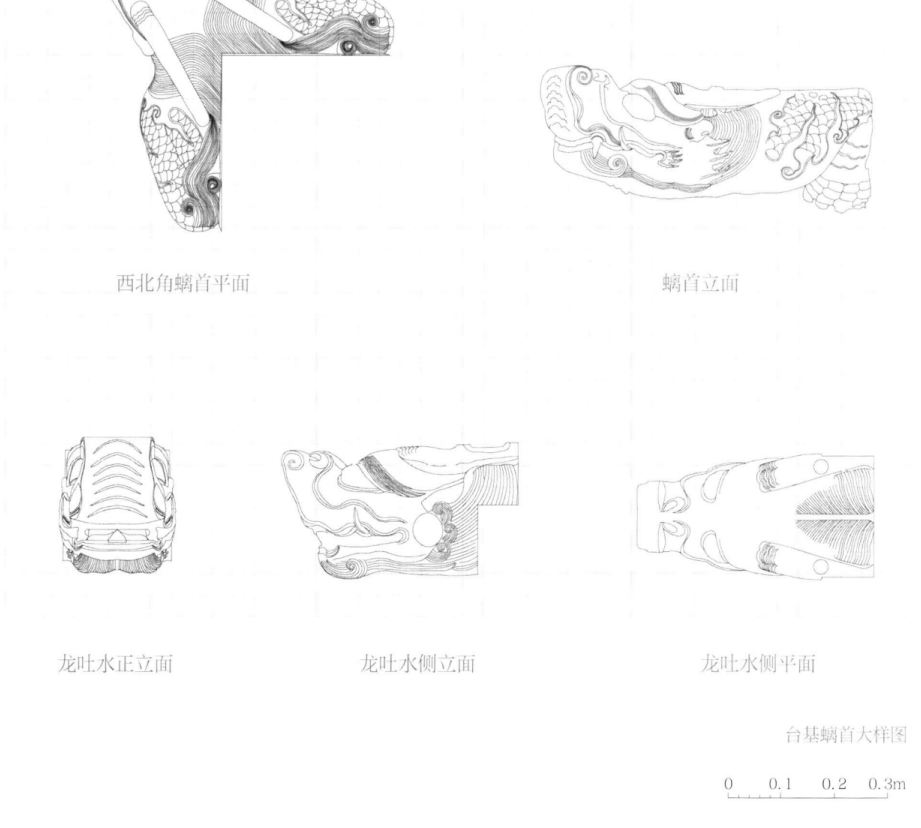

享殿现状南立面图

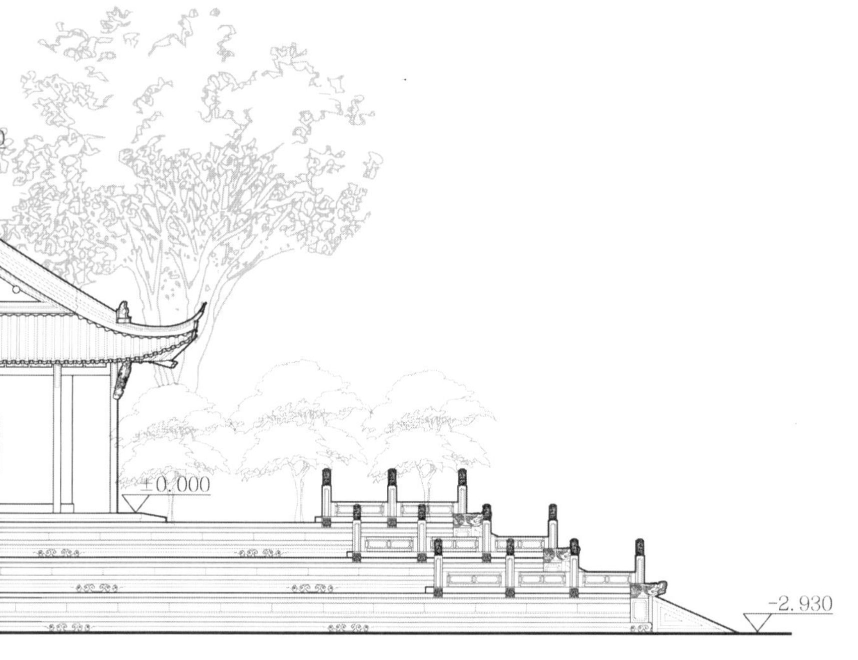

享殿东立面图

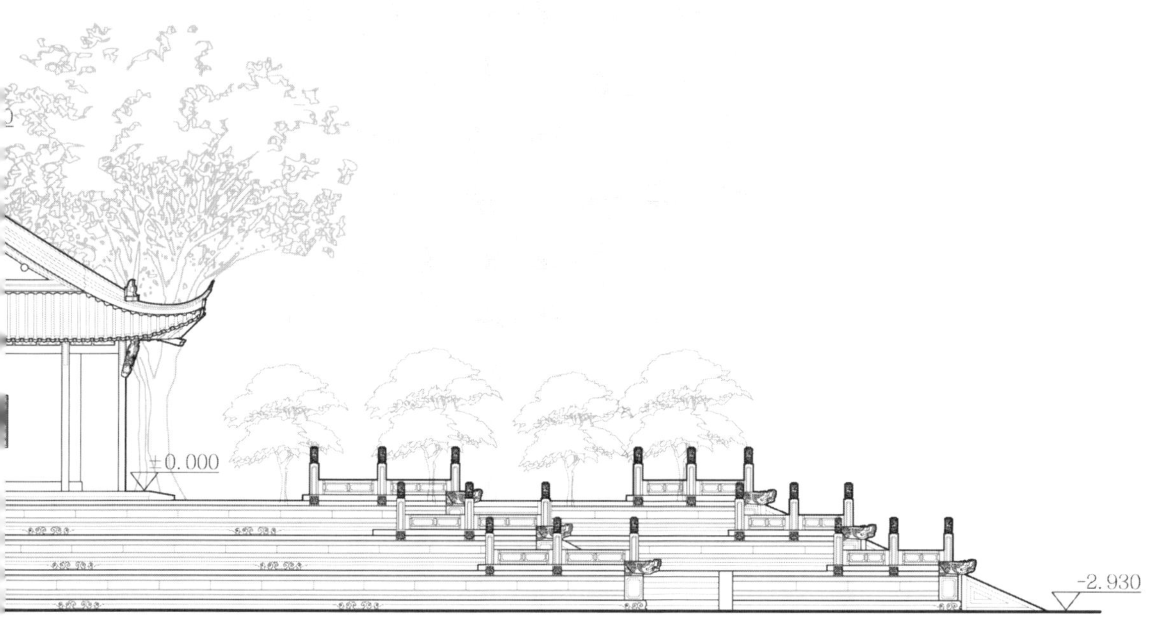

享殿西立面图

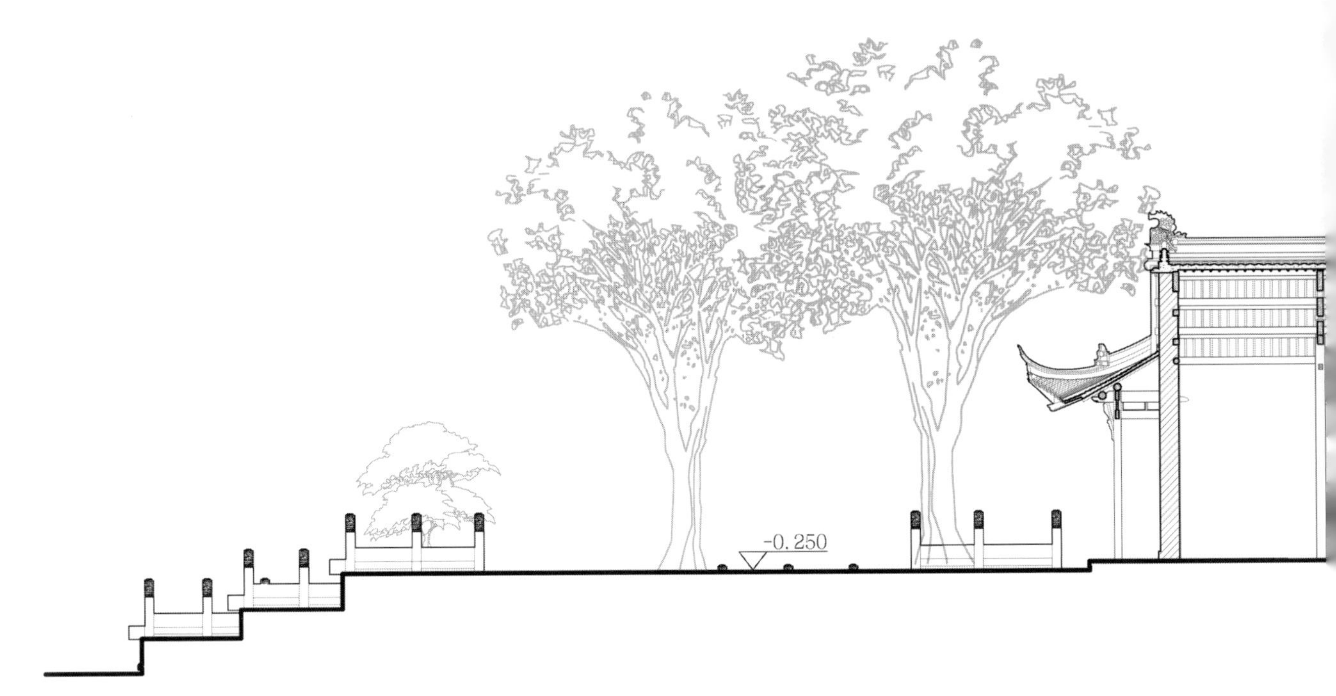
-0.250

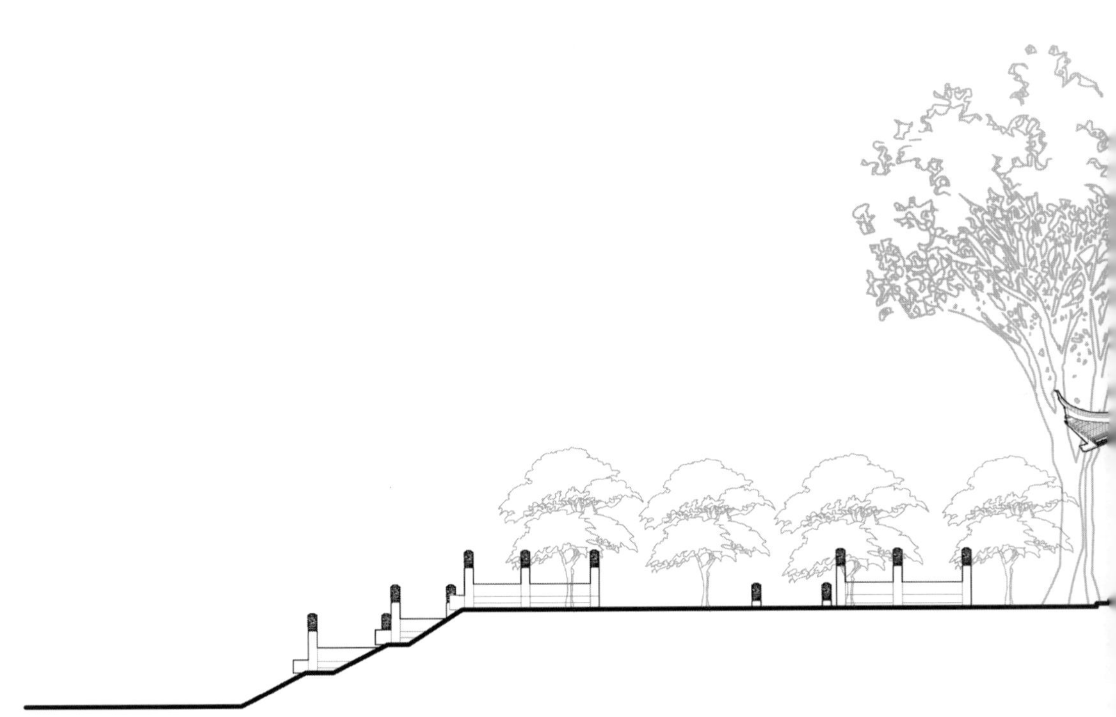

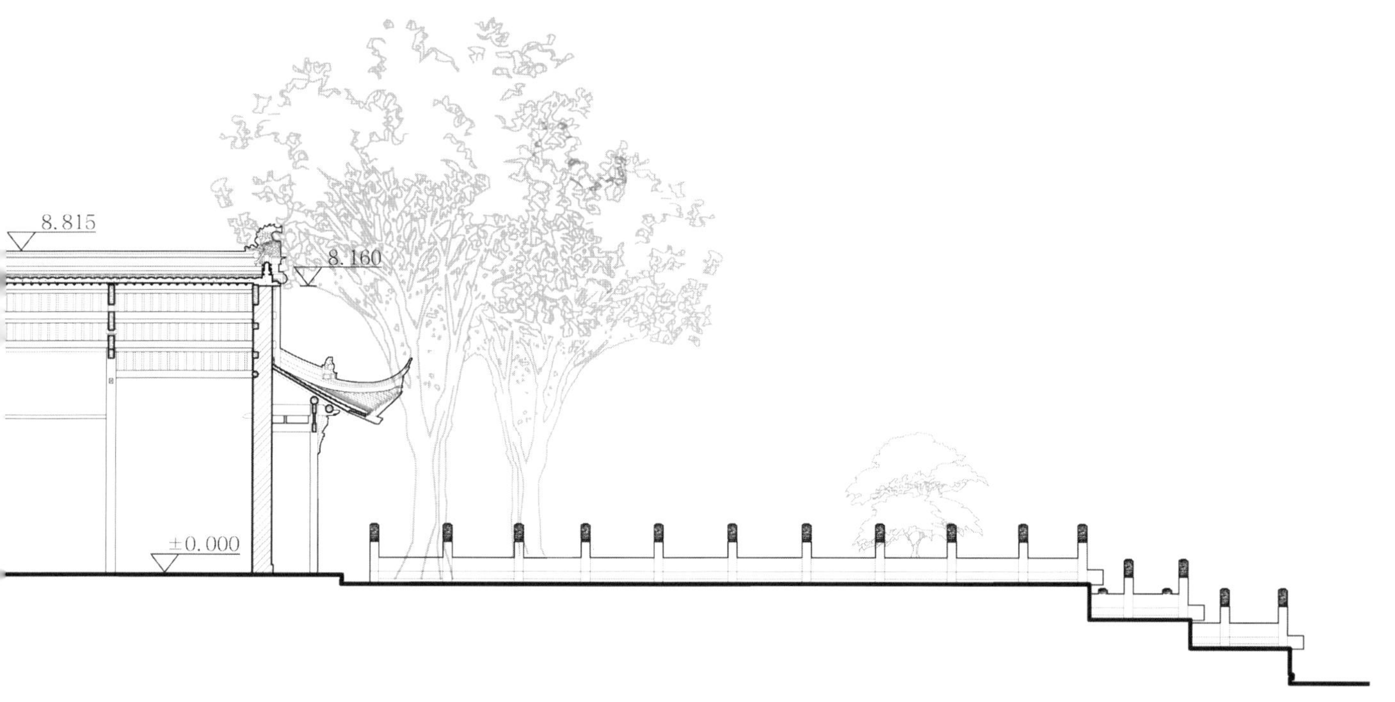

享殿 1-1 剖面图

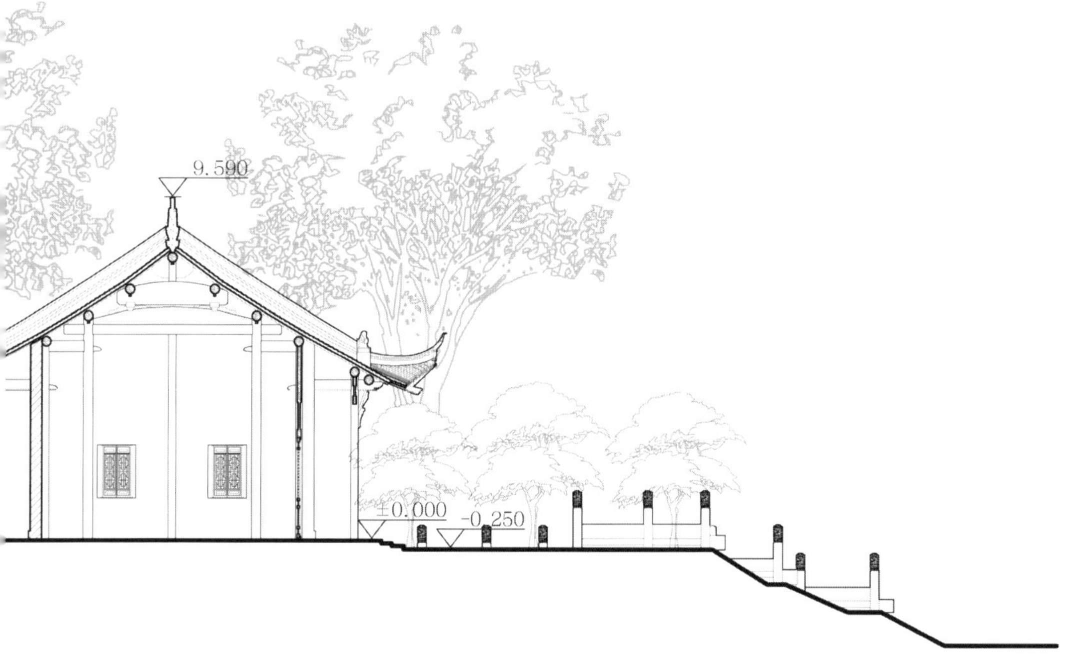

享殿 2-2 剖面图

0 2 4 6m

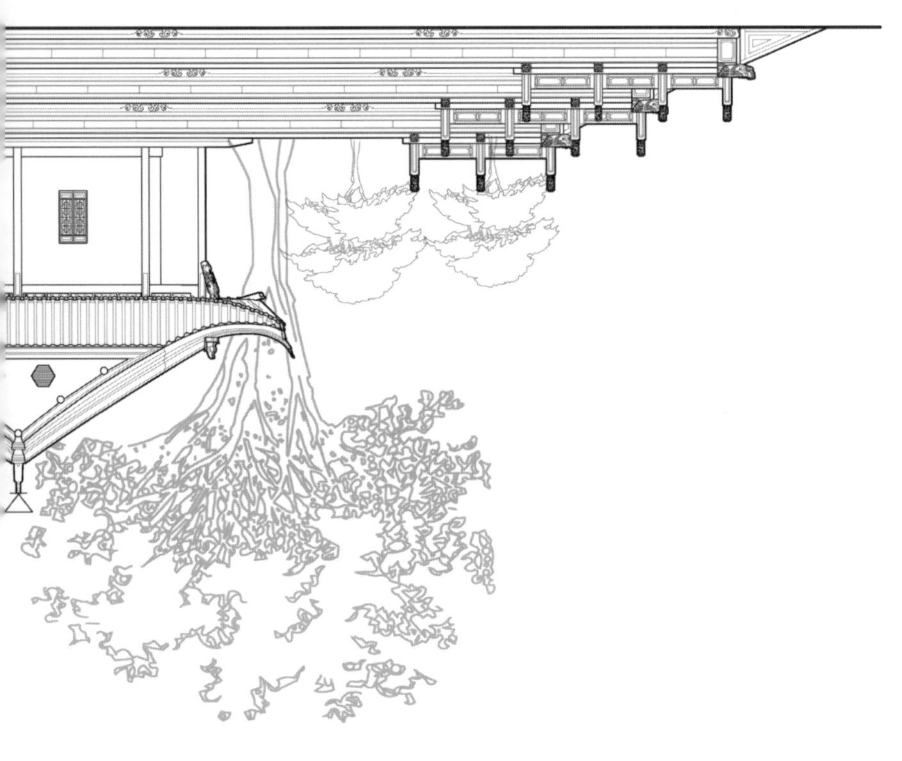

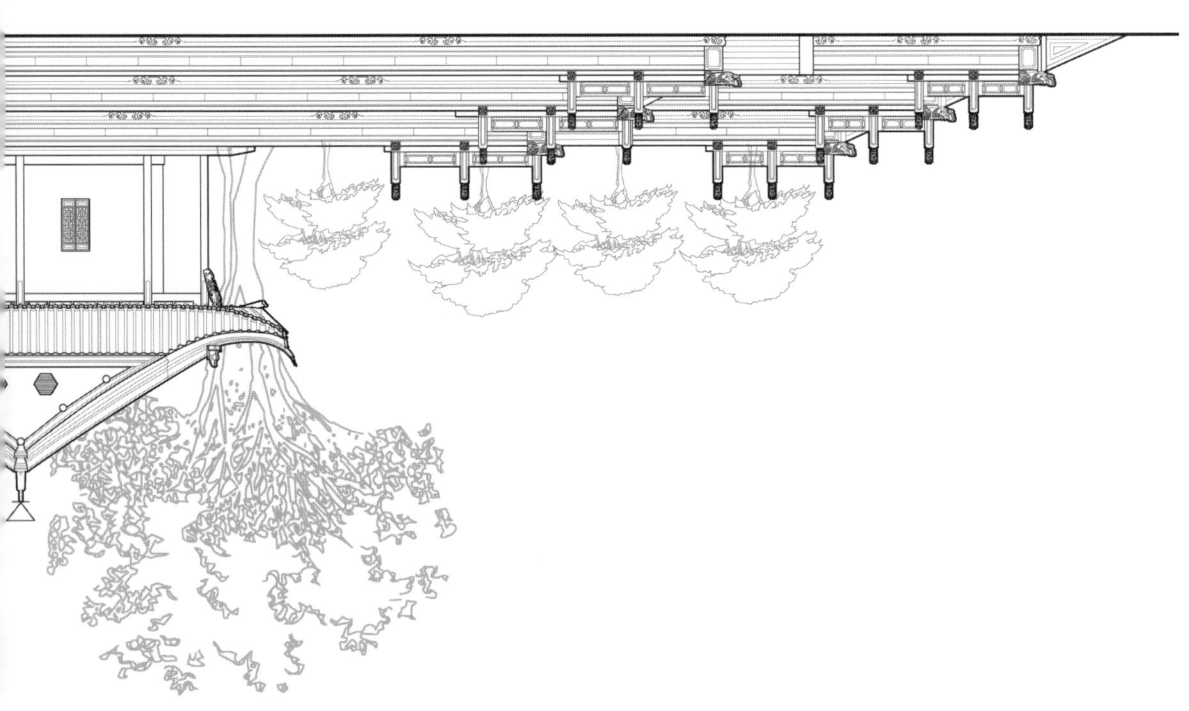

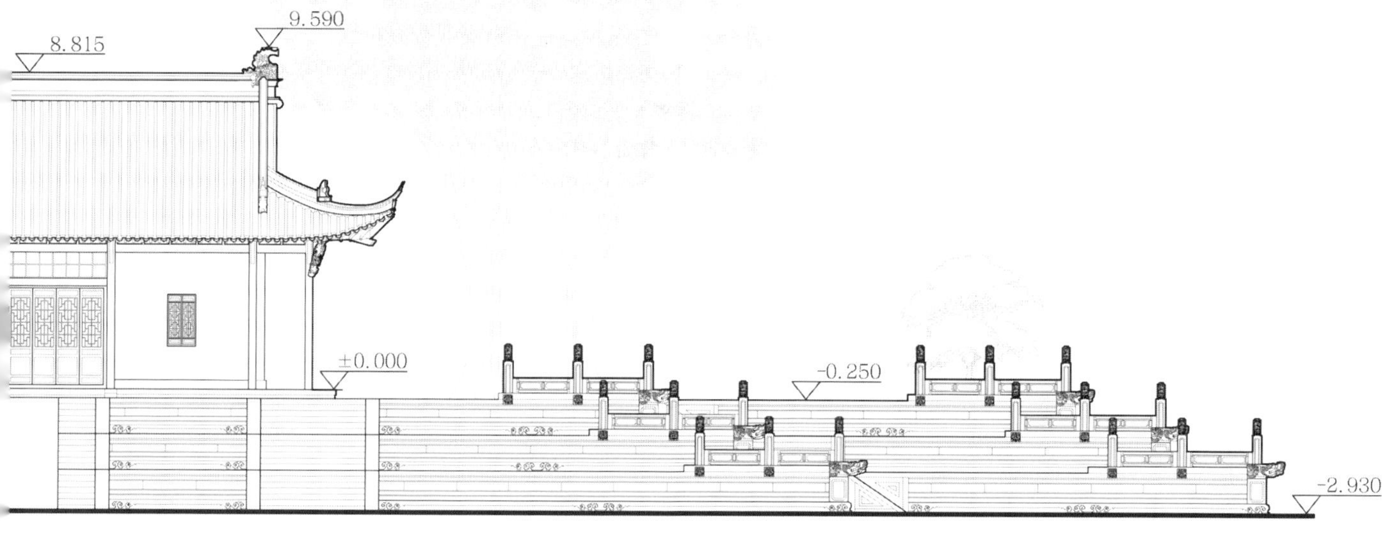

享殿南立面图

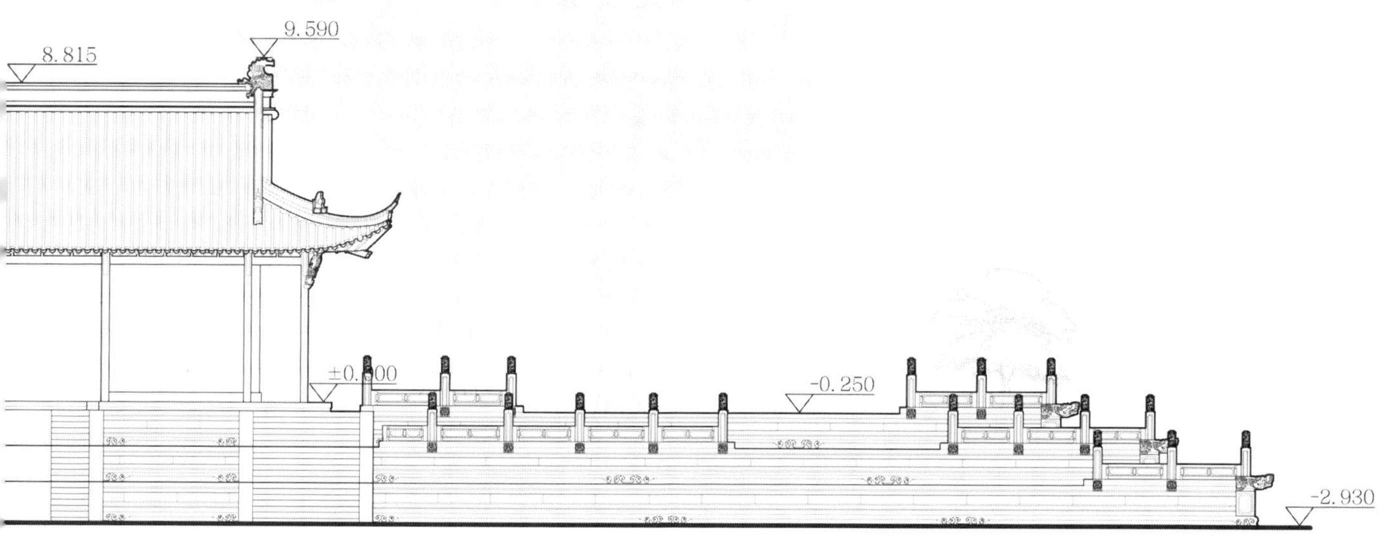

享殿北立面图

0 3 6 9m

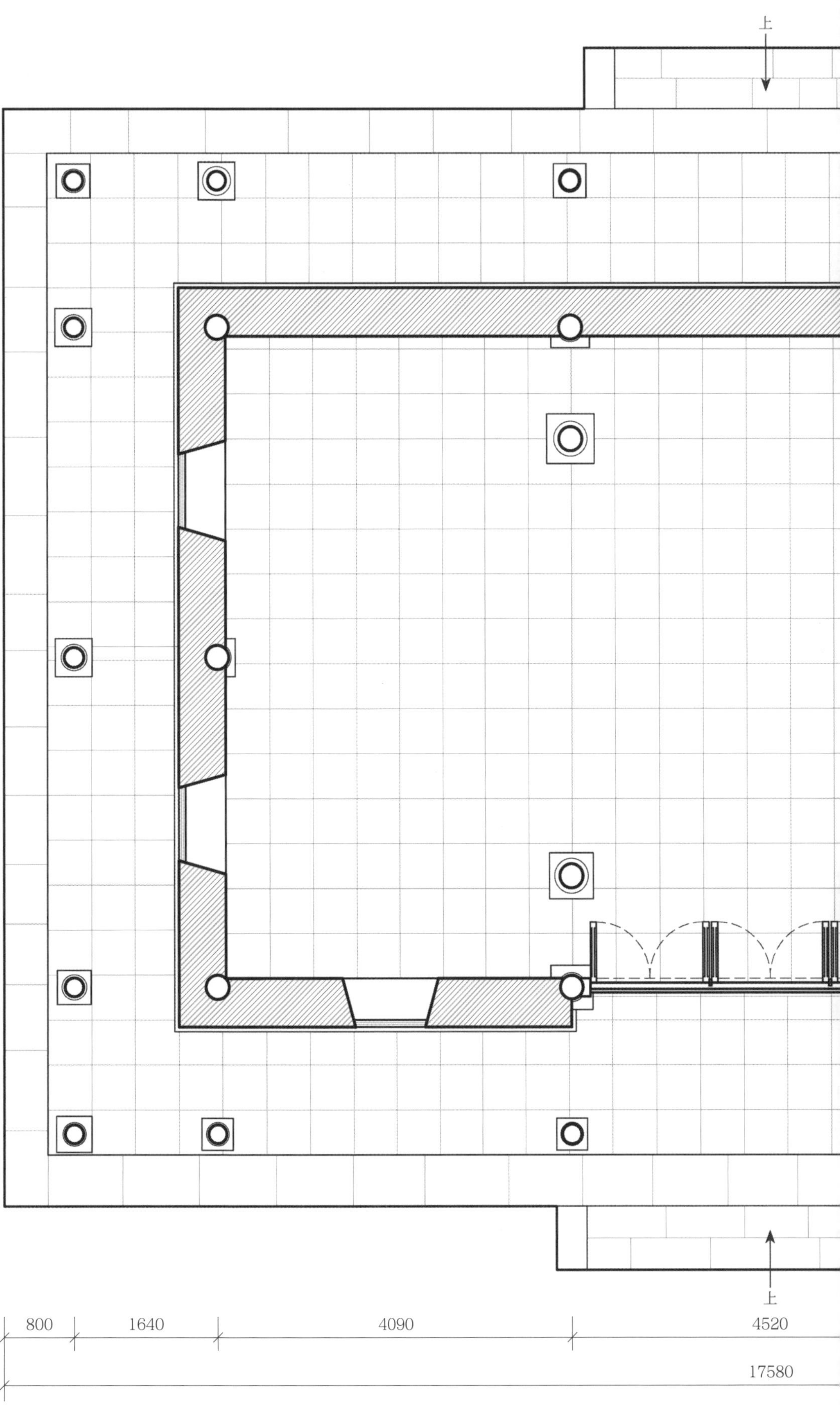

上
上
800
1640
4090
4520
17580

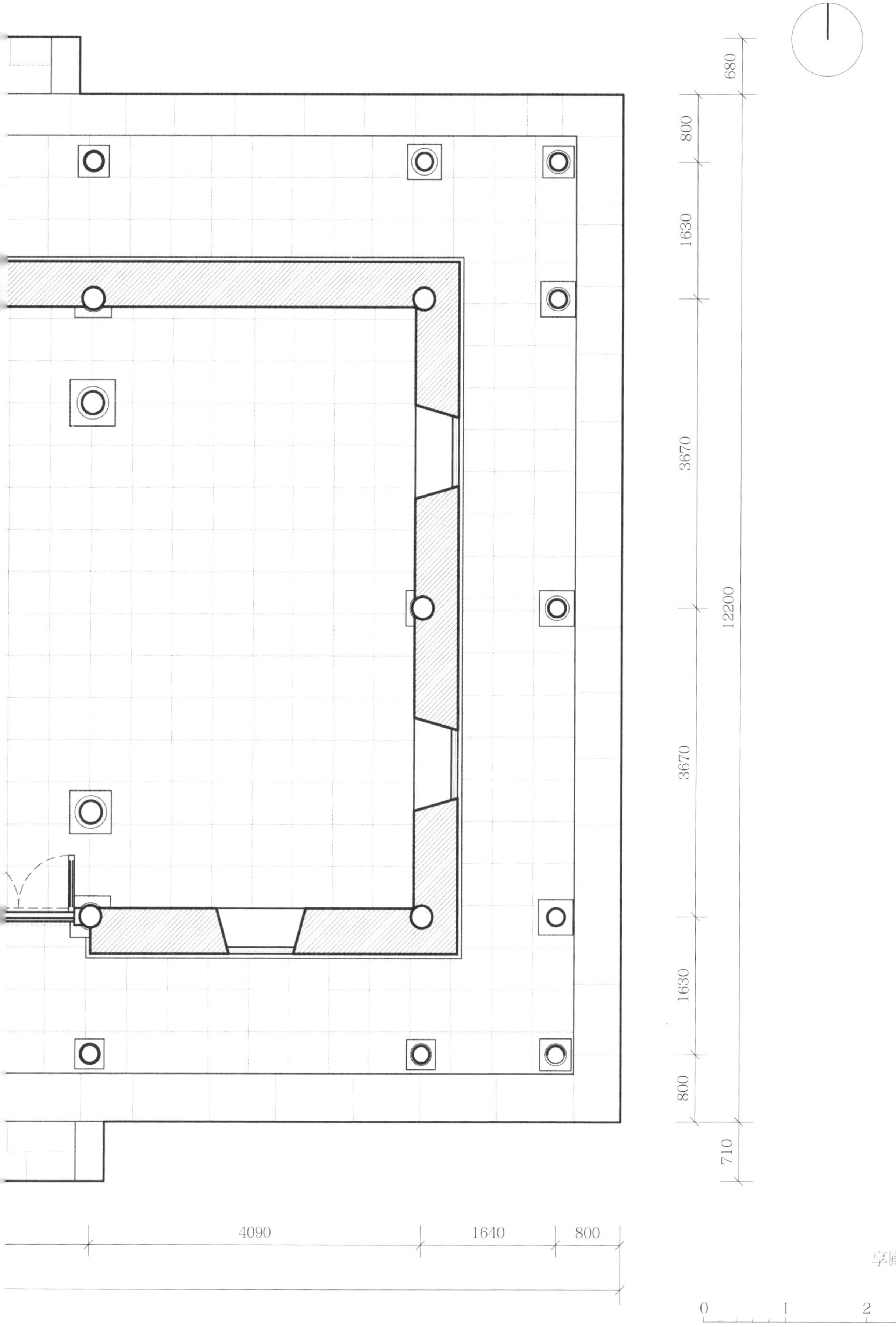
北
680
800
1630
3670
12200
3670
1630
800
710
4090
1640
800
0
1
2
3m

享殿平面图

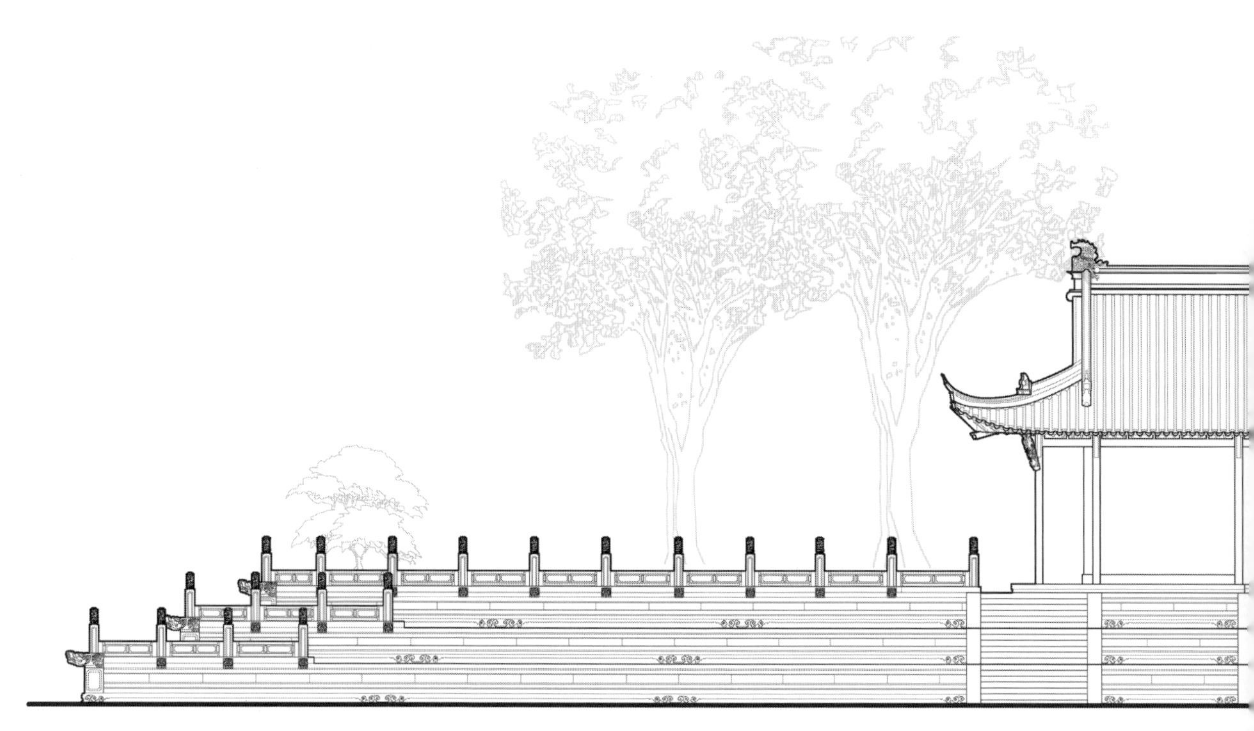

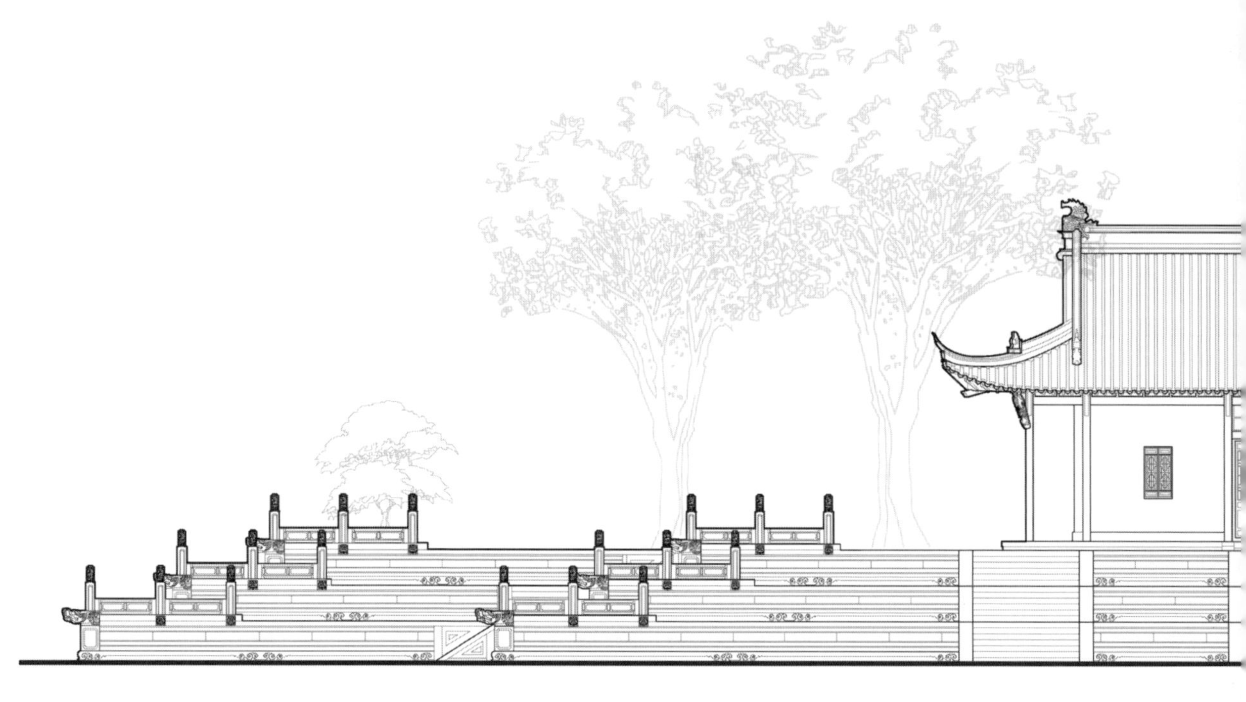

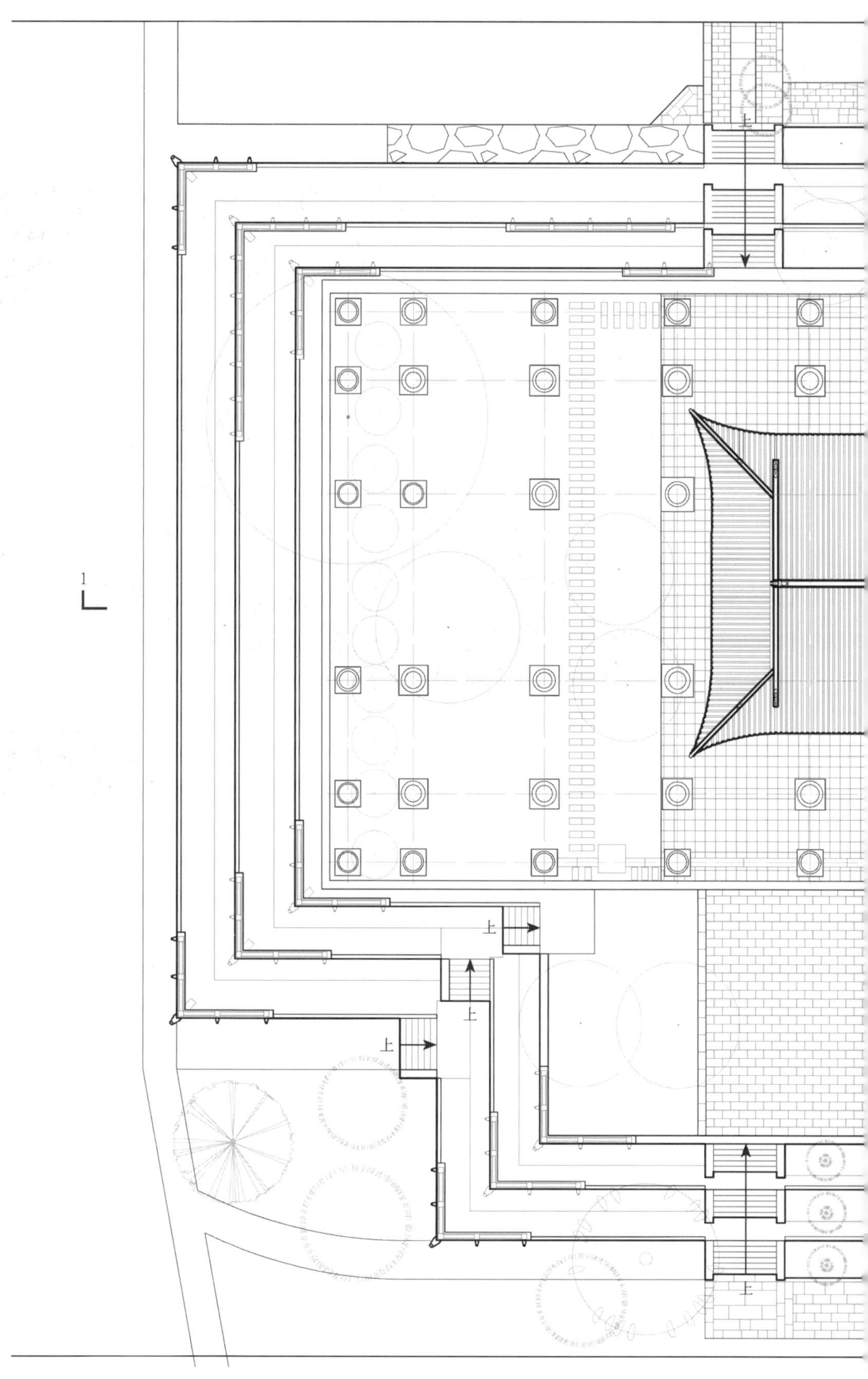
上
上
上
上
上
上
1

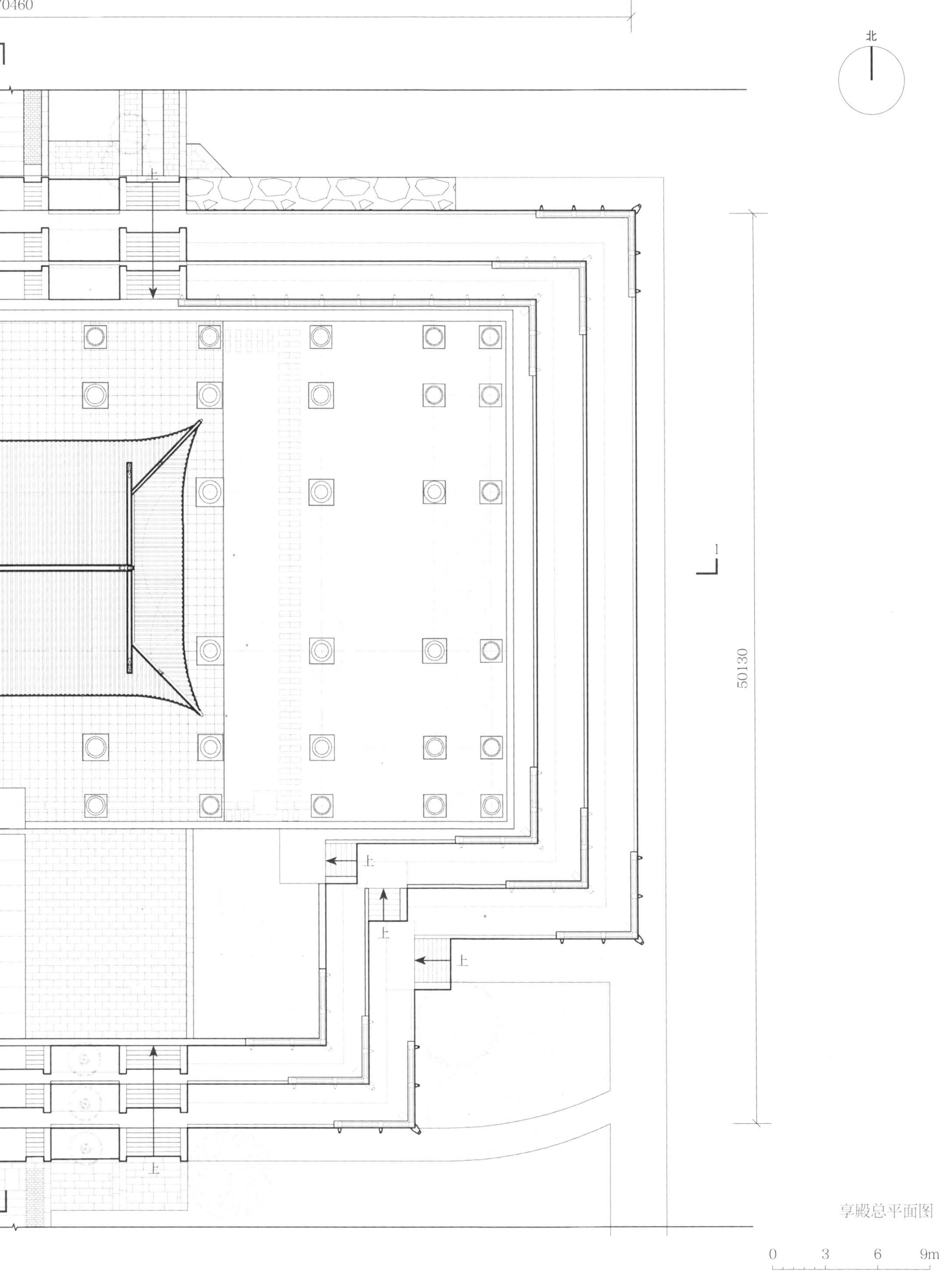

享殿总平面图

享殿实景

享殿又名孝陵殿，原享殿仿照明故宫中的奉天殿建造而成，用于供奉朱元璋和马皇后等的神主及举行上陵祭祀活动。原享殿建筑毁于太平天国时期的战火，现三开间享殿为清同治年间重建的单檐歇山顶建筑。

享殿

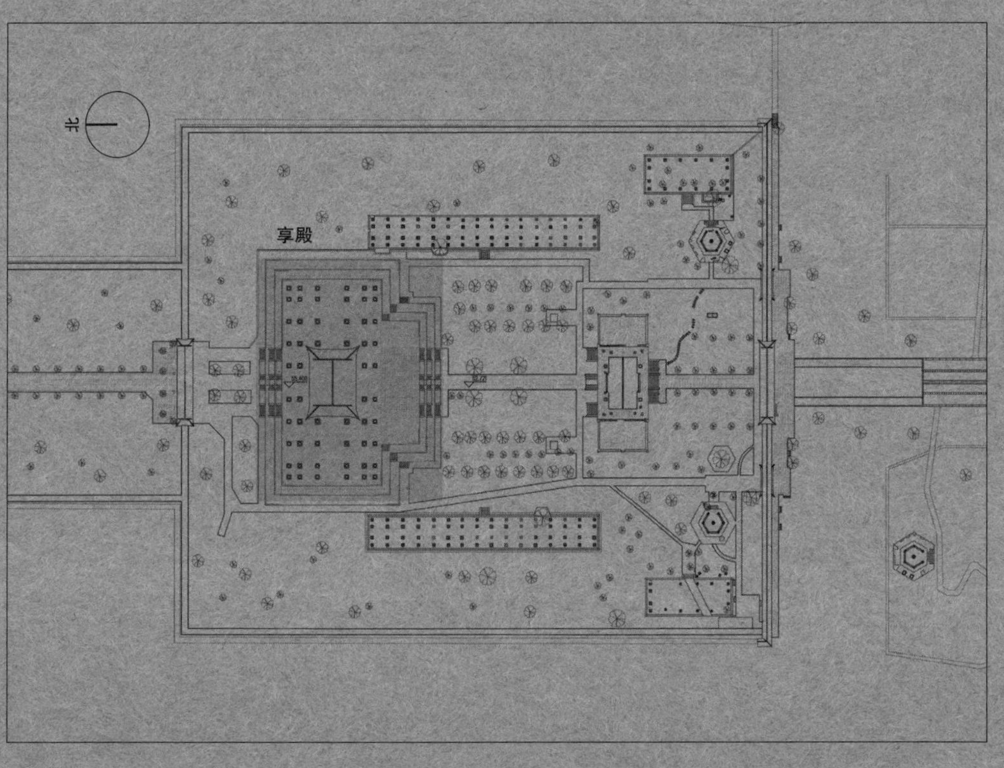

完整　　损坏

草木遮盖　　缺失

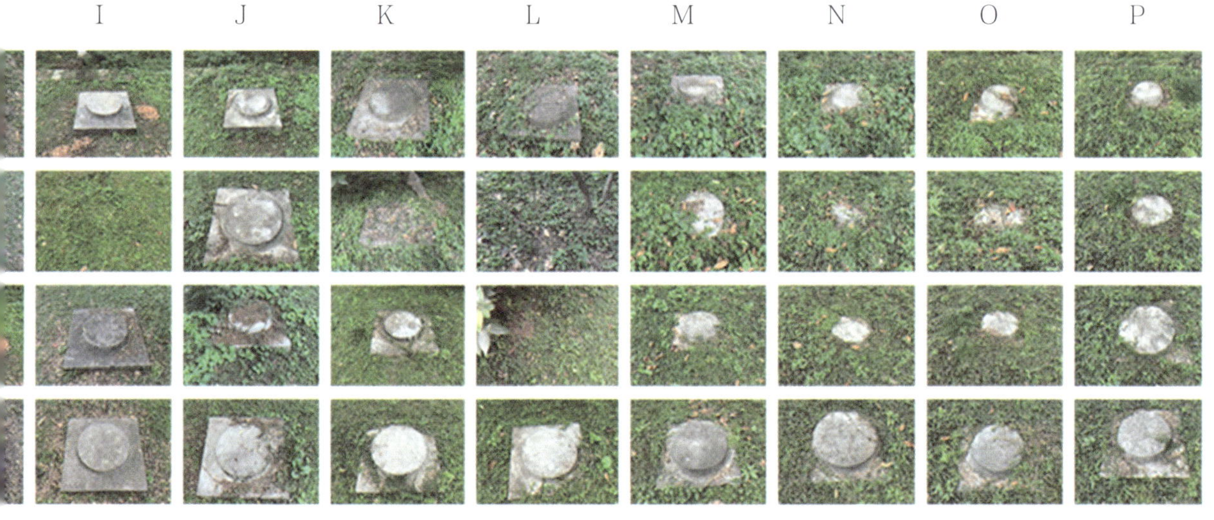

西配殿柱础现状照片

柱础编号（东配殿）
G-3、H-1、H-3、H-4、I-1、I-3、I-4、J-2、J-4、K-1、A-1、B-1、B-2、B-3、B-4
A-4、D-4、J-1、M-4
K-3、L-1、M-2、M-3、N-1、N-2、N-3、N-4、O-1、P-4
F-3、F-4、G-1、G-2、G-4、H-2、I-2、L-2、L-3

东西配殿柱础现状分类表

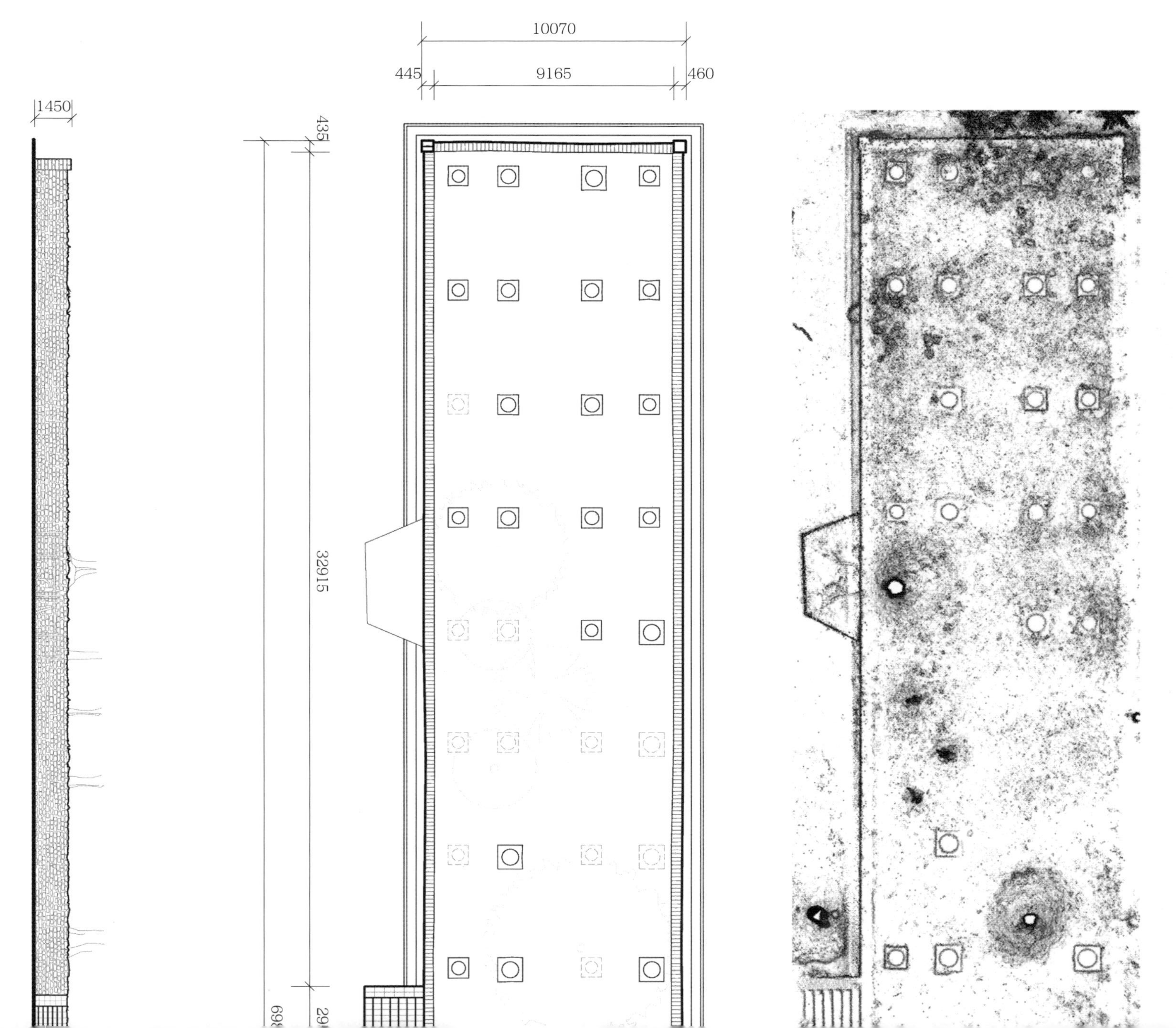
10070
445
9165
460
1450
435
32915

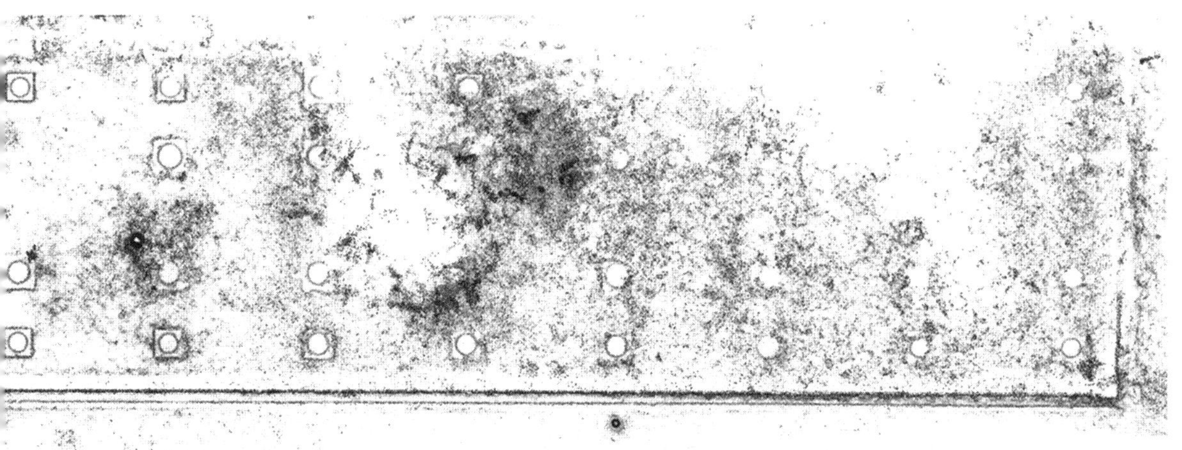

西配殿点云平面图

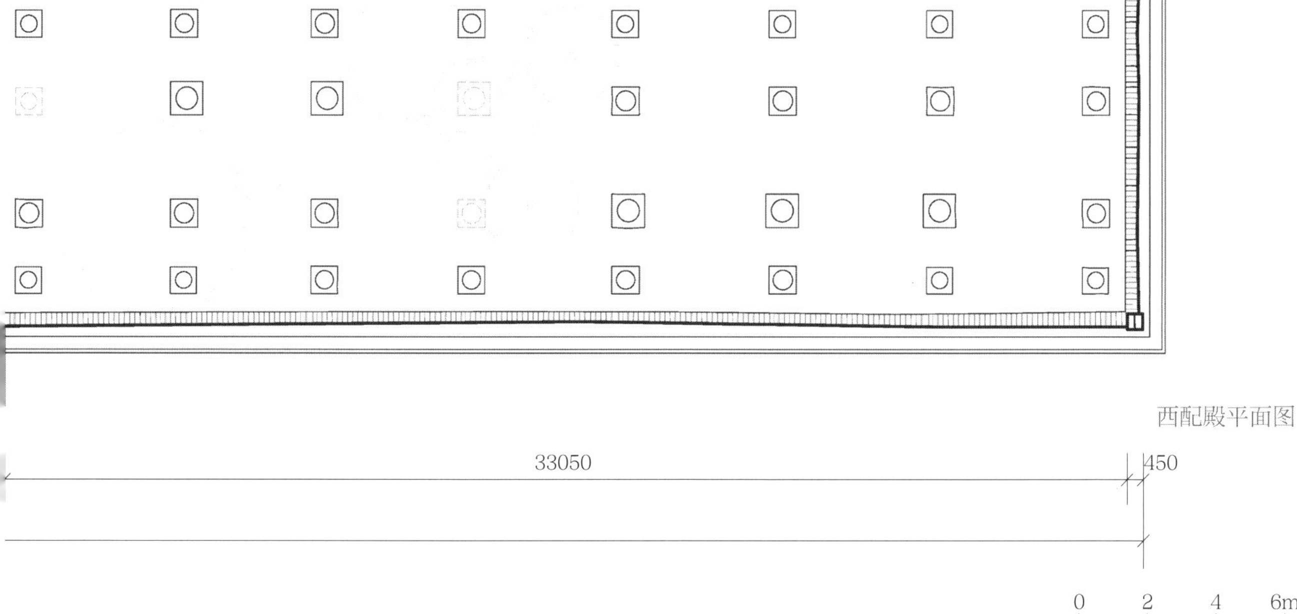

西配殿平面图

33050

450

0 2 4 6m

西配殿东立面图

西配殿点云模型

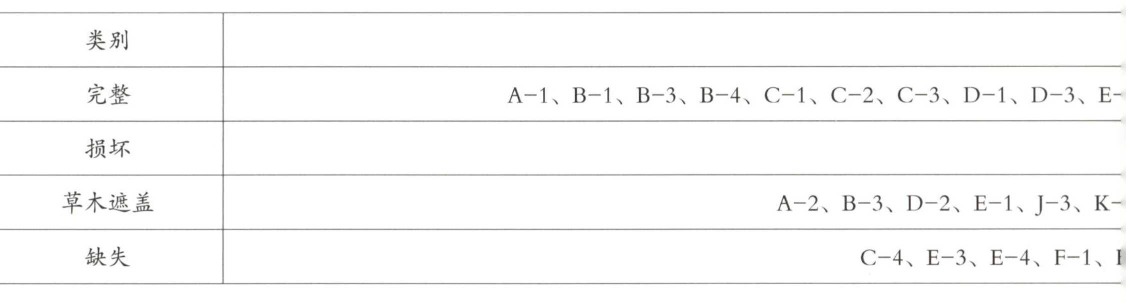

类别	
完整	A-1、B-1、B-3、B-4、C-1、C-2、C-3、D-1、D-3、E-
损坏	
草木遮盖	A-2、B-3、D-2、E-1、J-3、K-
缺失	C-4、E-3、E-4、F-1、I

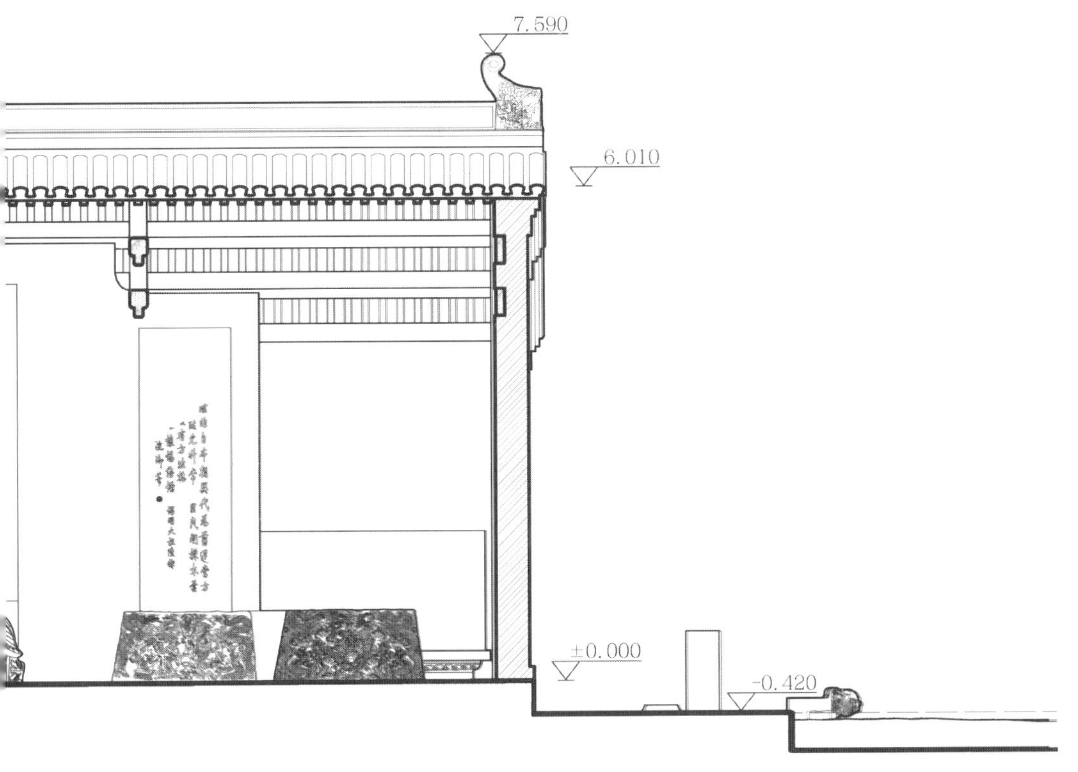

碑殿 1-1 剖面图

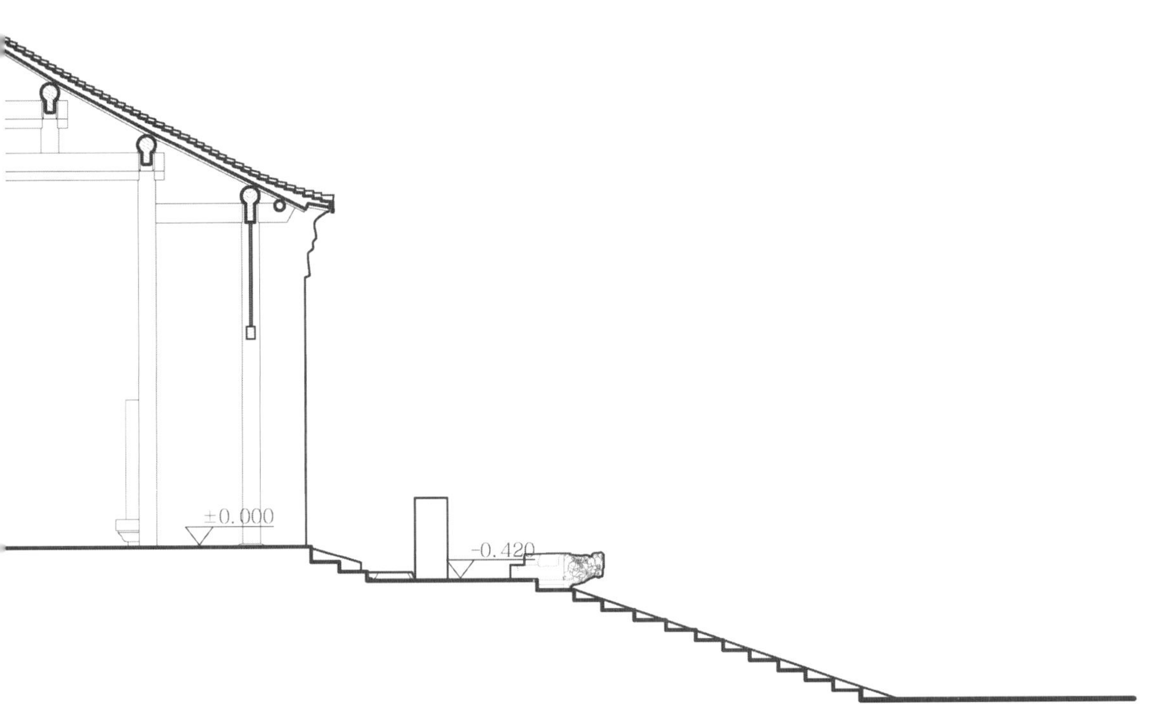

碑殿 2-2 剖面图

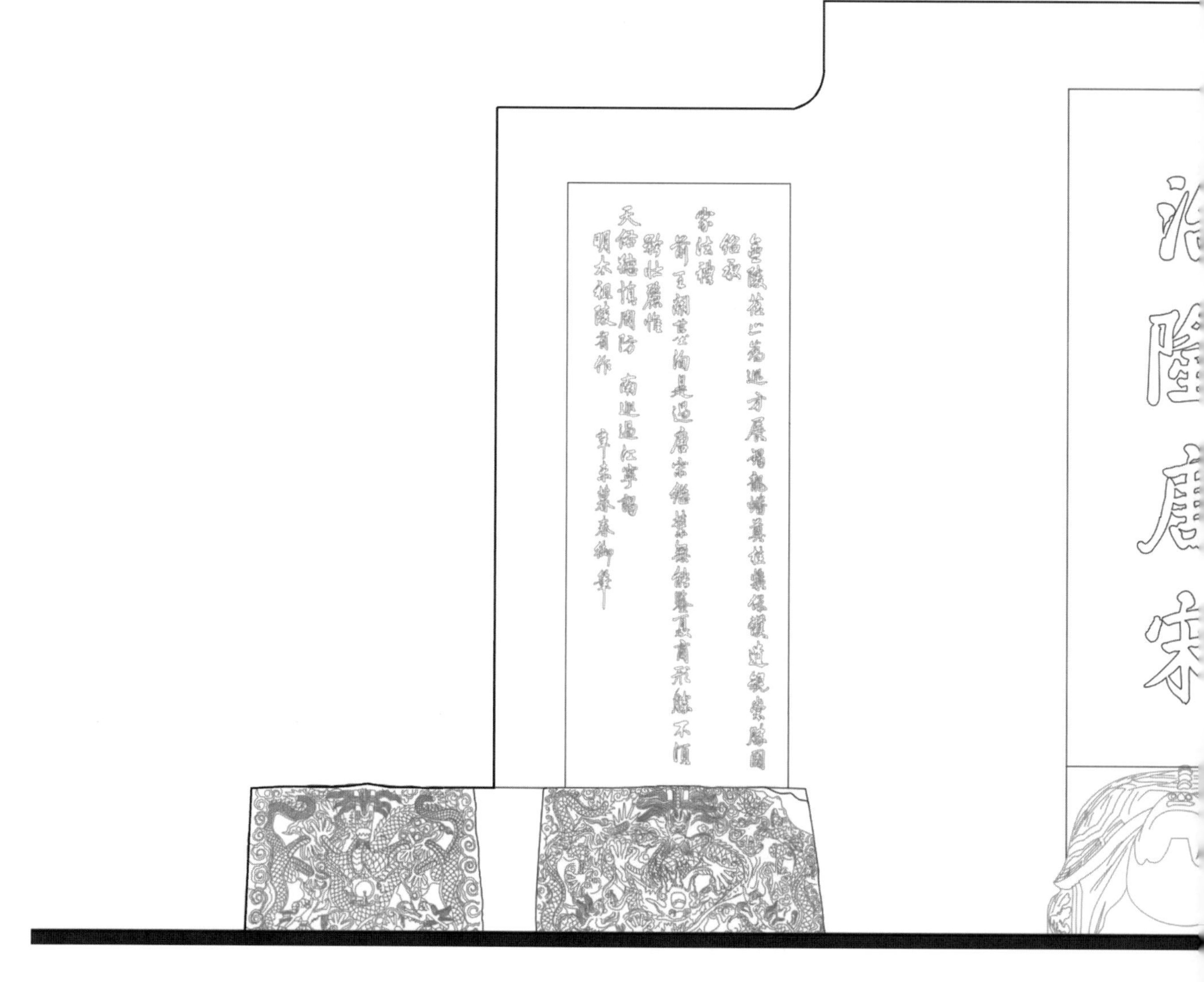

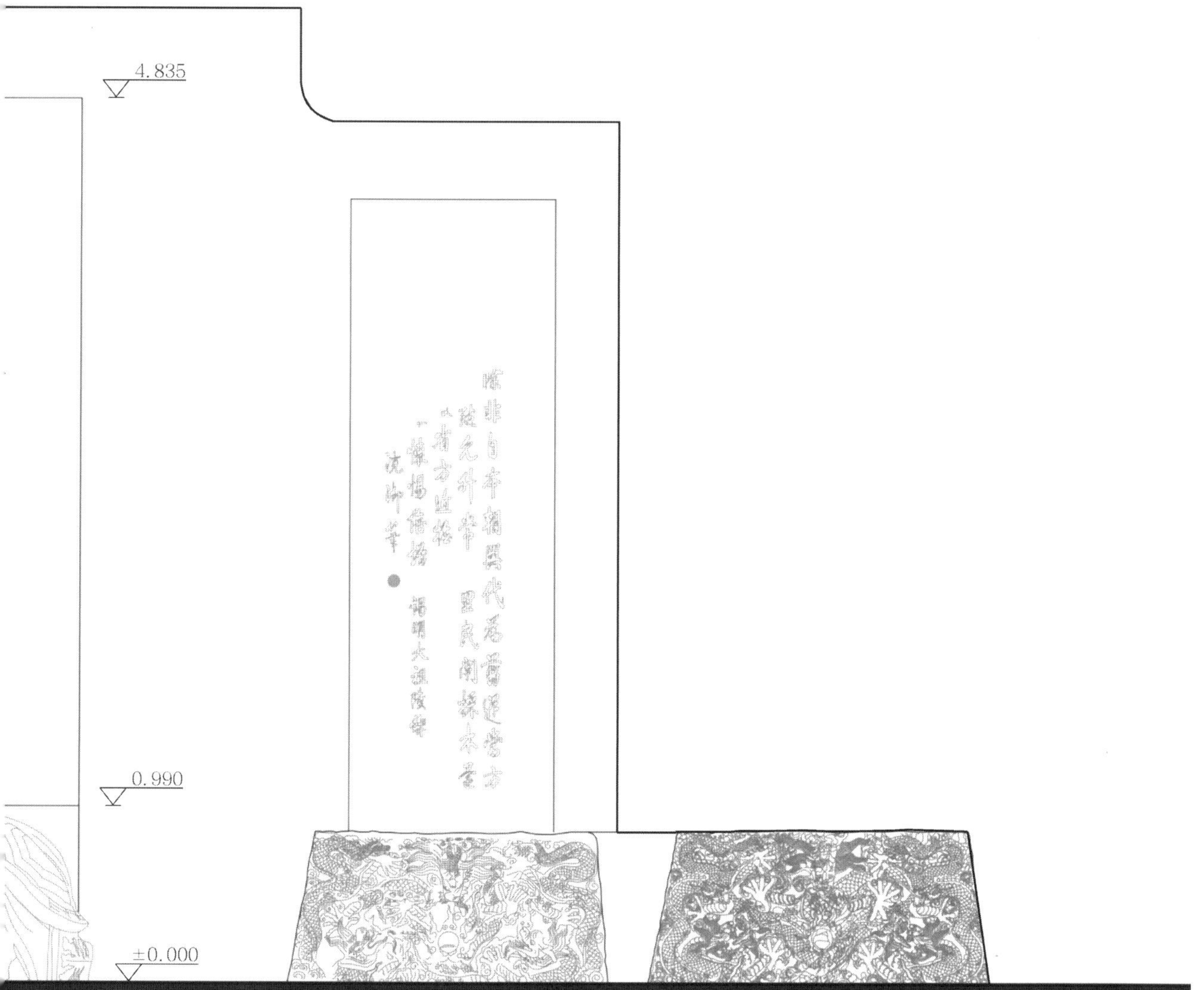

治隆唐宋碑大样图

0　0.5　1　1.5m

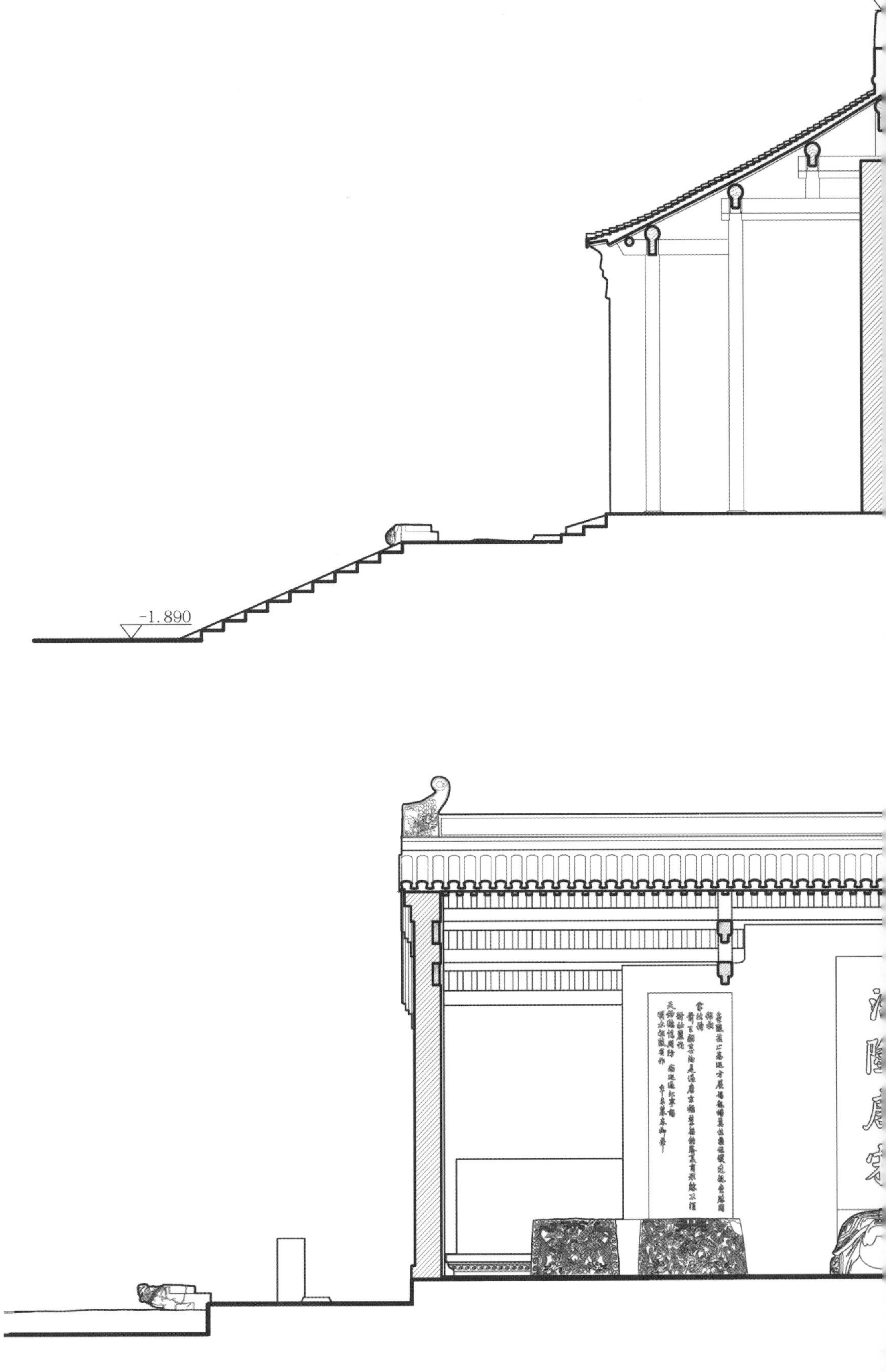
-1.890

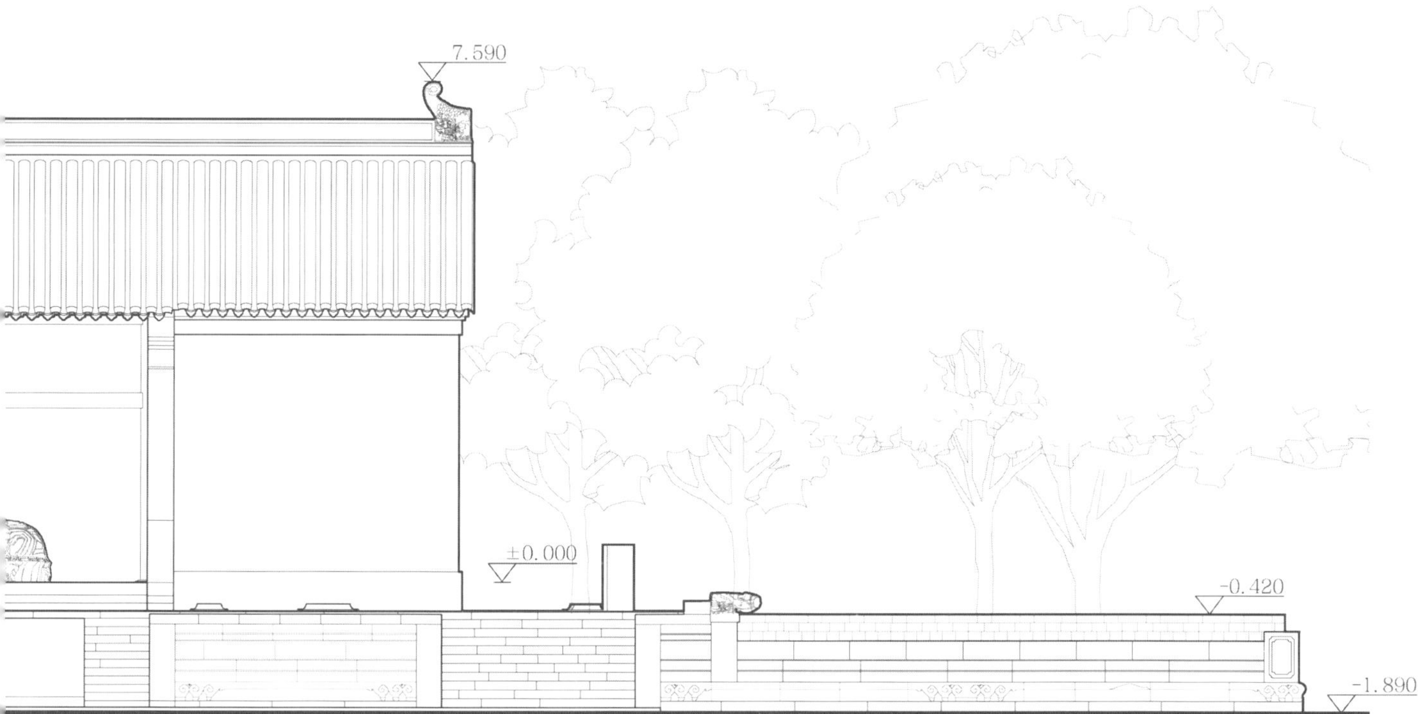

碑殿北立面图

碑殿台基北立面正射图

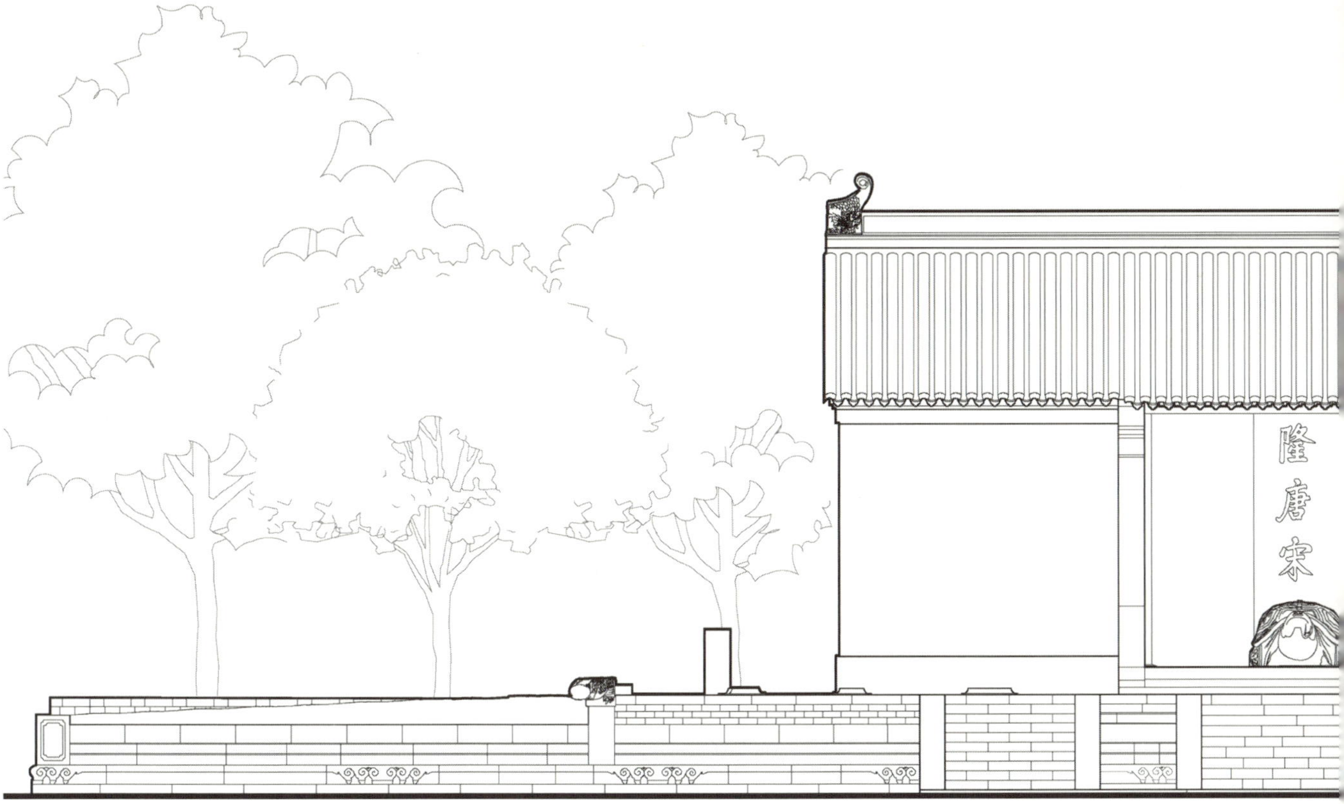

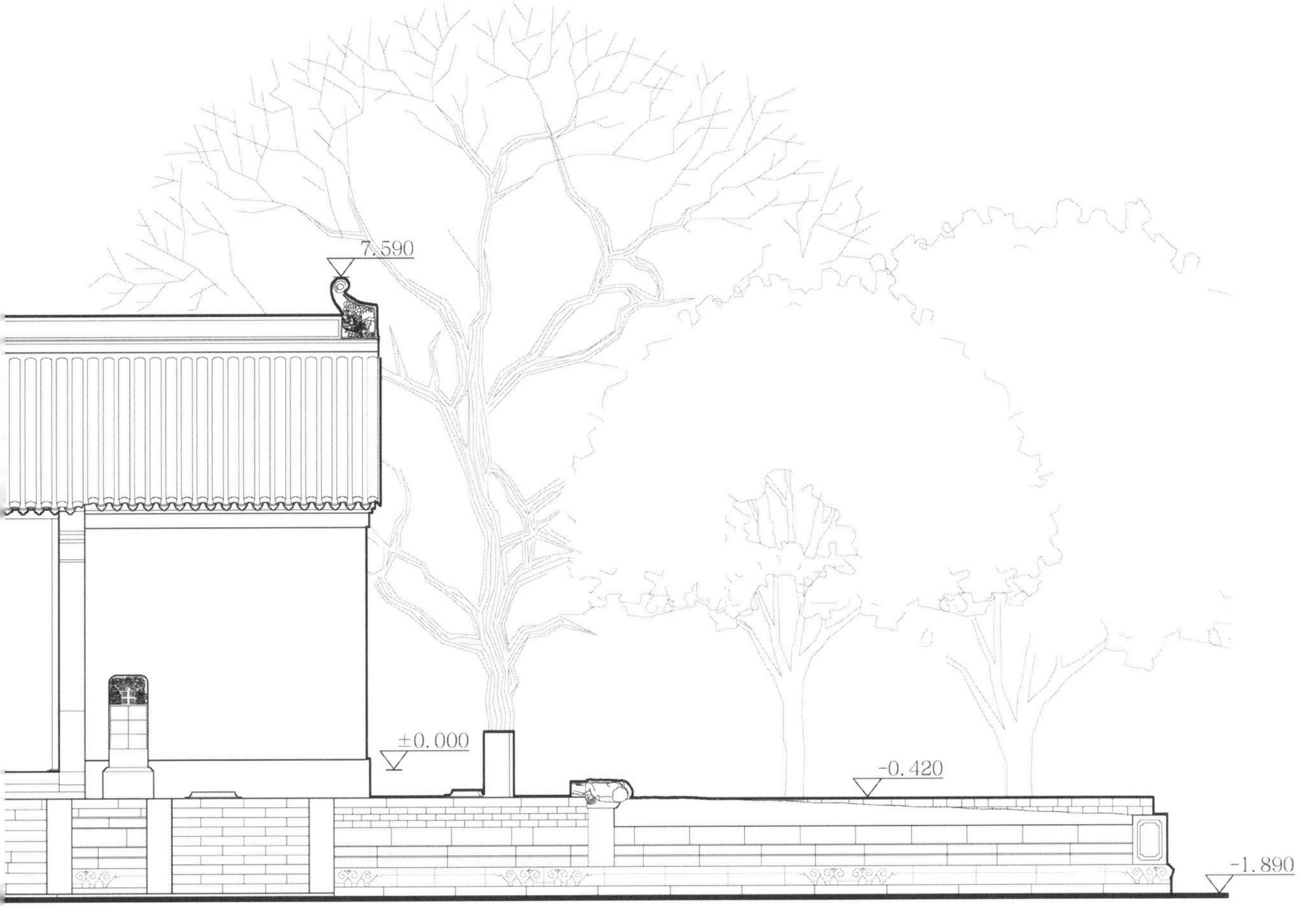

7.590

±0.000

-0.420

-1.890

碑殿南立面图

0 1 2 3m

碑殿台基南立面正射图

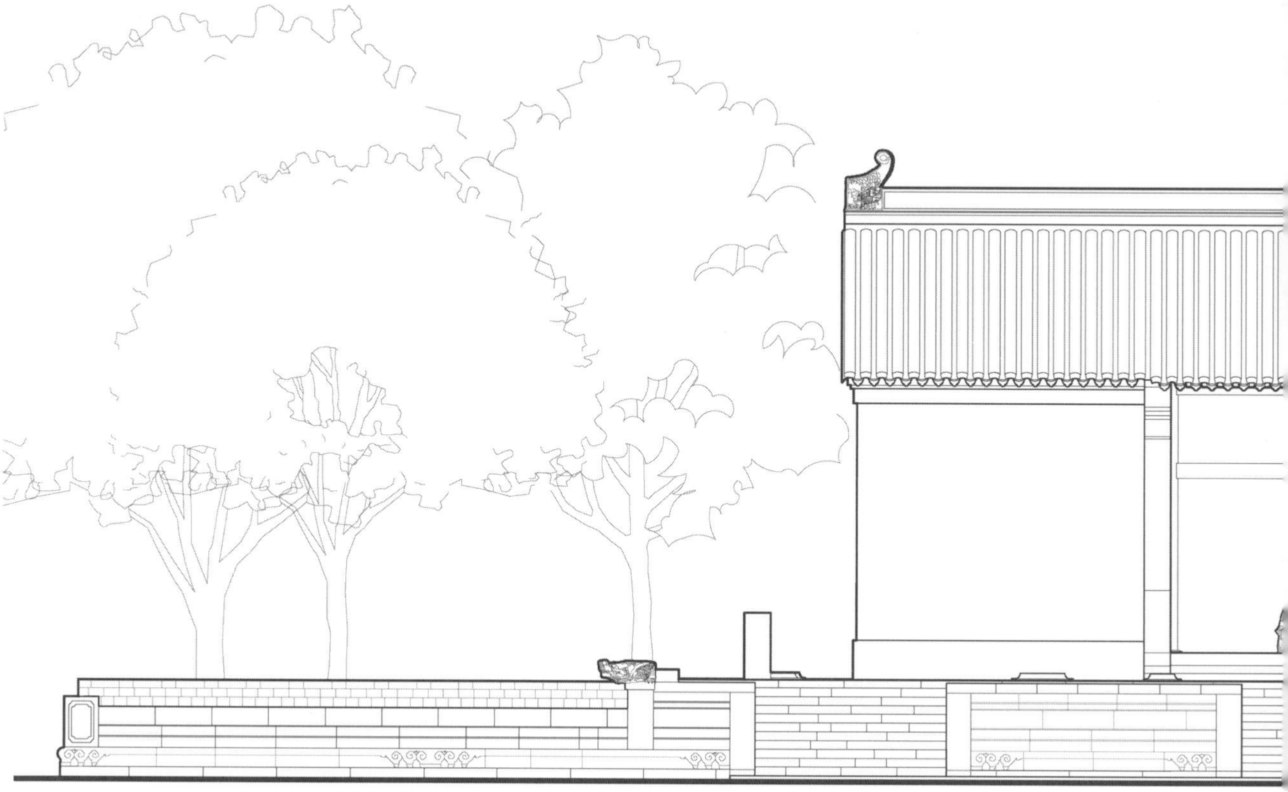

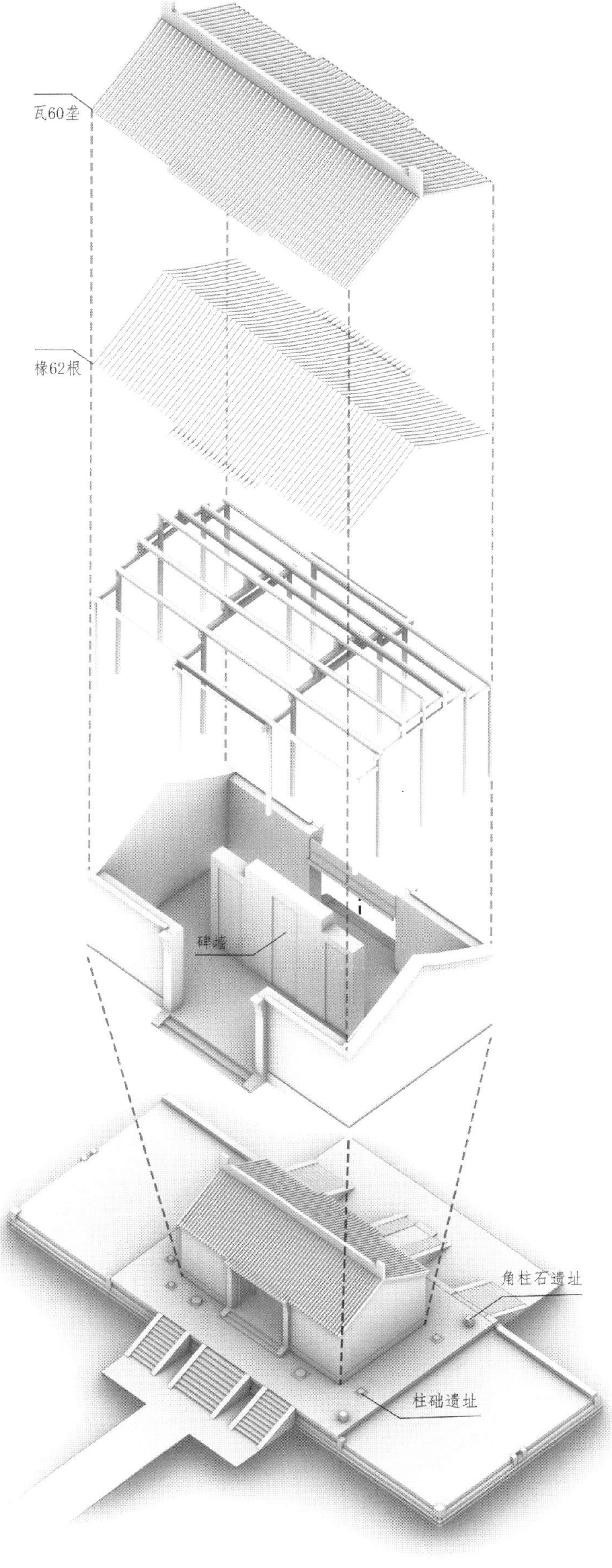

碑殿结构分解图

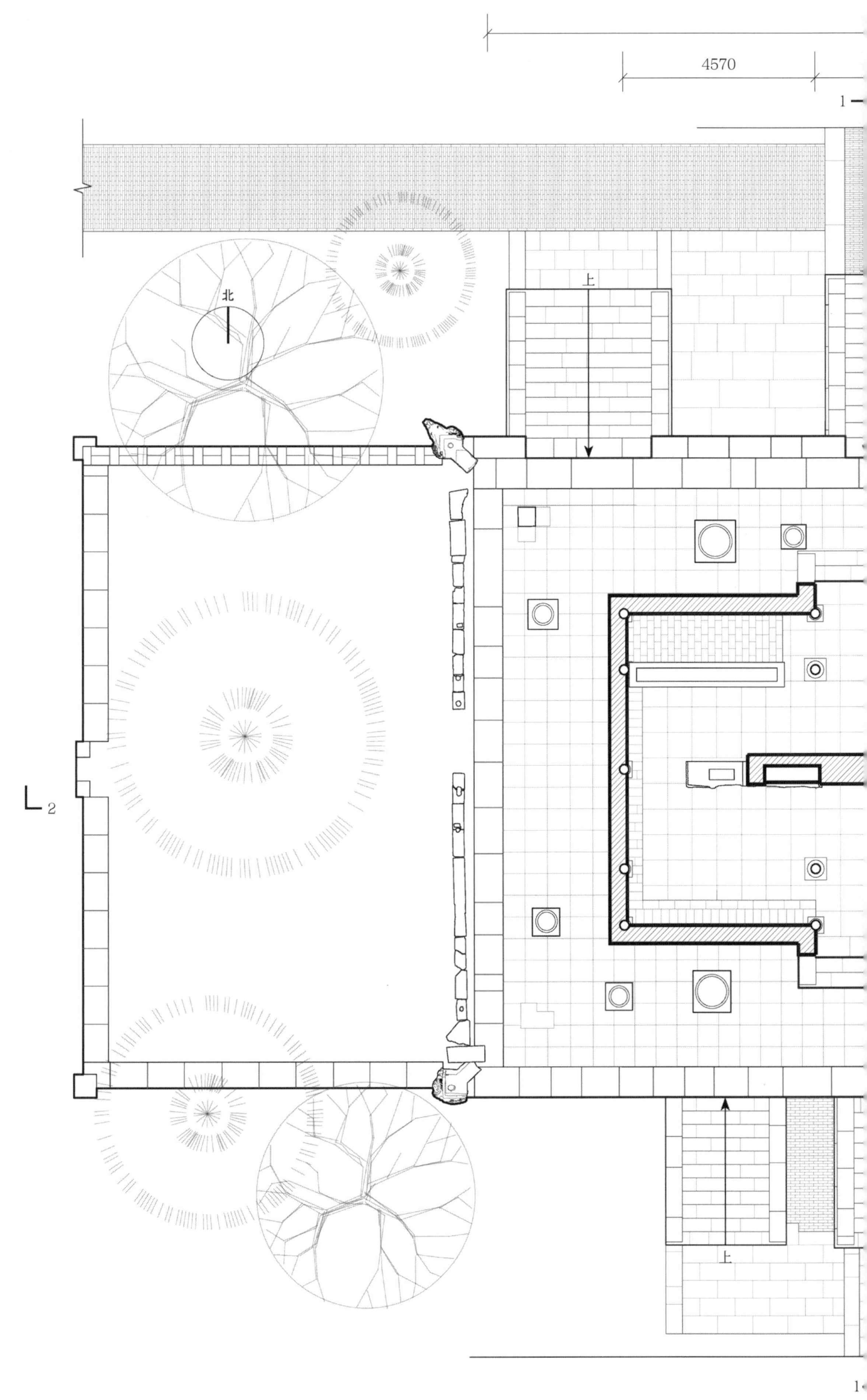
4570
1
北
上
上
2
1

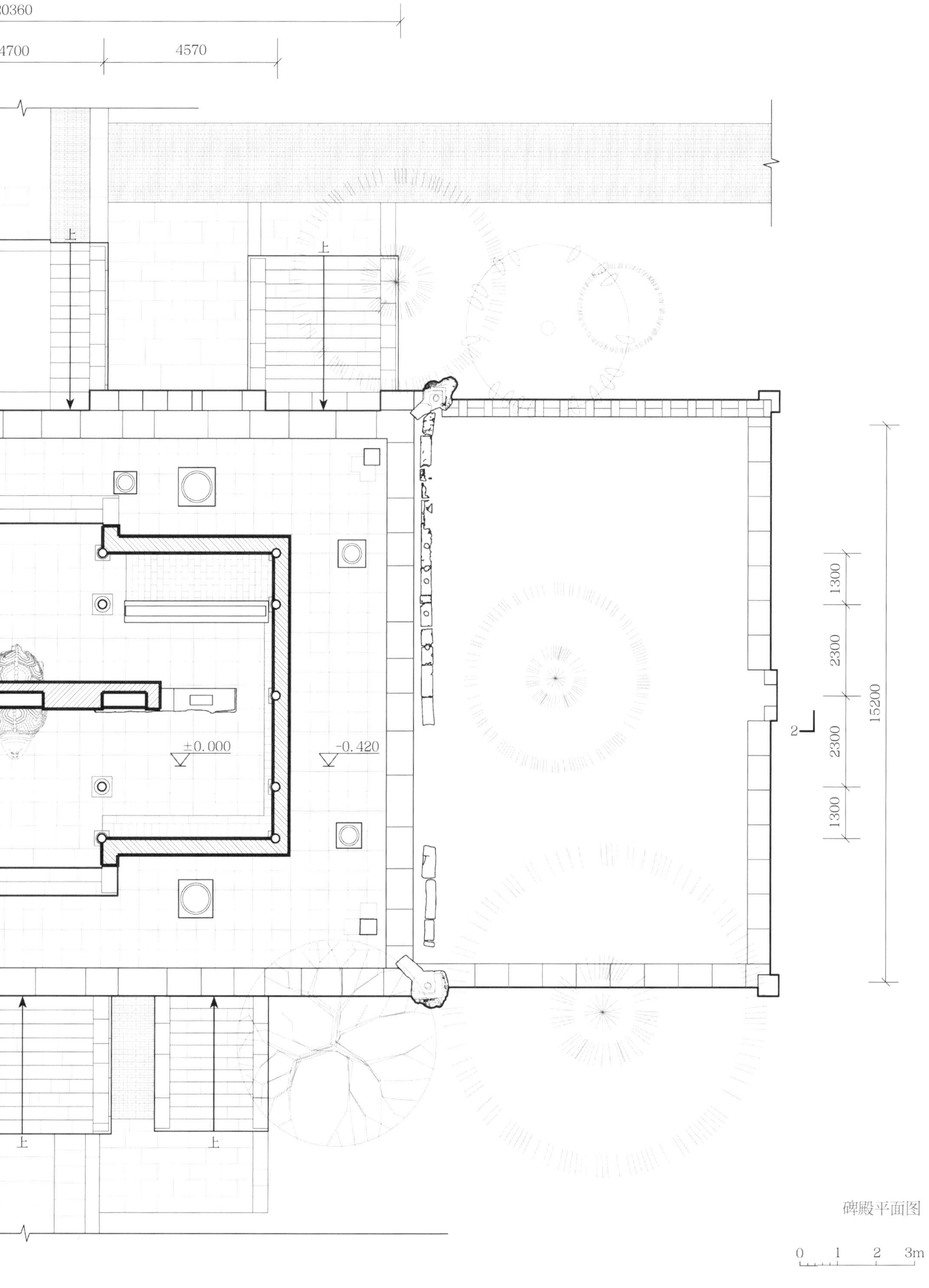
20360
4700
4570
上
上
上
上
±0.000
-0.420
1300
2300
2300
1300
15200
2
0
1
2
3m
碑殿平面图

碑殿实景

碑殿即明孝陵门，原为殿前五门制中门，俱毁，现存石造须弥座台基，通面阔40.26米，进深15.25米。前后踏跺为后世重修，已非原样。台基上孝陵门原有五开间，面阔34.82米，木构建筑已毁。现遗存三开间面阔13.84米硬山建筑。殿内陈设五方石碑：中部三碑，后部东西两侧各一碑。正中石碑是清康熙三十八年（1699年）所立，清圣祖题字“治隆唐宋”。殿内后部两侧两方卧碑，均刻康熙帝谒明孝陵纪事，碑阴刻有两江总督王新命、陶岱、曹寅等官员名录。

碑殿

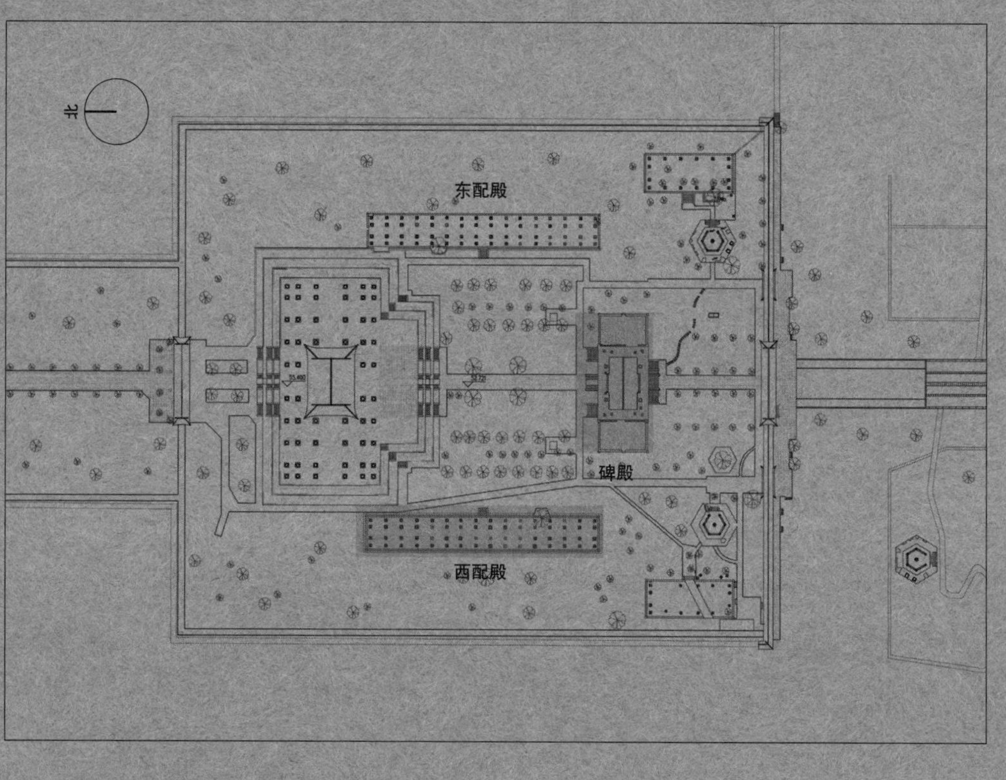

利用激光测绘仪器的反射原理，当激光照射到不同材质、色彩的接受面上，会接收到不同的相对反射强度，从而得到“伪色彩”图像，可以清晰且客观地记录、反映实际环境的相关信息。

彩画反射强度图

东井亭东立面图

2945

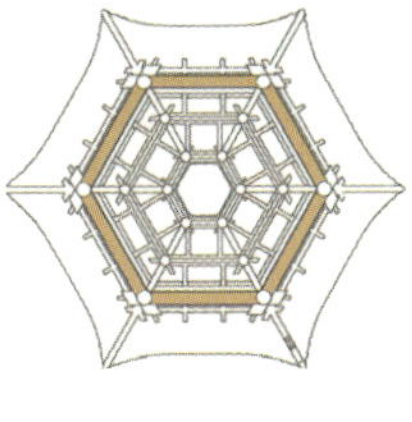

额枋

1870

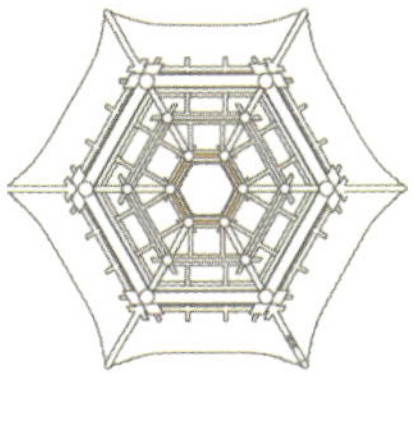

金枋

彩画大样

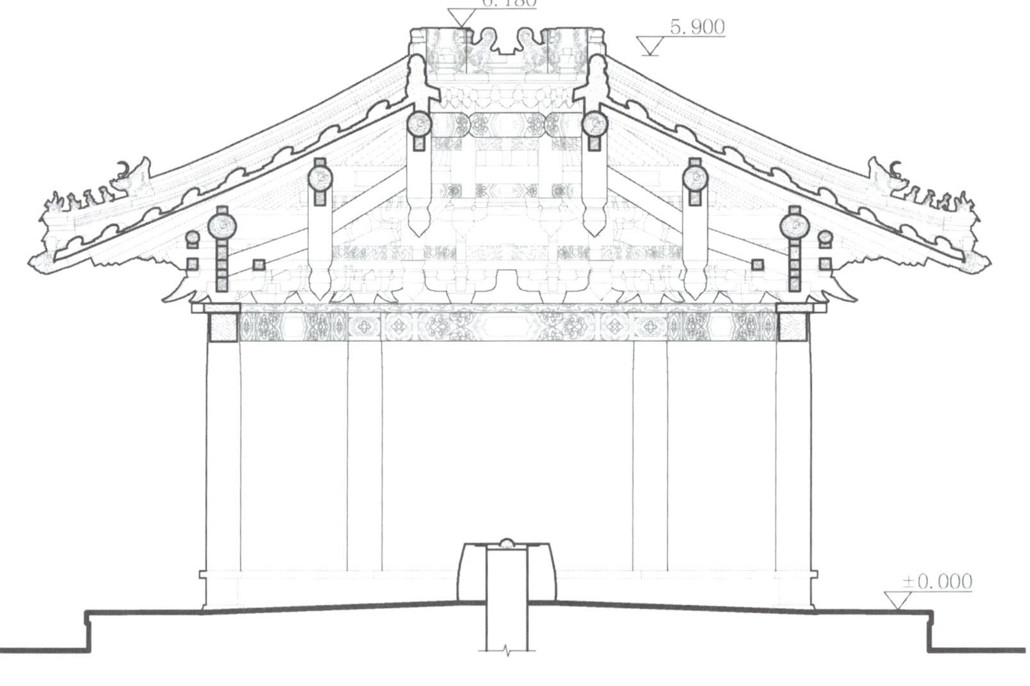

2-2 剖面图

金檩

0 0.1 0.2 0.3m

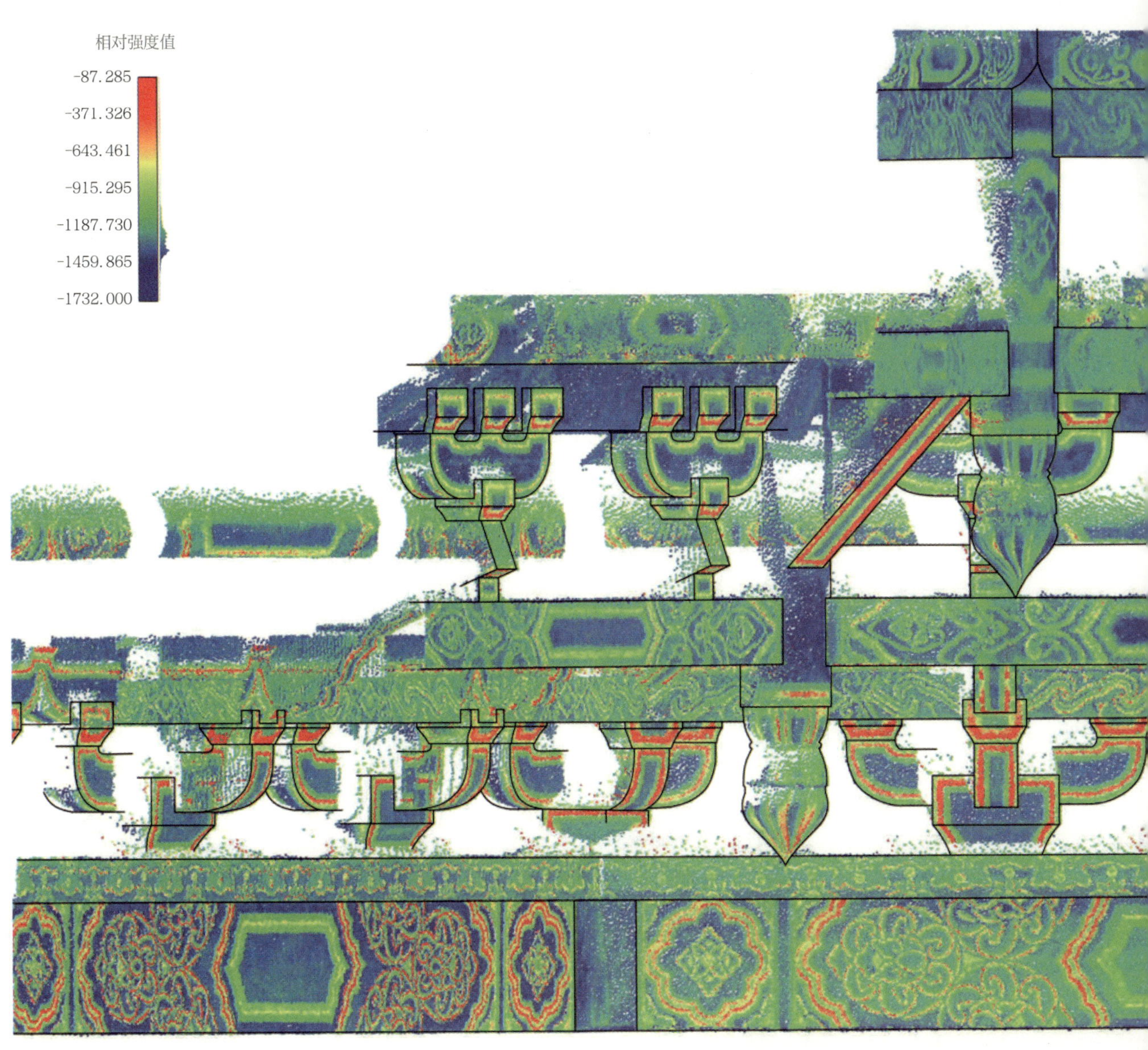
相对强度值
-87.285
-371.326
-643.461
-915.295
-1187.730
-1459.865
-1732.000

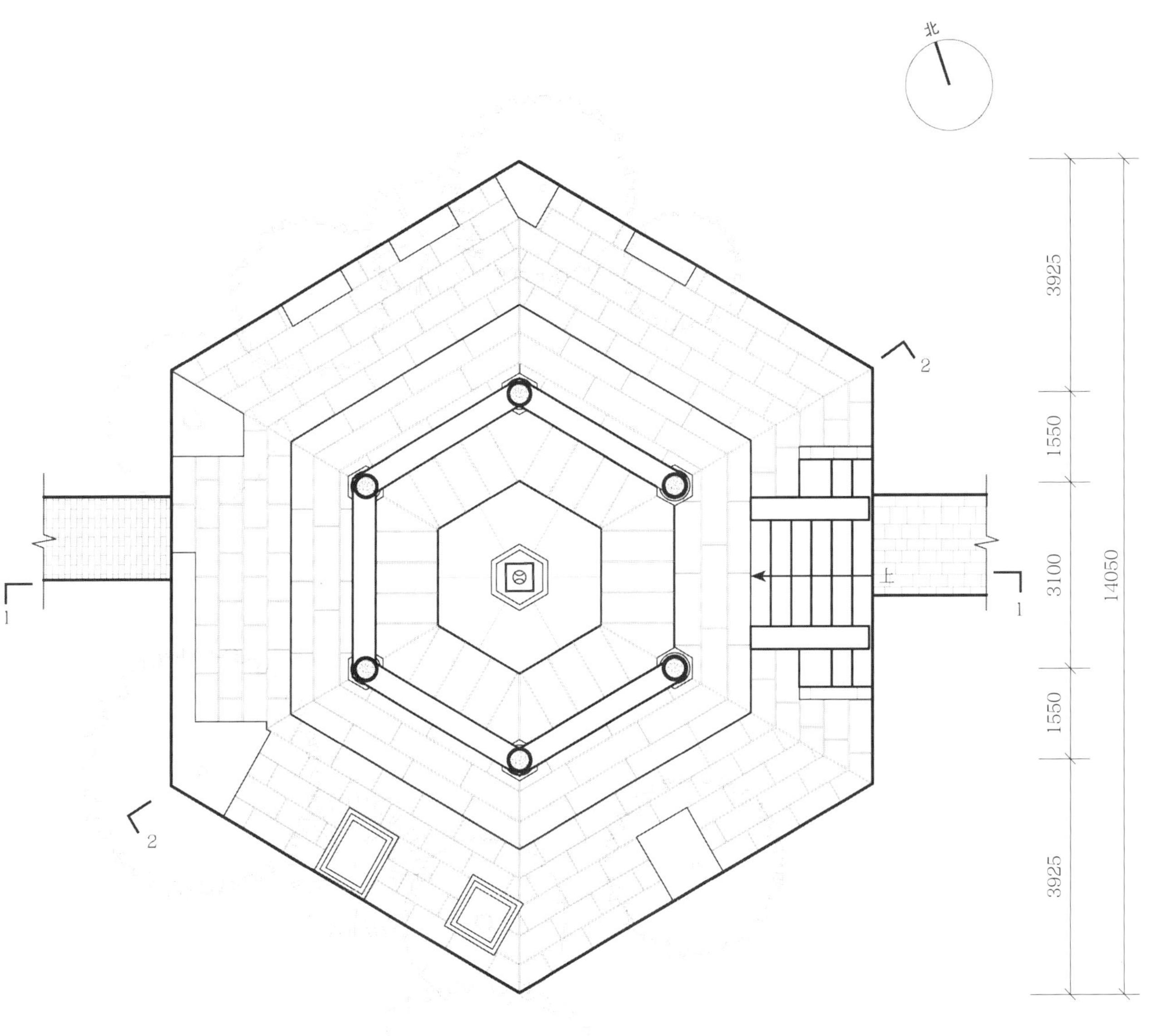

东井亭平面图

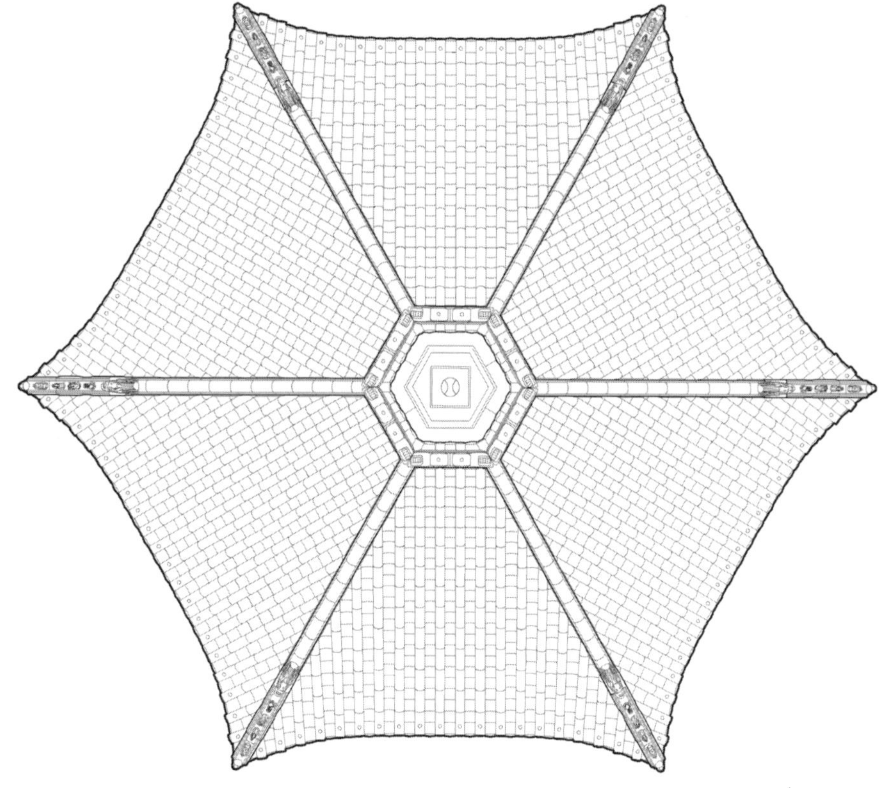

屋顶图

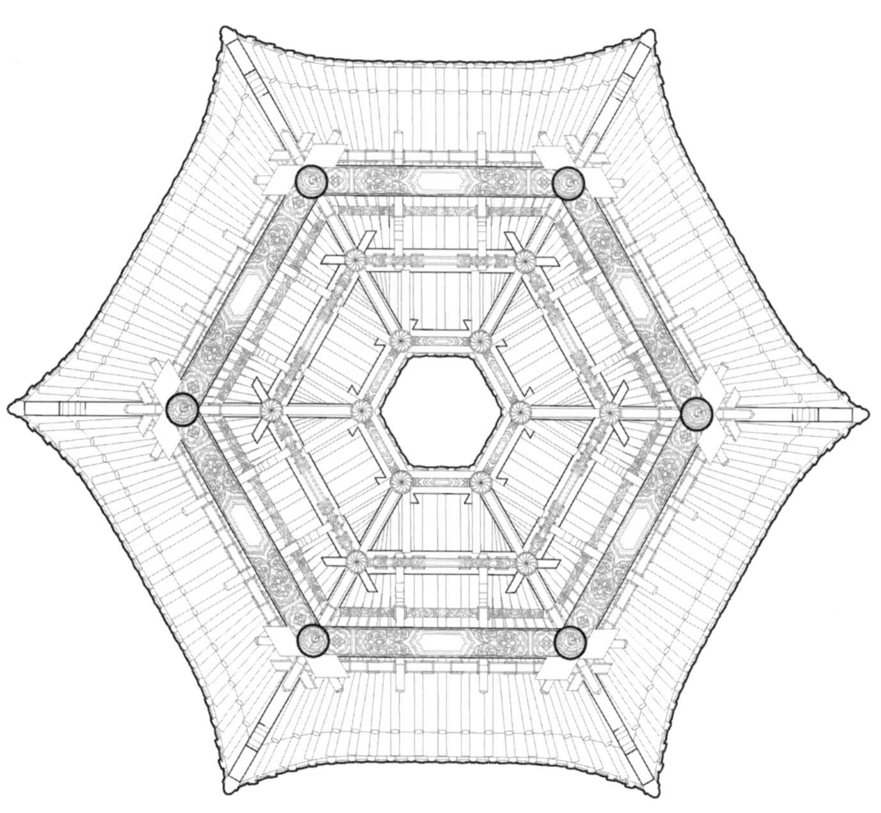

梁架仰视图

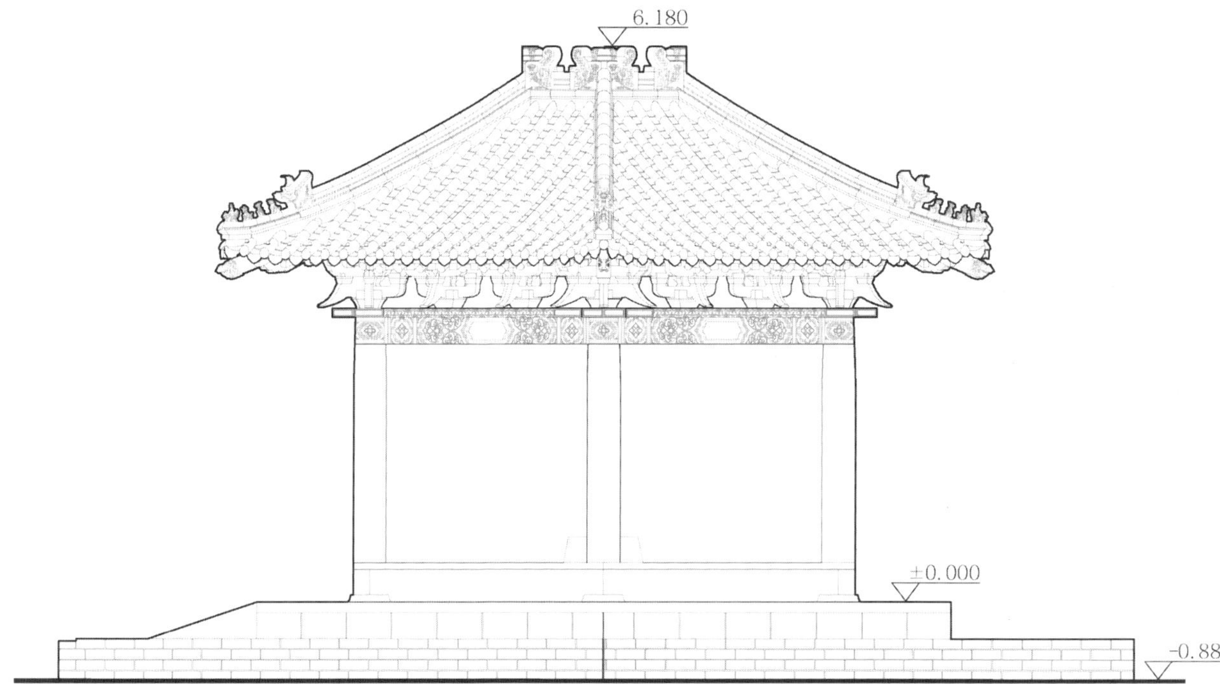

东井亭北立面图

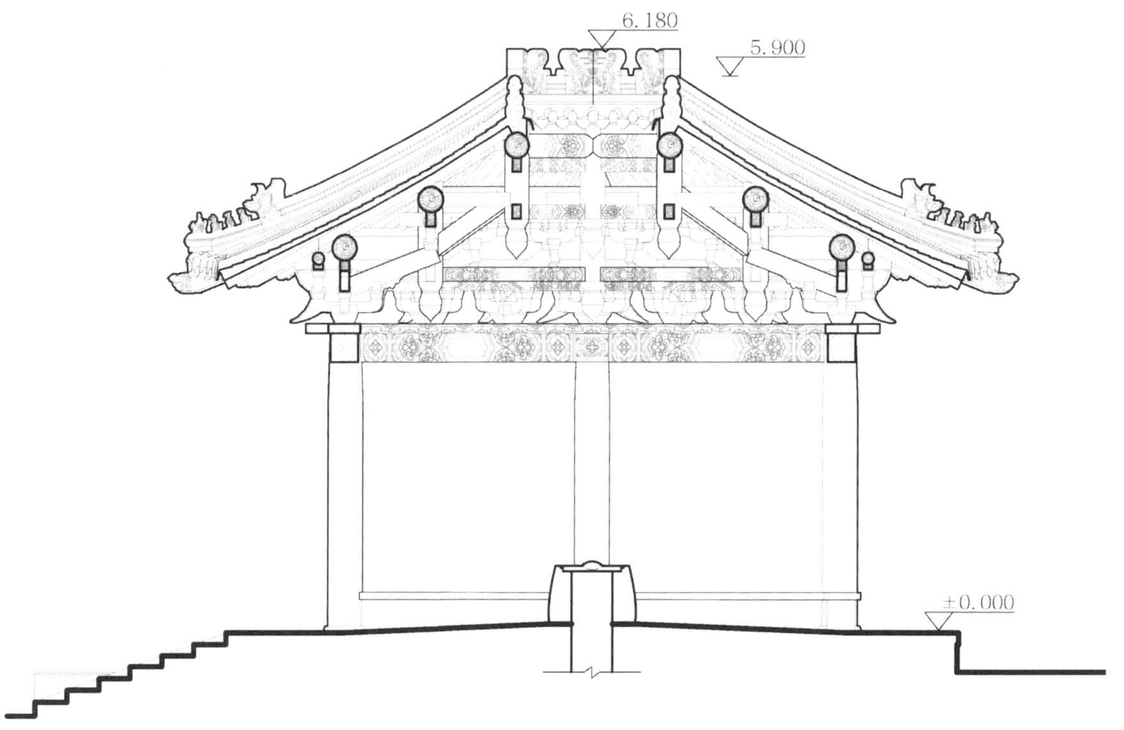

1-1 剖面图

井亭实景

碑殿前神道东西两侧各建有井亭，祭祀宰牲及御厨用水均汲于此，东侧井台保存尚好，井台上原有明代井亭已毁，尚留存角基石柱础 6 件；西侧井台损坏较为严重。2006 年在东西两侧原井台遗址上复建六角井亭，盝顶高 6.18 米，混凝土梁柱，檩枋及斗拱均为木构，梁、檩、枋木上绘有旋子彩画。井口上方居中开六边形洞口，黄色琉璃瓦覆顶。

井亭

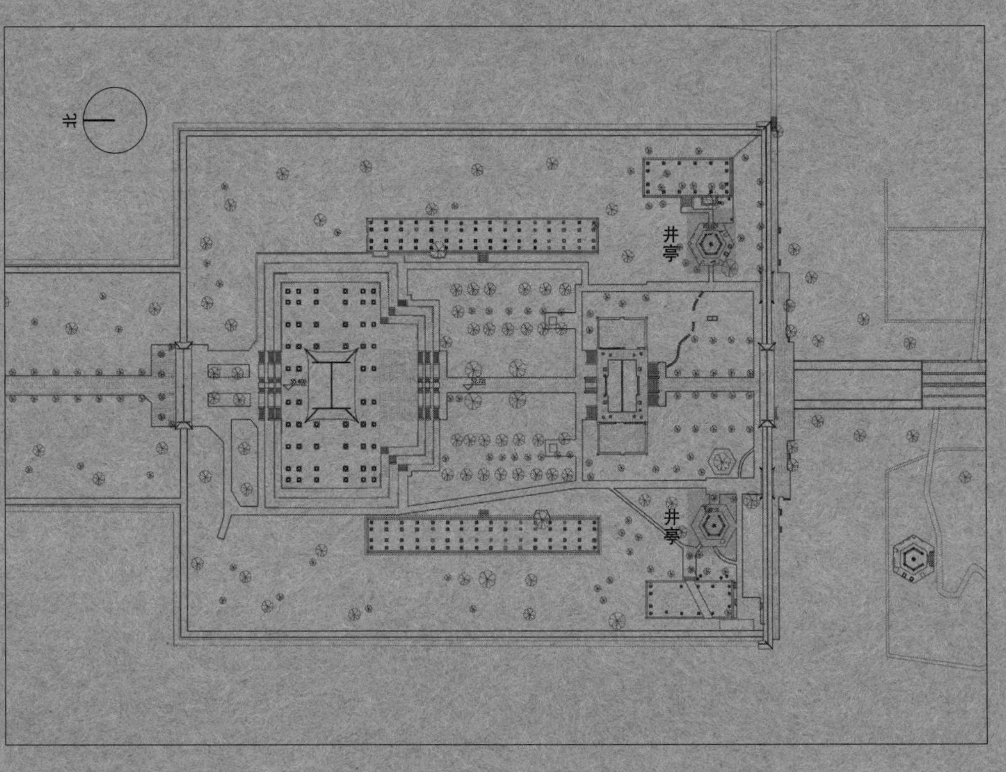

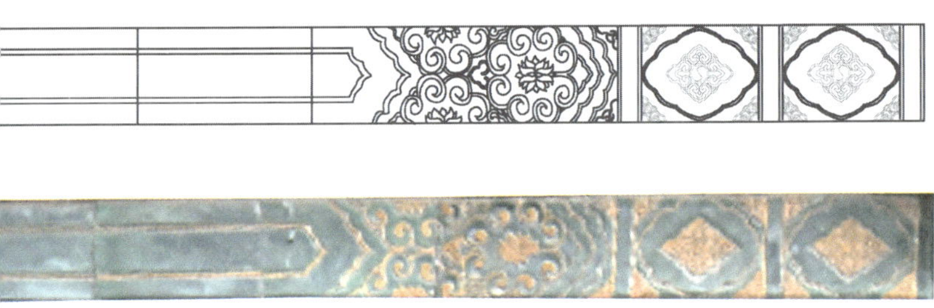

彩画

0　0.2　0.4　0.6m

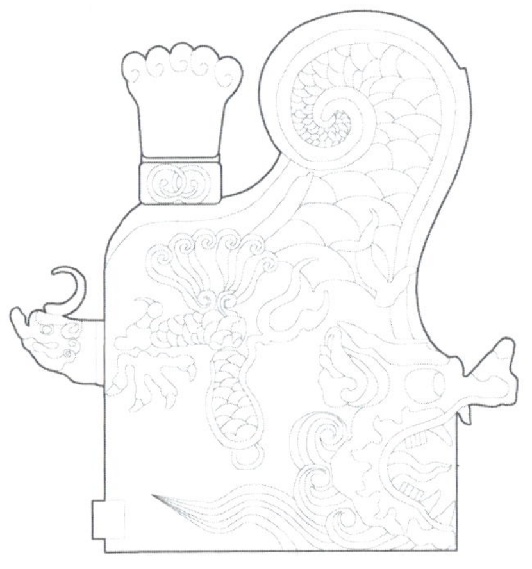

鸱吻

0　0.2　0.4　0.6m

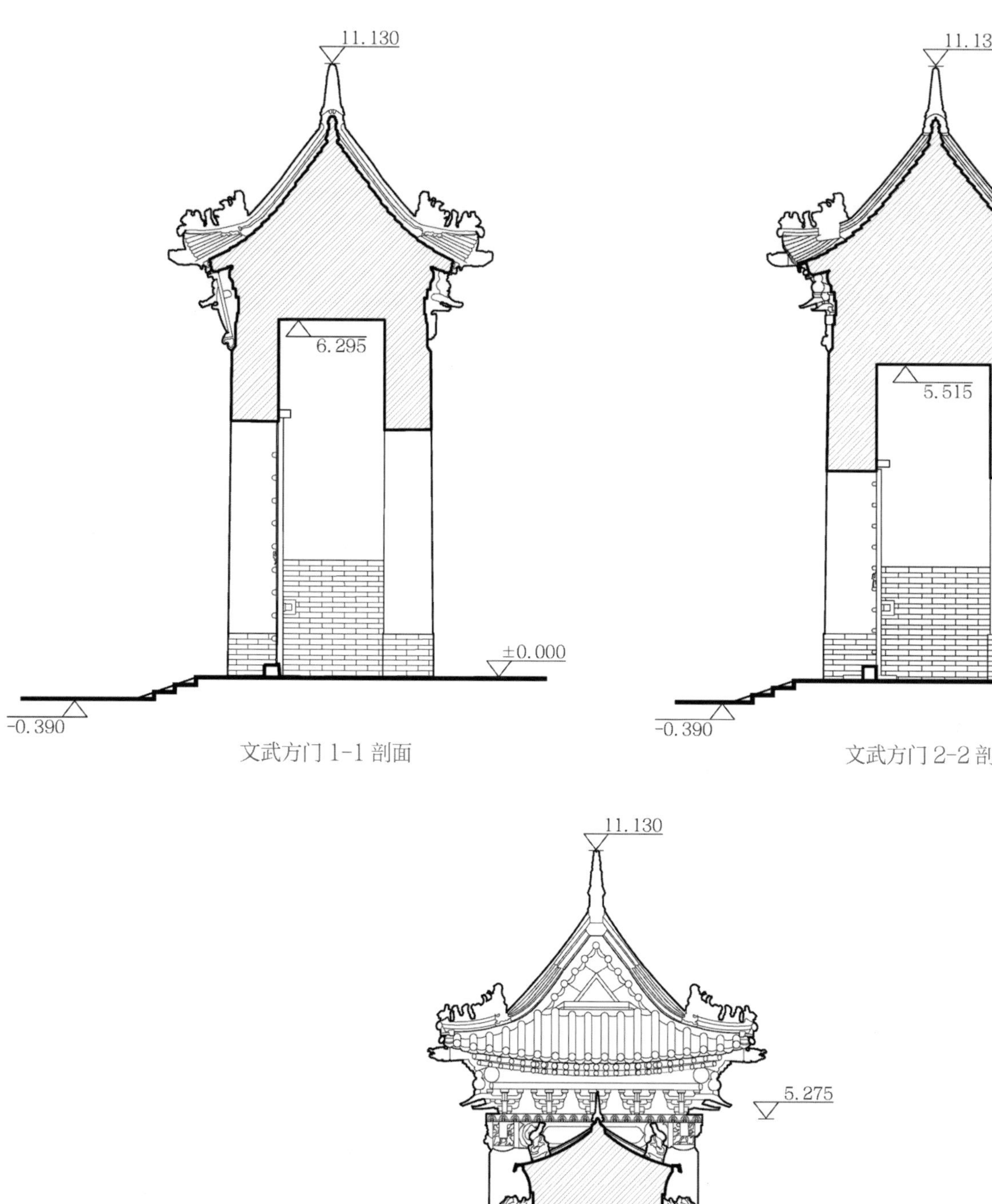

文武方门 1-1 剖面

文武方门 2-2 剖

文武方门 4-4 剖面

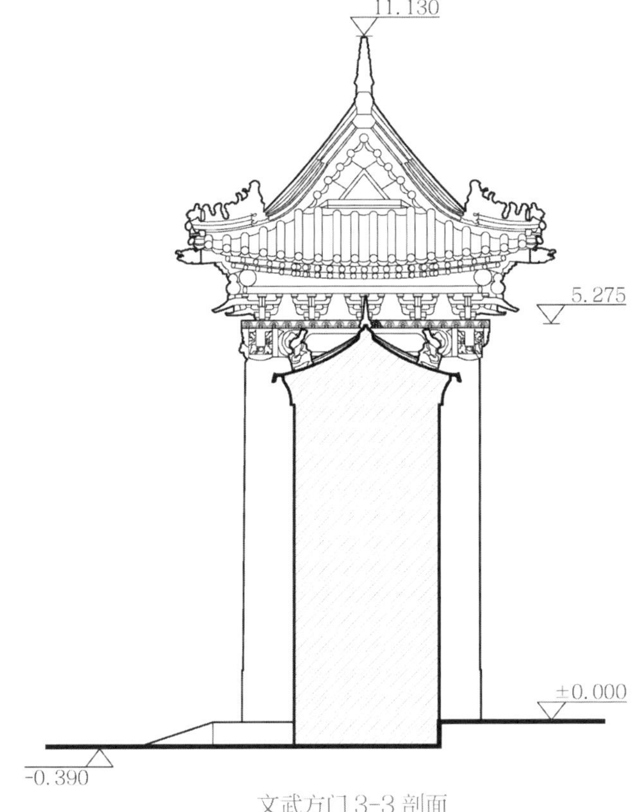

文武方门 3-3 剖面

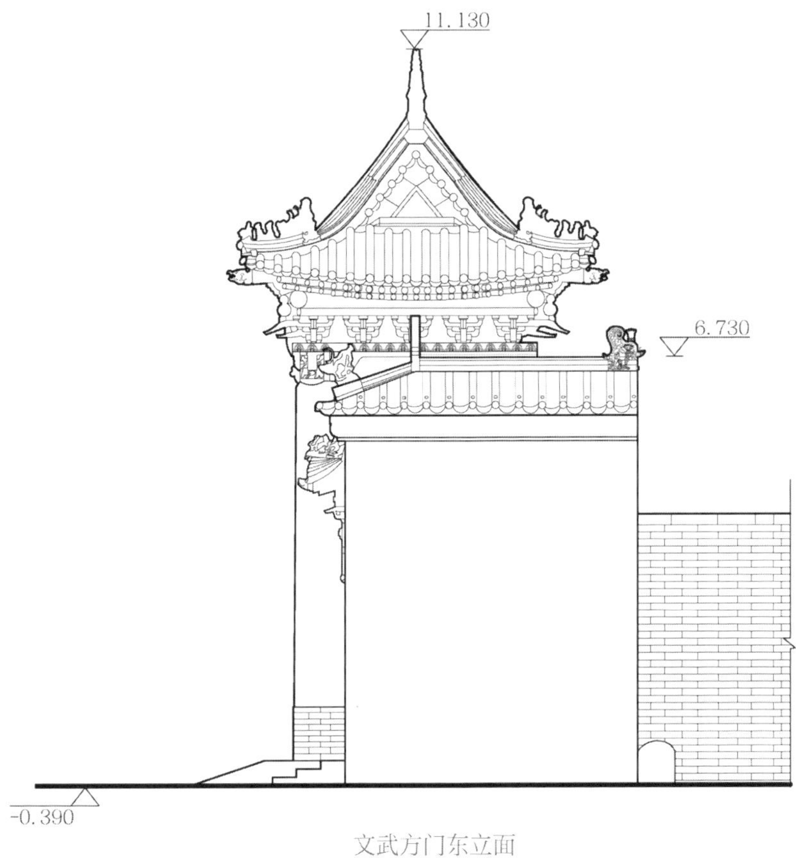

文武方门东立面

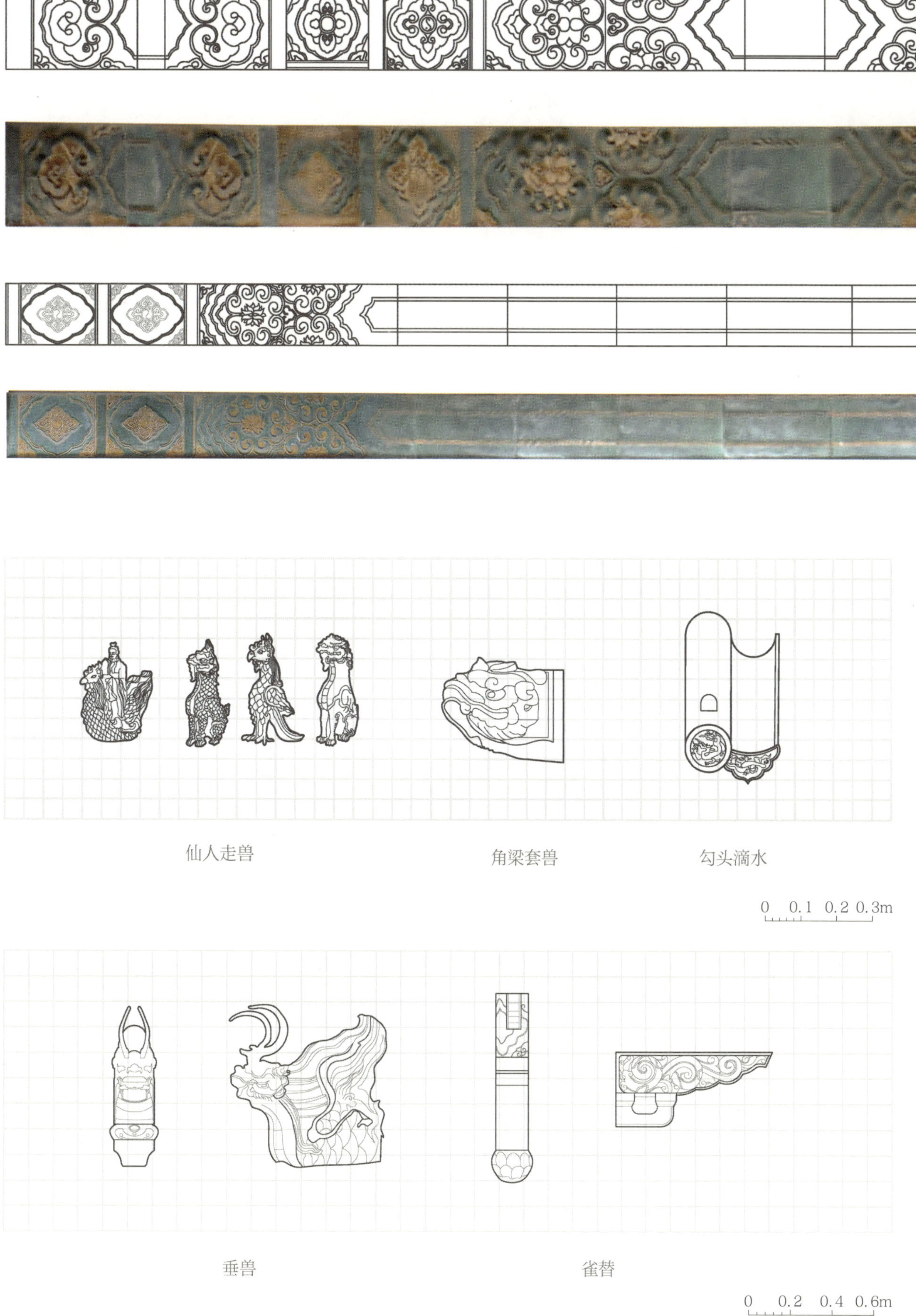
仙人走兽
角梁套兽
勾头滴水
0 0.1 0.2 0.3m
垂兽
雀替
0 0.2 0.4 0.6m

北

2 3 4

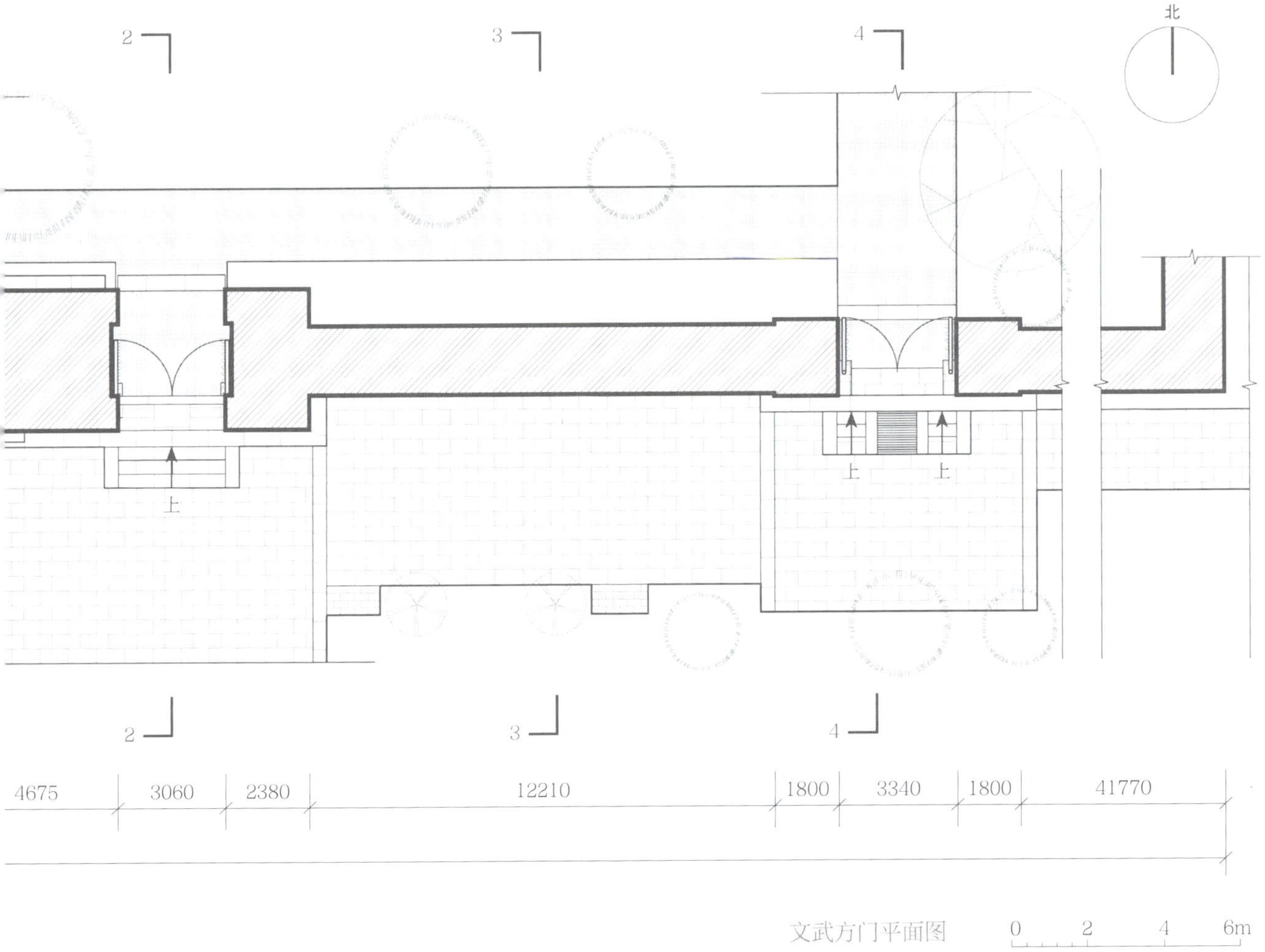

上 上 上

2 3 4

4675 3060 2380 12210 1800 3340 1800 41770

文武方门平面图

0 2 4 6m

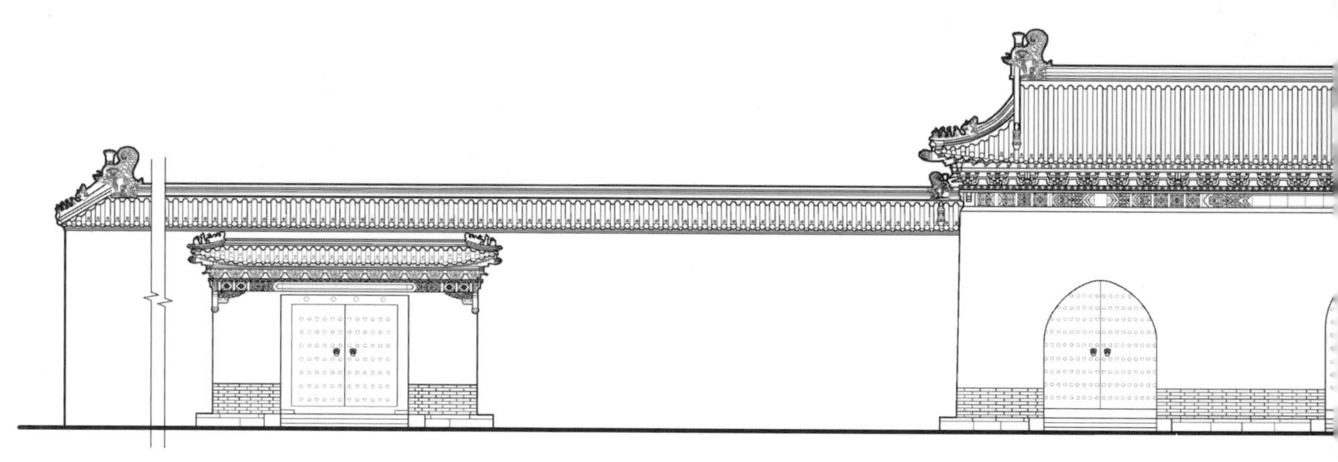

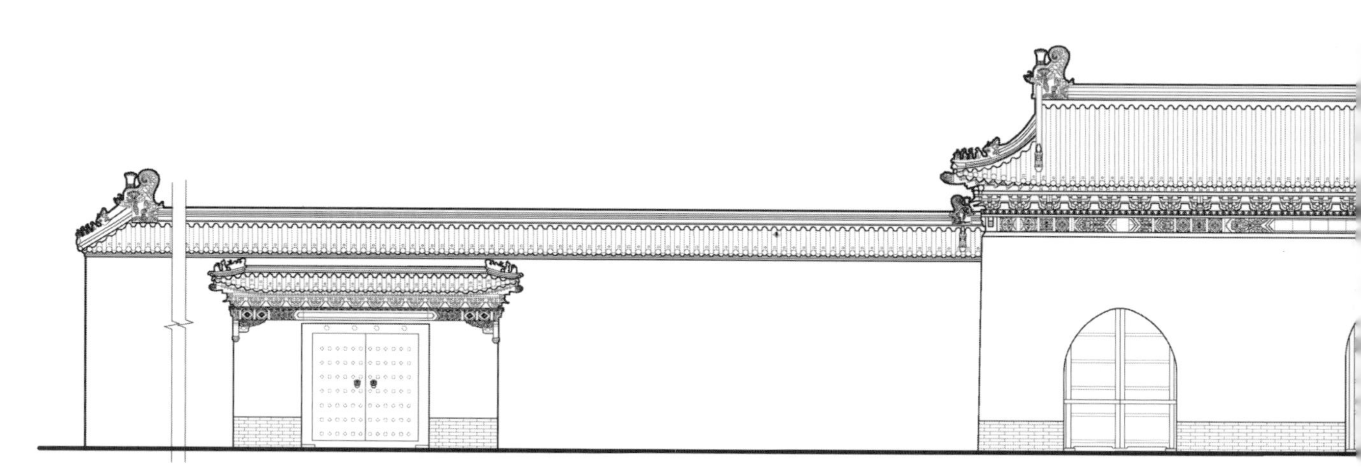

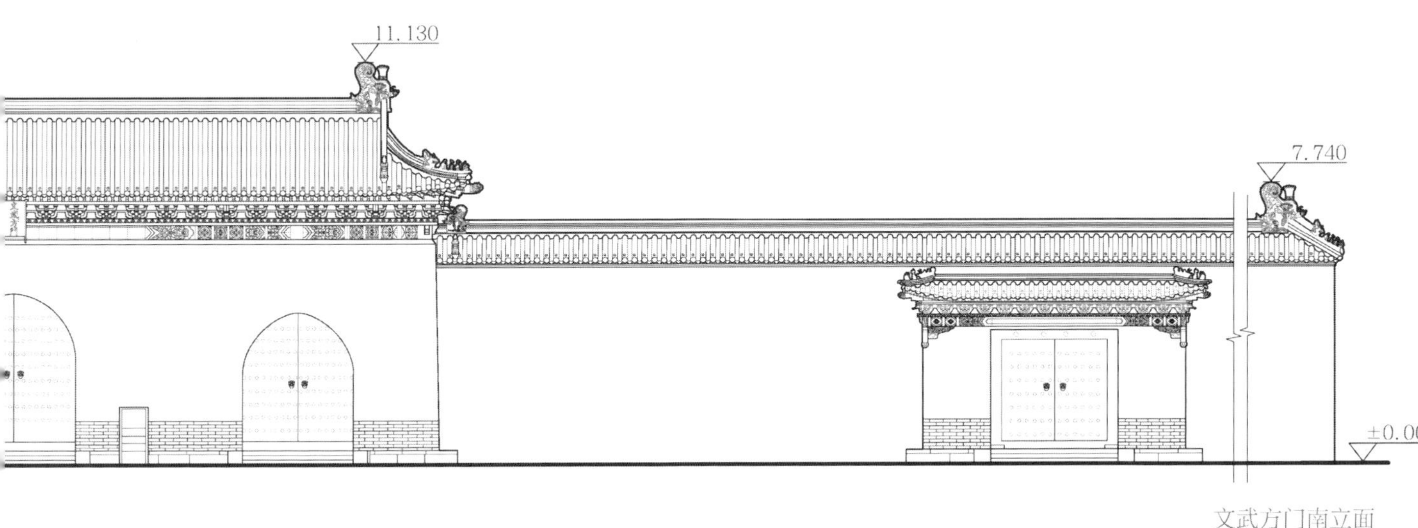

文武方门南立面

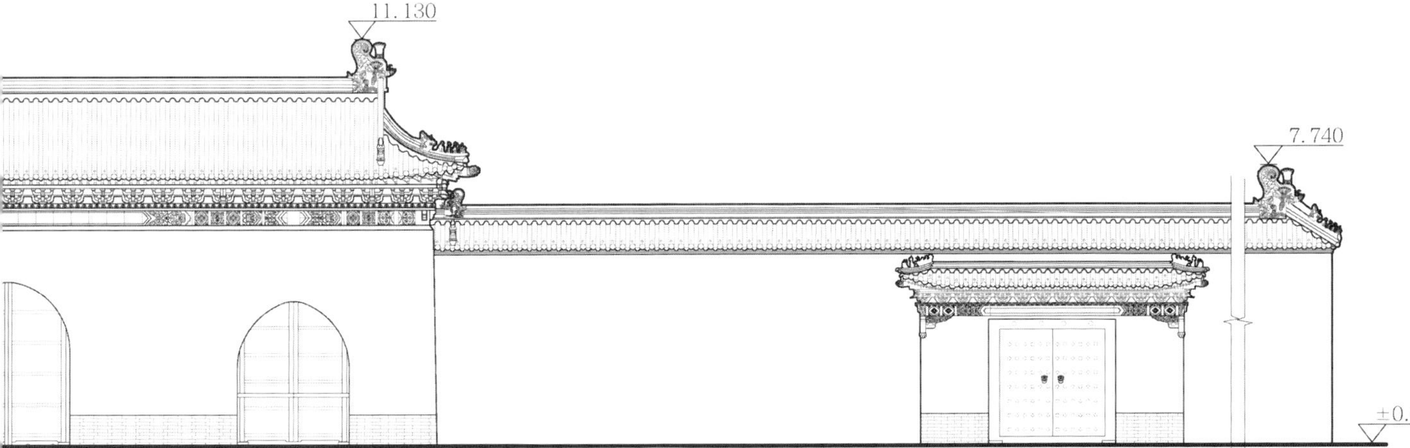

文武方门北立面

文武方門

文武方门实景

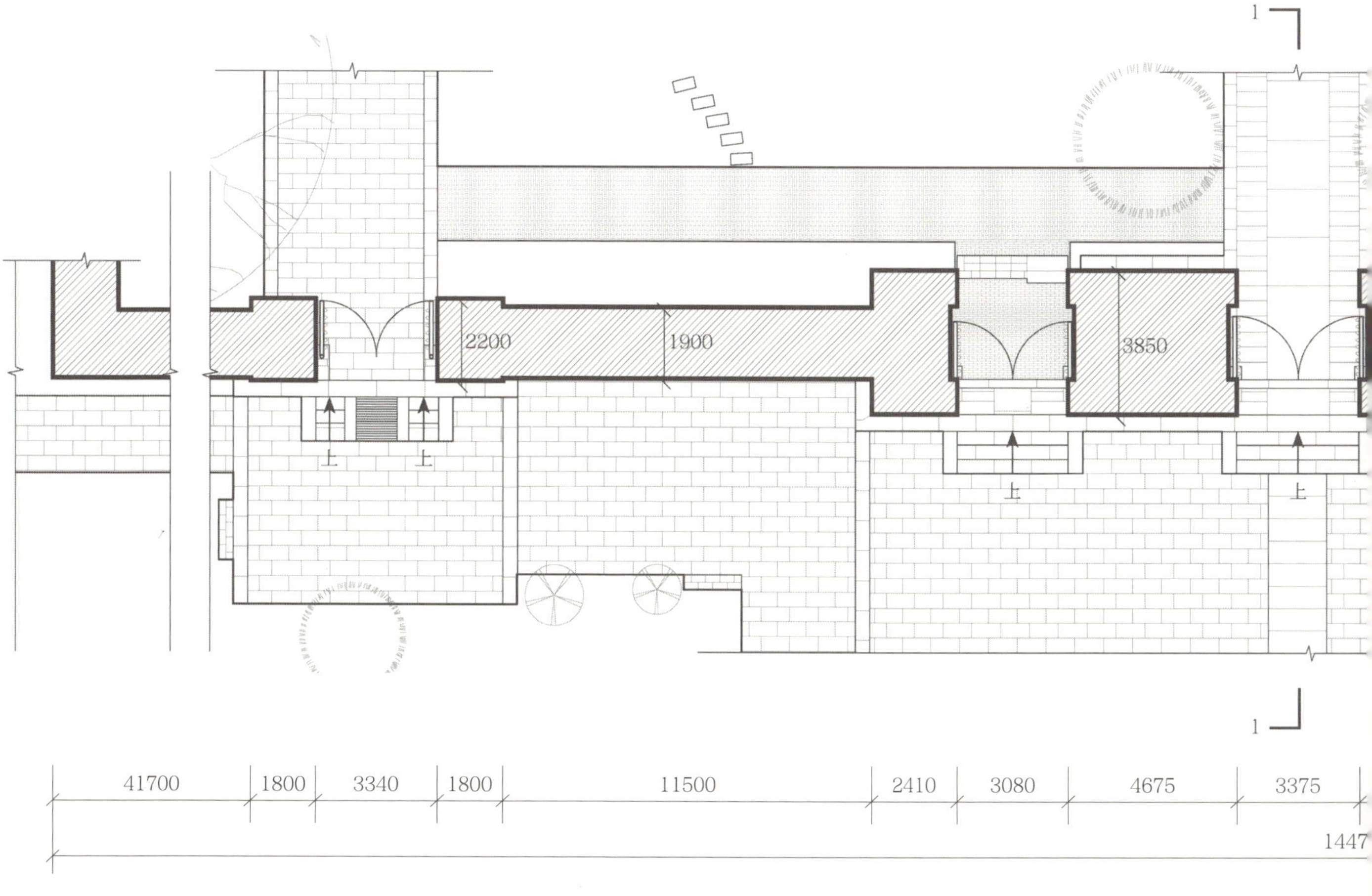

1
2200
1900
3850
上
上
上
上
1
41700 1800 3340 1800 11500 2410 3080 4675 3375
1447

文武方门是陵宫的第一道大门，共设五孔门洞，均为朱红双扉。正门建筑单檐歇山顶，覆黄色琉璃瓦，南向开三洞拱门，朱红大门，横九竖九的门钉，为古代帝王专用。中门东西两侧各距 27.30 米开设掖门，作平顶。正门与掖门顶部的差异体现了陵寝建筑中的尊卑关系和功能差异。明代的文武方门毁于太平天国战争。战后清政府做了简单维修，未覆门顶，仅开通正中券门。现在所见文武方门是 1998 年依照明代规制重新修复，琉璃构件由北京古建官窑烧制，以明代城砖修补墙体。

文武方门

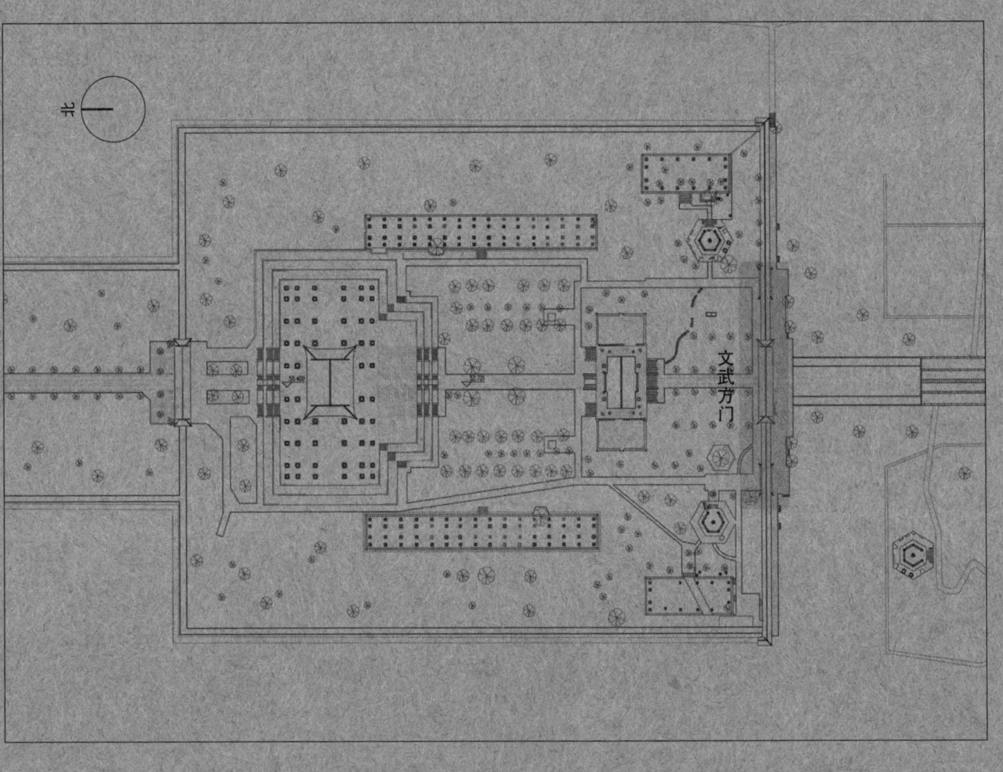

类型	病害	成因
生物定殖	植物和微生物如细菌、蓝藻、藻类、真菌和地衣（后三种生物的共生体将石头定殖）。生物定殖也包括其他生物的影响，如动物筑巢在石头上。	多集中分布于石料渗水的劣化表面，因常年积淤，给了植物充足的生长环境。
断裂与裂痕	个别裂隙，肉眼可见，由一个部位与另一个部位分离而成。	多分布于石桥桥拱的拱顶附近，因为是承重最关键的受力点，比其他部位更容易受损。
变色褪色	石材颜色在三个颜色参数中的变化：色调、色温和明度。矿物的化学风化有时能产生价值增益，但一种程度有限的变色，通常不美观。	多集中于桥基桥台上半部，因石桥桥面常年渗水，以一种特殊的化学风化形式改变了石料的固有色。
局部损失	由于自然或人为的机械作用，因为构件突出或过于暴露而出现的明显丢失石材现象。	因为常年暴雨冲刷，再加之后建的新桥面并不十分坚固，多处出挑都出现了大面积的消失。
可溶盐结晶	由于毛细水与可溶盐活动在石刻表面富集并在表面结晶析出的现象。与地下毛细水活动密切相关。	桥两侧桥基部分因为常年流水，湿度极高，大量的水盐反应使得明代未经处理的自然石材大量析出钙质结壳和结晶。
表面溶蚀	因长期遭受雨水冲刷而在石质文物表面形成的坑窝状的溶蚀坑与溶蚀沟槽。	桥两侧桥台部分因为常年受暴雨冲刷，石块自然呈现表面溶蚀的沟槽。

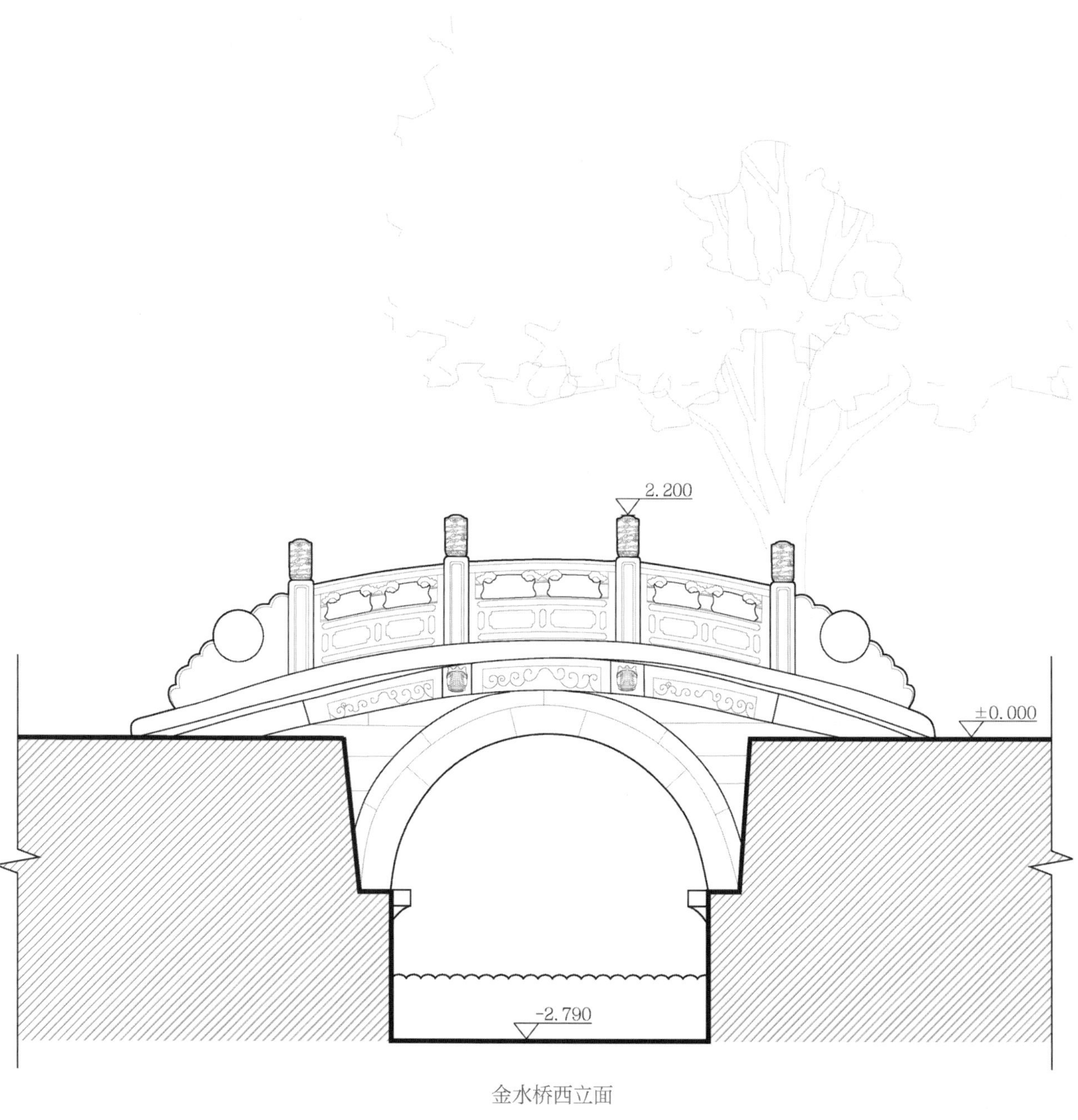

金水桥西立面

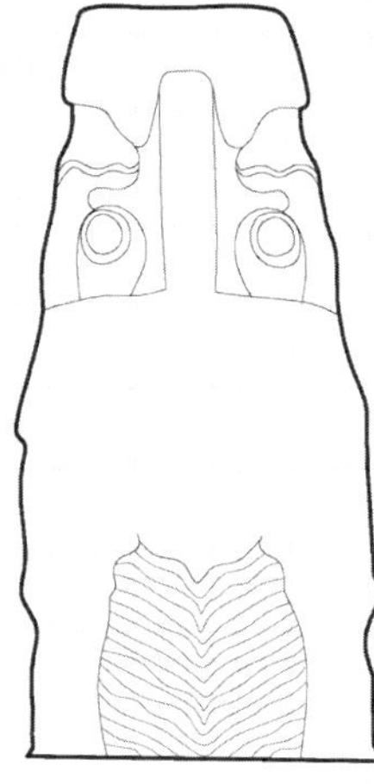

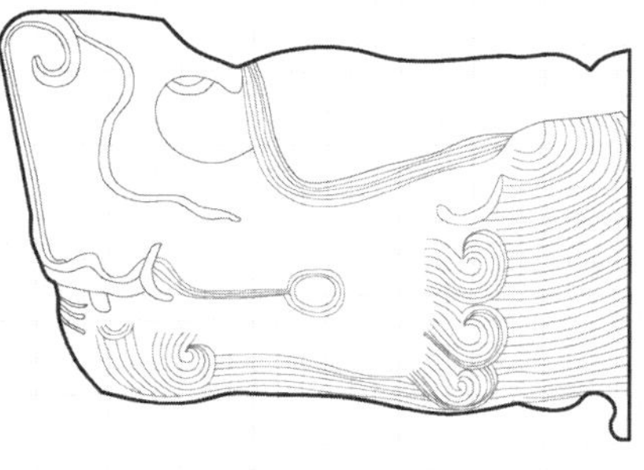

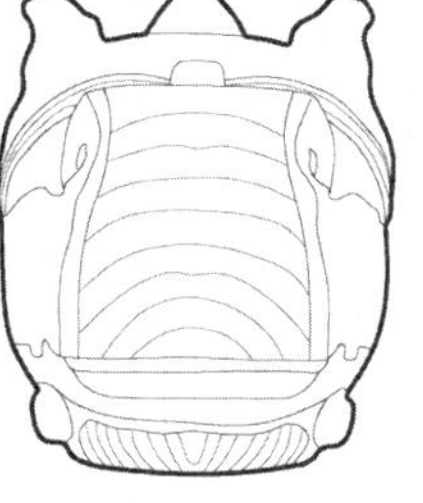

螭首

云凤柱头

云龙柱头

病害分析图示

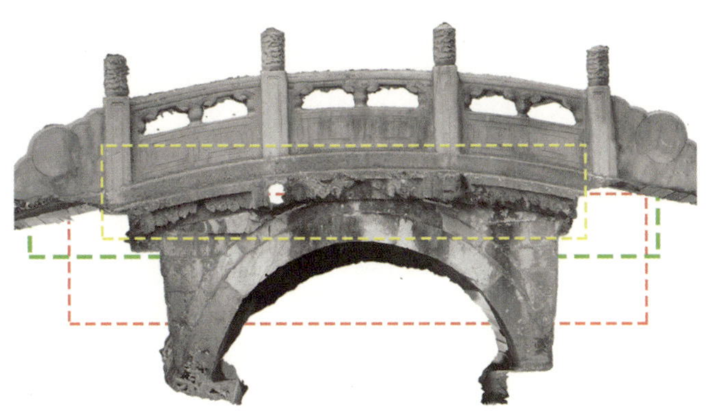

生物定殖大致分布
变色褪色大致分布
局部损失大致分布

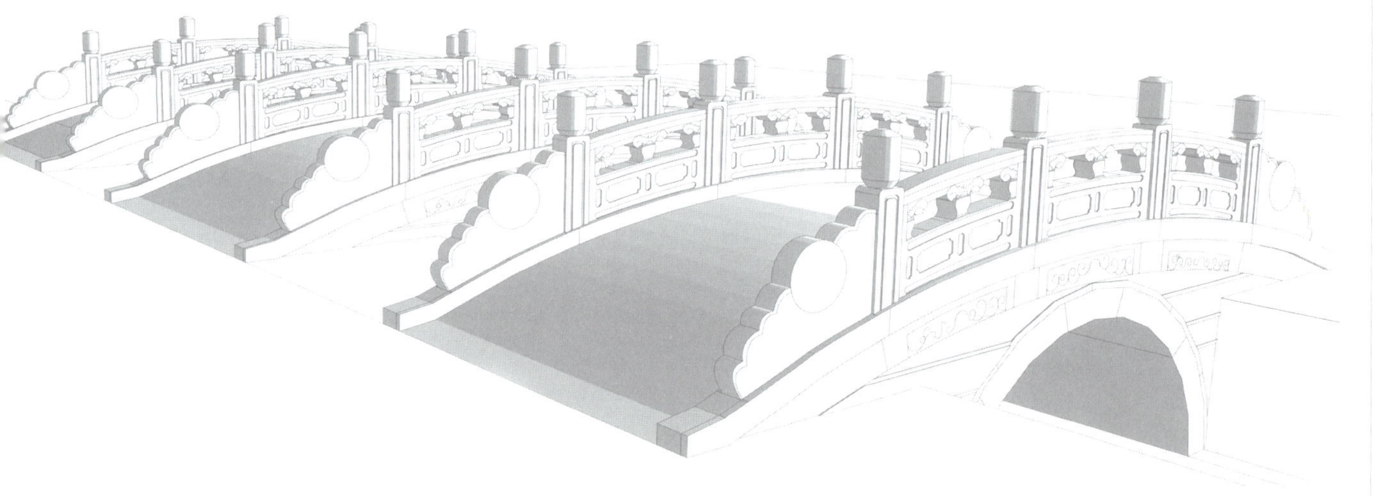

金水桥模型图

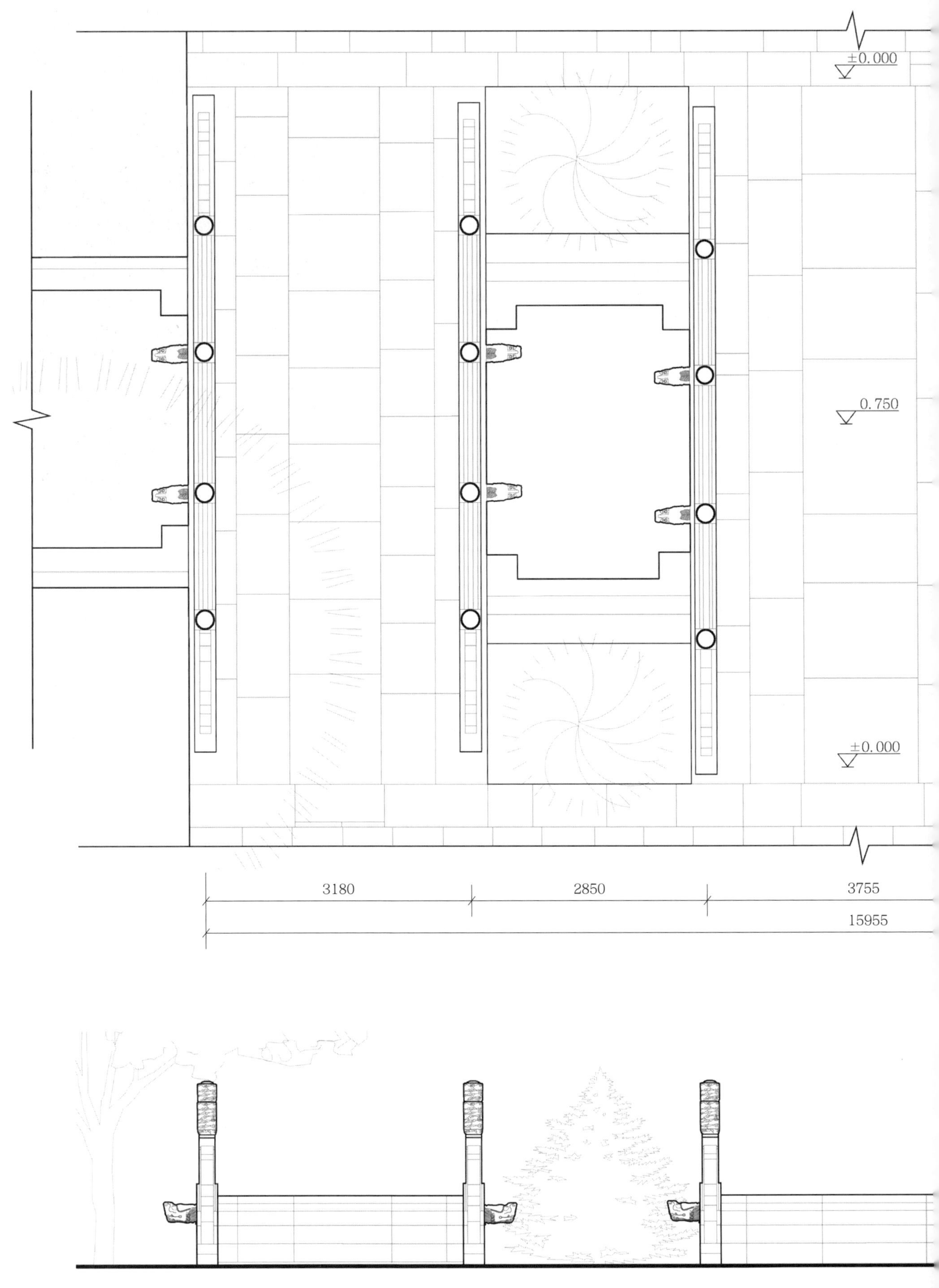
±0.000
0.750
±0.000
3180
2850
3755
15955

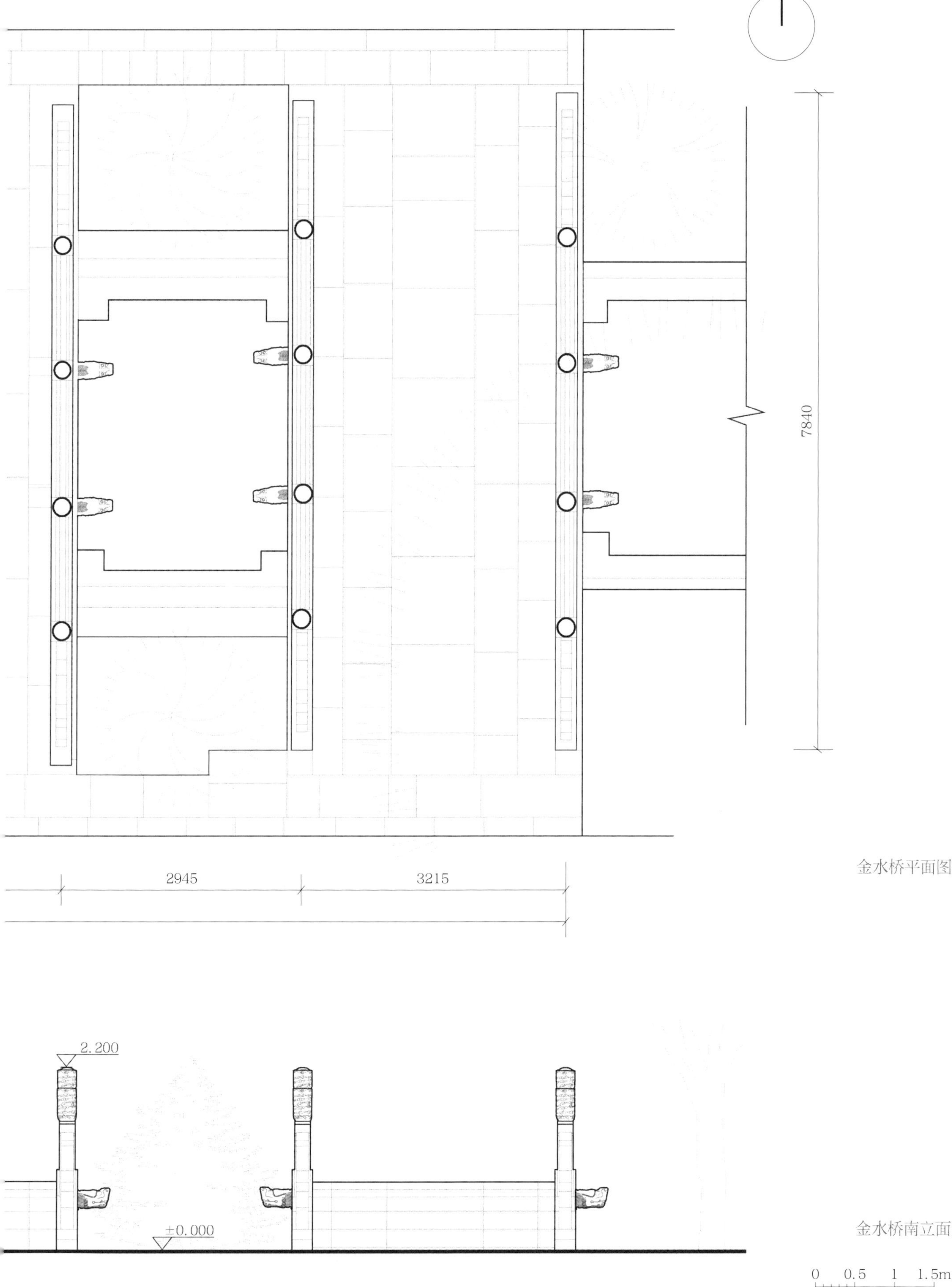

金水桥平面图

金水桥南立面

金水桥实景

金水桥是通达陵宫的桥梁。它与陵宫处于同一南北中轴线之上，一列三座，为石构单曲拱桥。桥身两侧雕有石质散水首和护栏望柱，为 1992 年按旧制修复，桥基和两岸石堤是明代原物。桥下之水，向西汇入前湖，亦曰御河。据《明孝陵志·规制》记载，金水桥原为“石桥五”，但据考古，现存三座桥体两侧，未发现其他桥基存在的任何遗迹。

金水桥

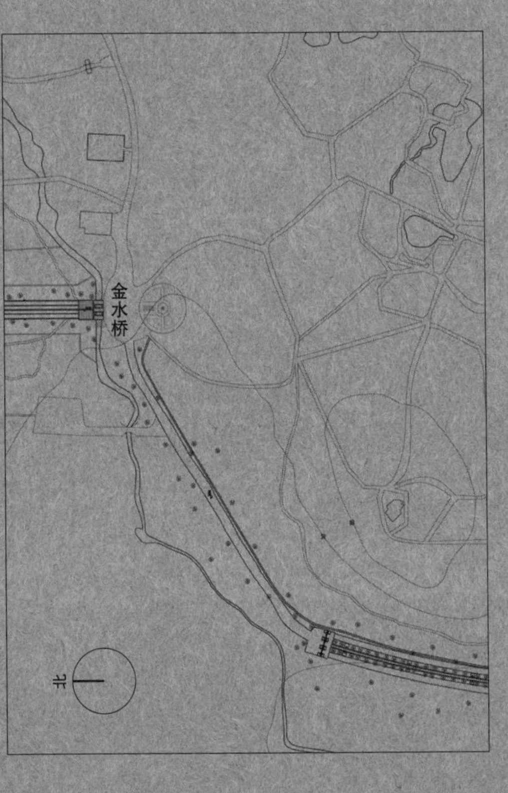

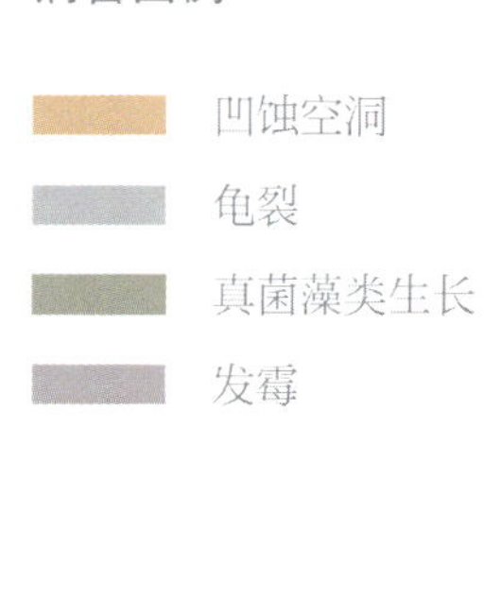

病害图例

凹蚀空洞

龟裂

真菌藻类生长

发霉

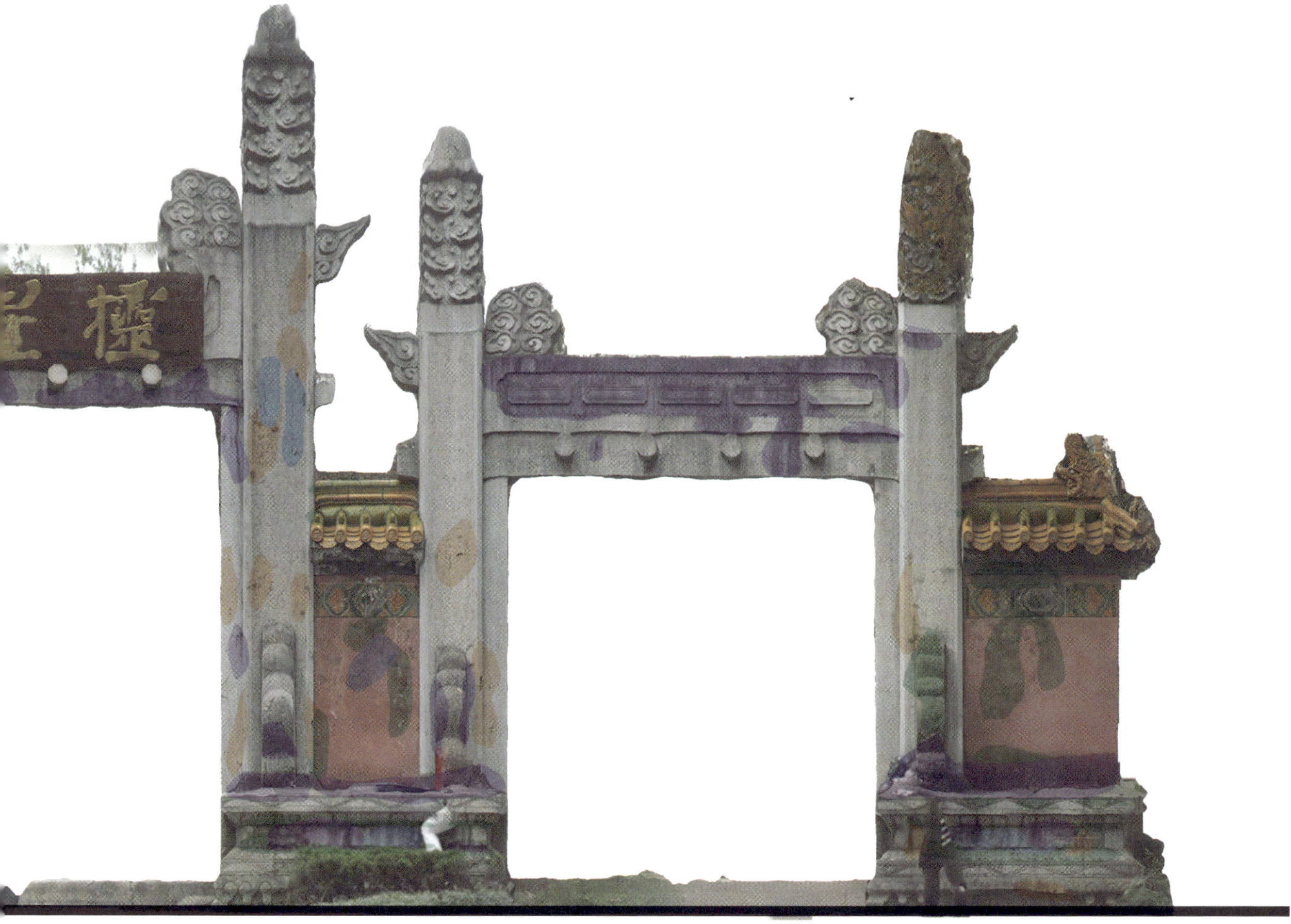

棂星门病害示意图

棂星门西立面图

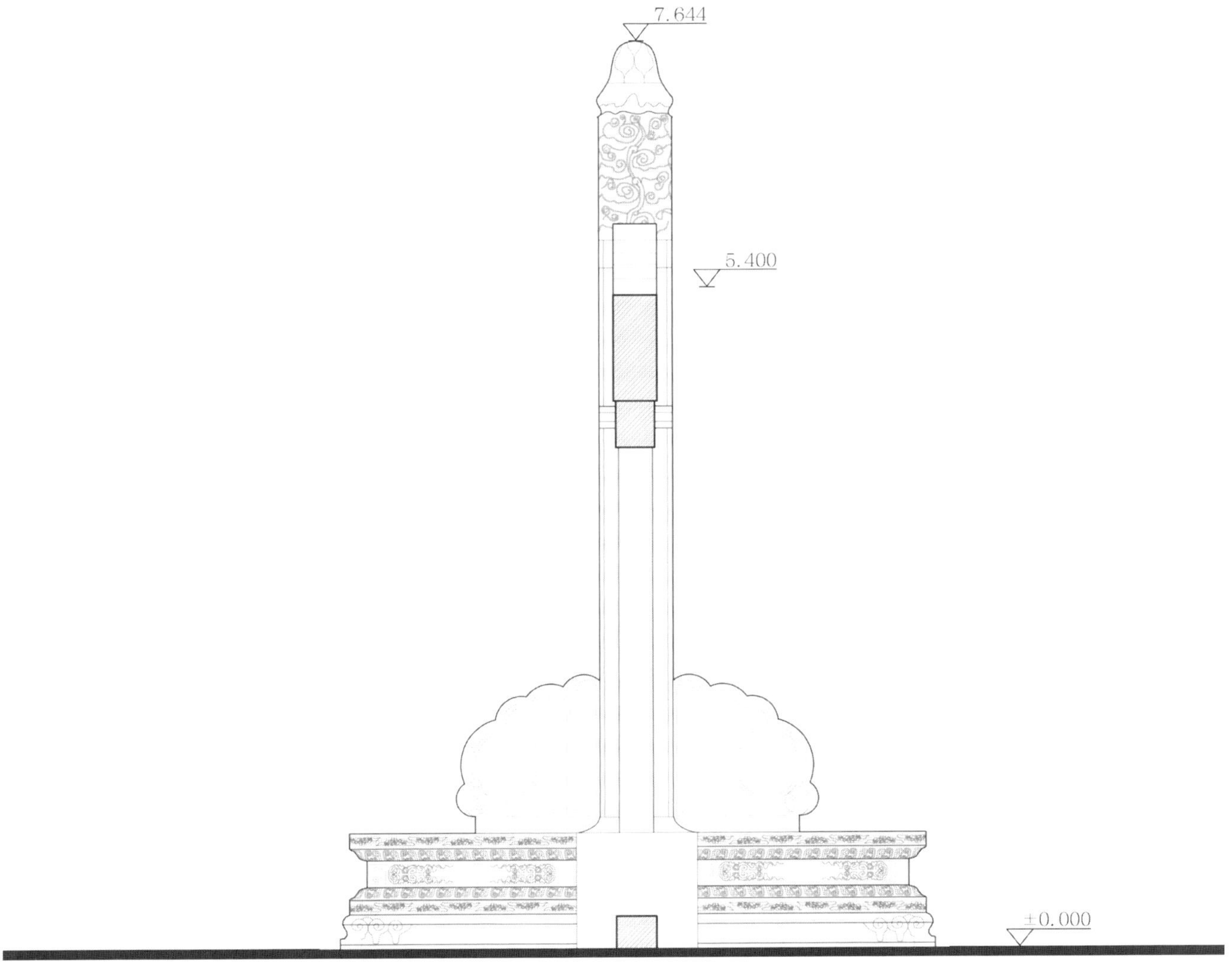

7.644

5.400

±0.000

棂星门 1-1 剖面图

棂星门点云正摄图

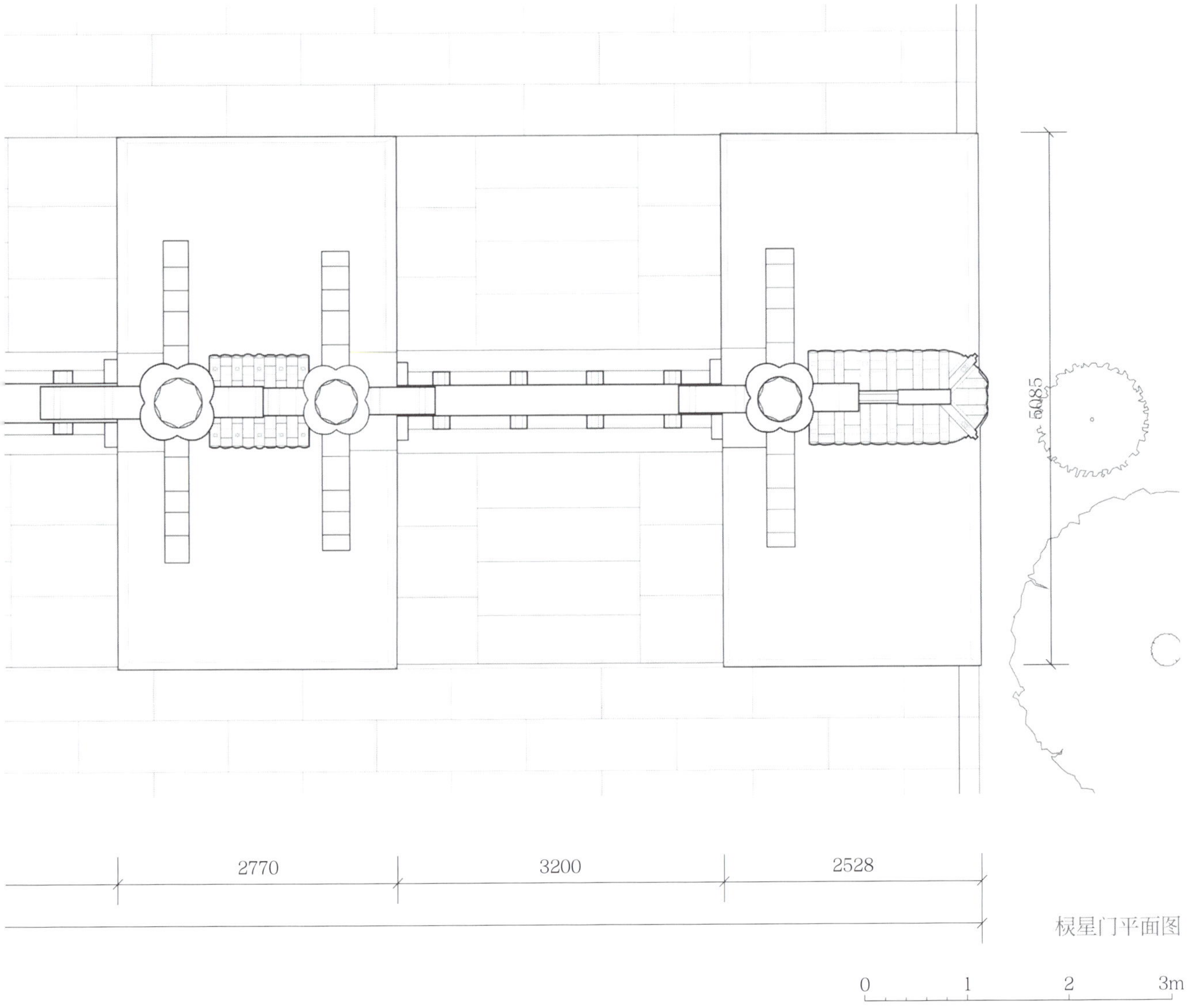

棂星门平面图

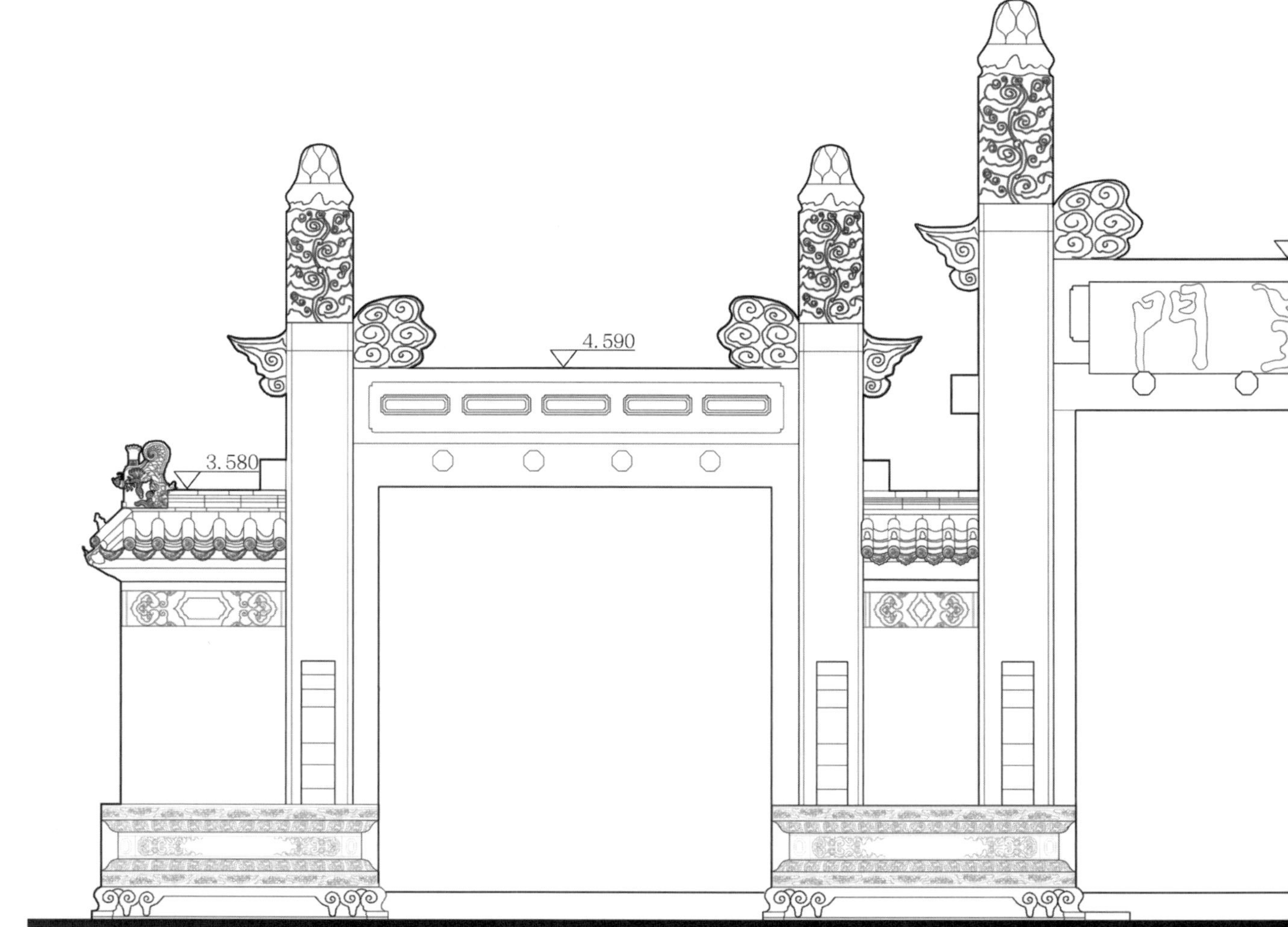
4.590
3.580
門

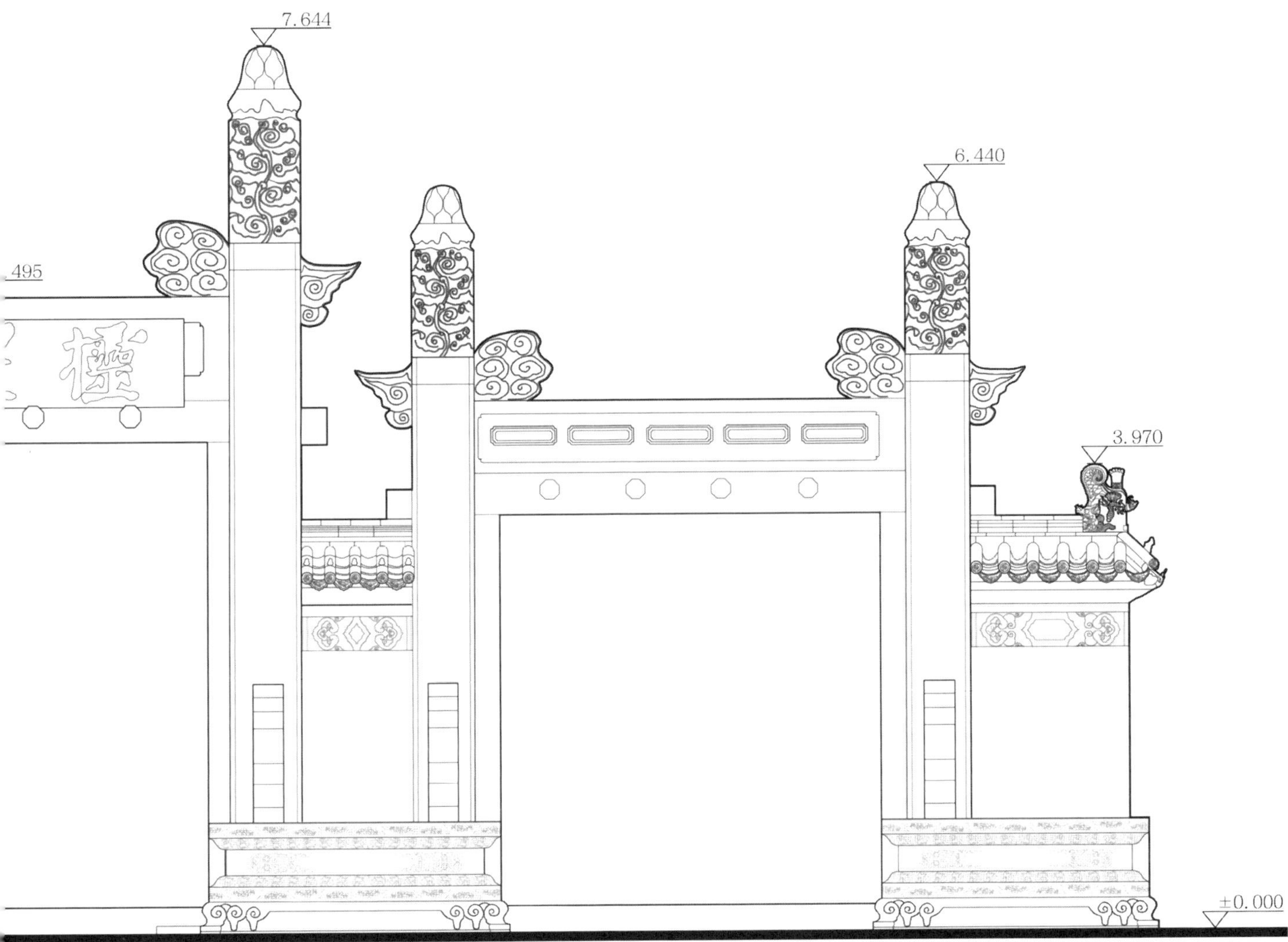

棂星门南立面图

棂星门实景

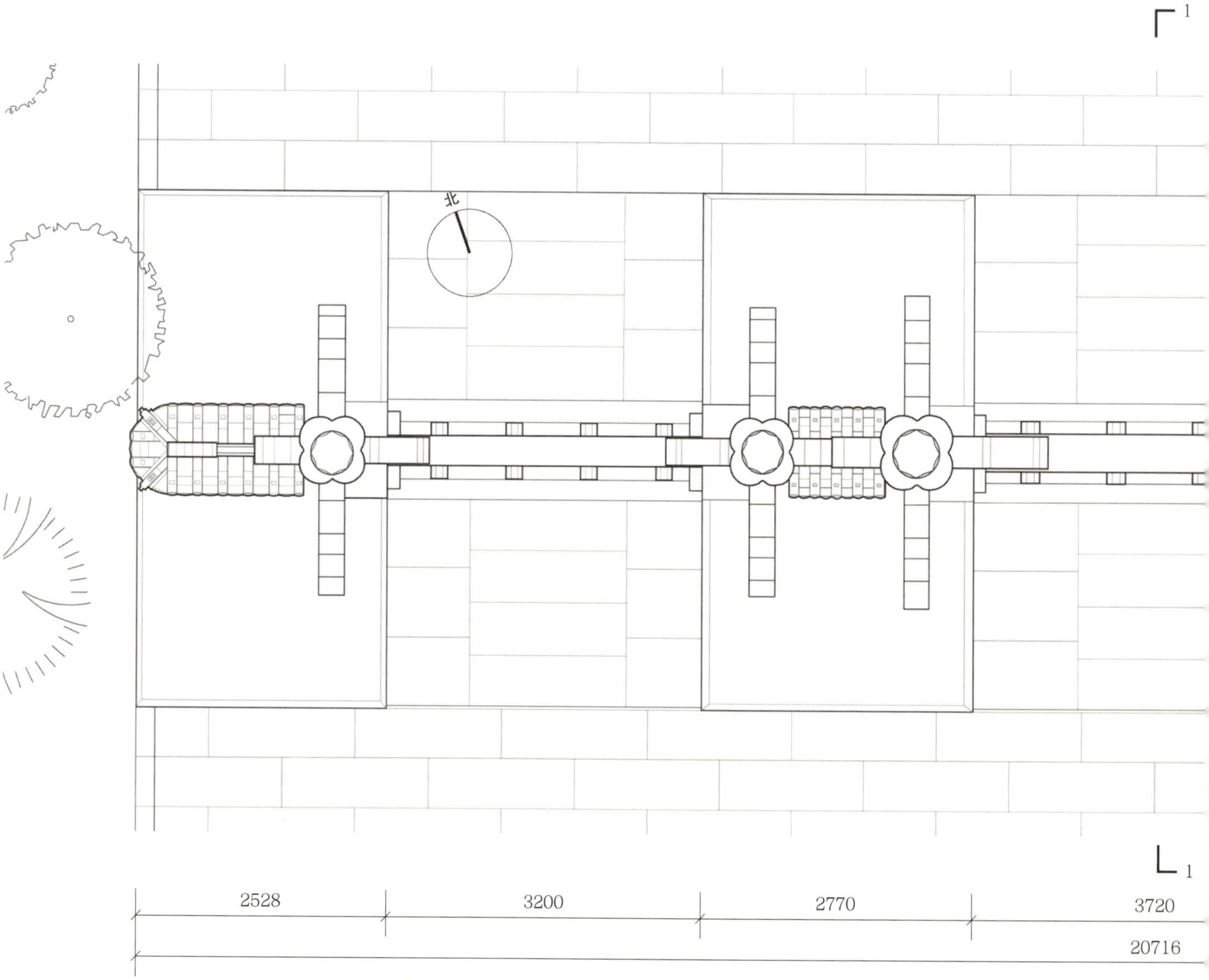

1

北

1

2528

3200

2770

3720

20716

棂星门是神道与陵宫区的转折点。棂星门南向偏西 20 度，结构为三间两垣六柱。现门为 2007 年 3 月按照原门基、残柱、柱头进行修复。门基座的 6 块柱础石和 9 块抱鼓石是明代原物，柱础石侧面浮雕花草纹。过棂星门，神道趋于东北走向，长 275 米，至陵宫前金水桥。

棂星门

文臣一点云模型

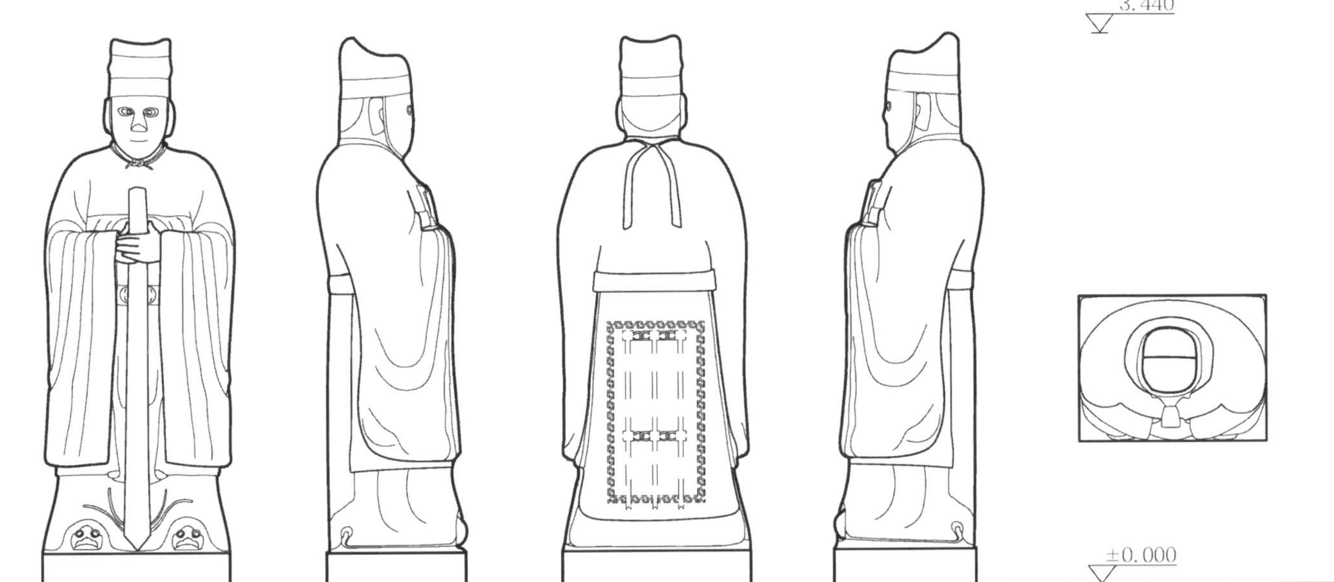

文臣一测绘图

武将二点云模型

武将二测绘图

武将一点云模型

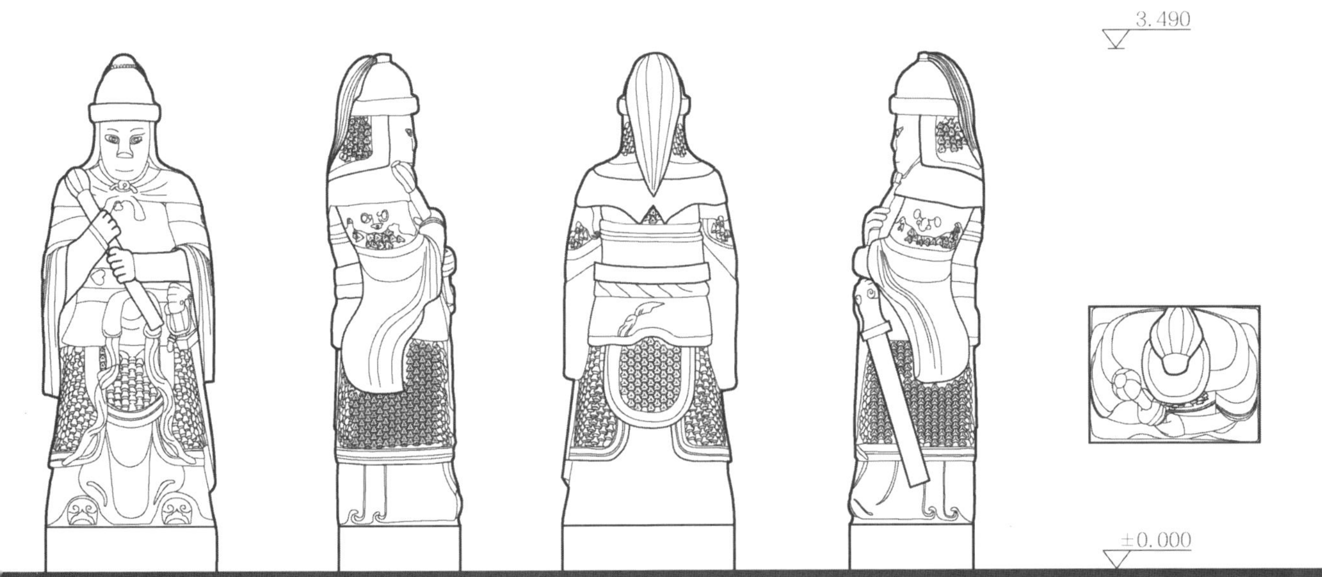

武将一测绘图

文臣二点云模型

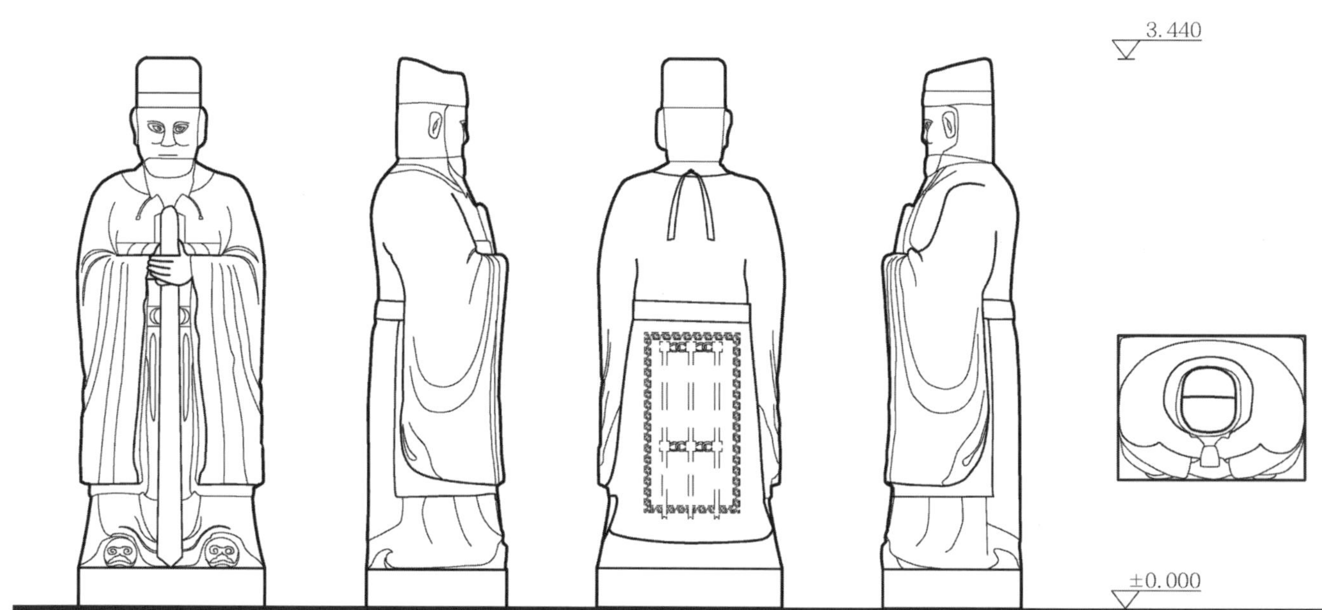

文臣二测绘图

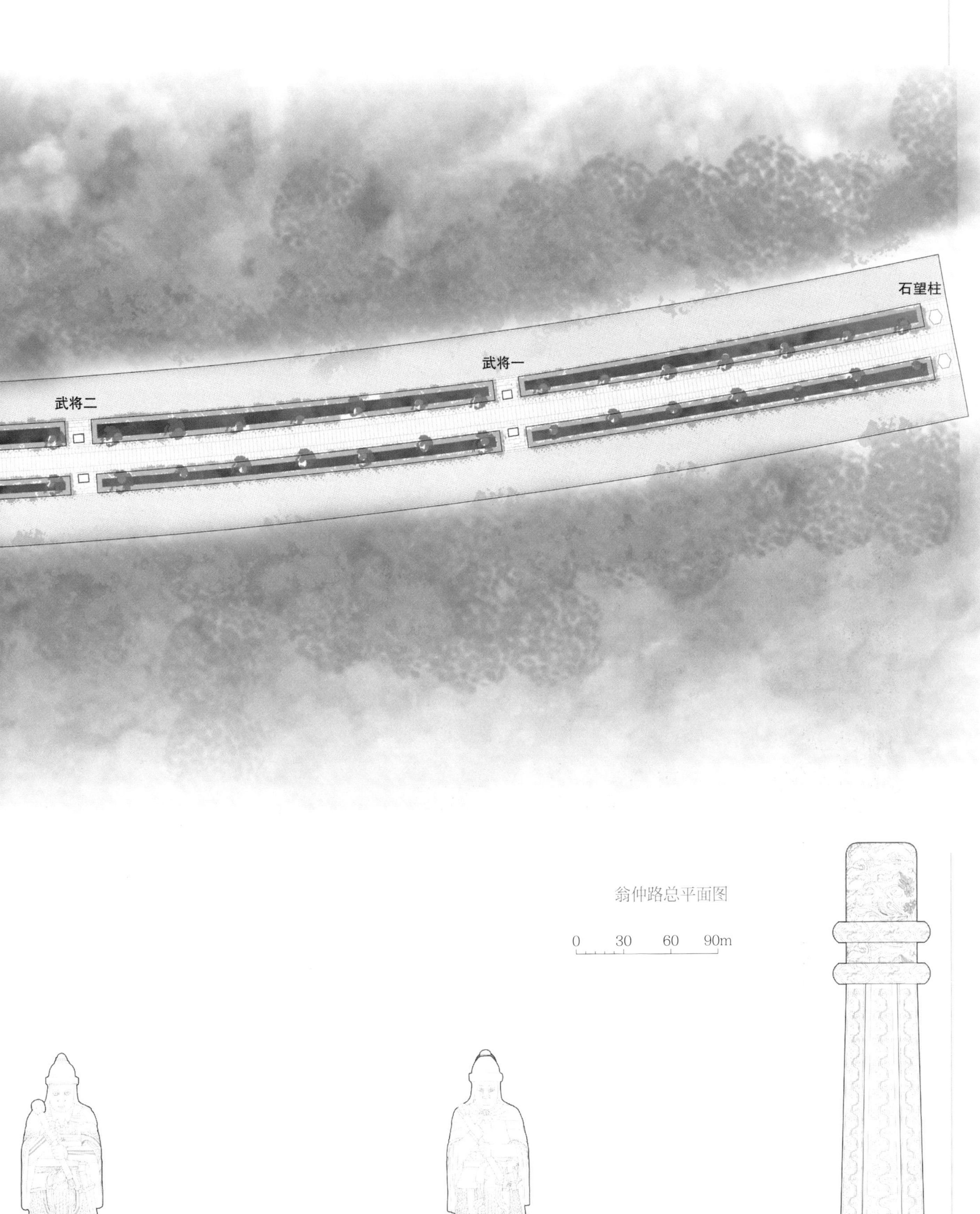

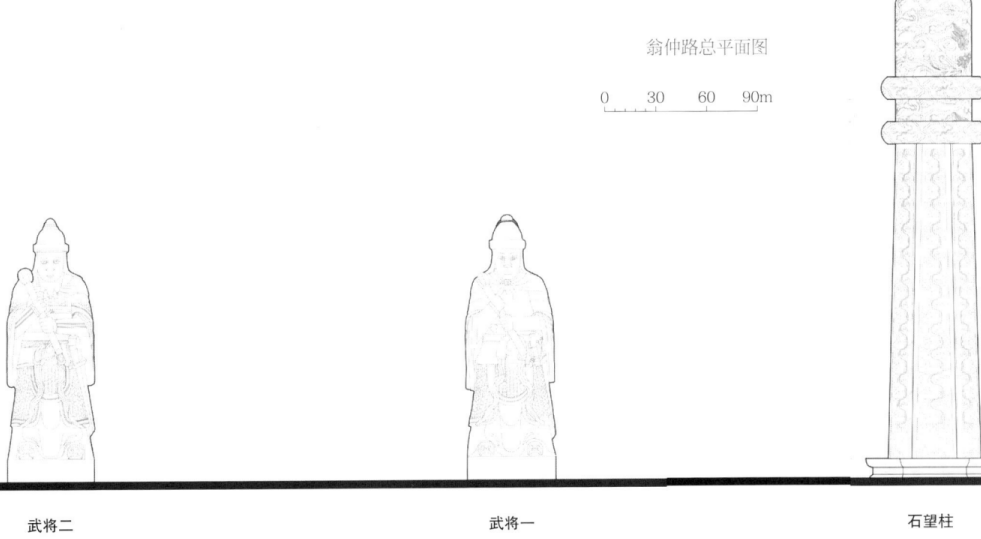

翁仲路总平面图

石望柱

石望柱南立面图

石望柱点云模型

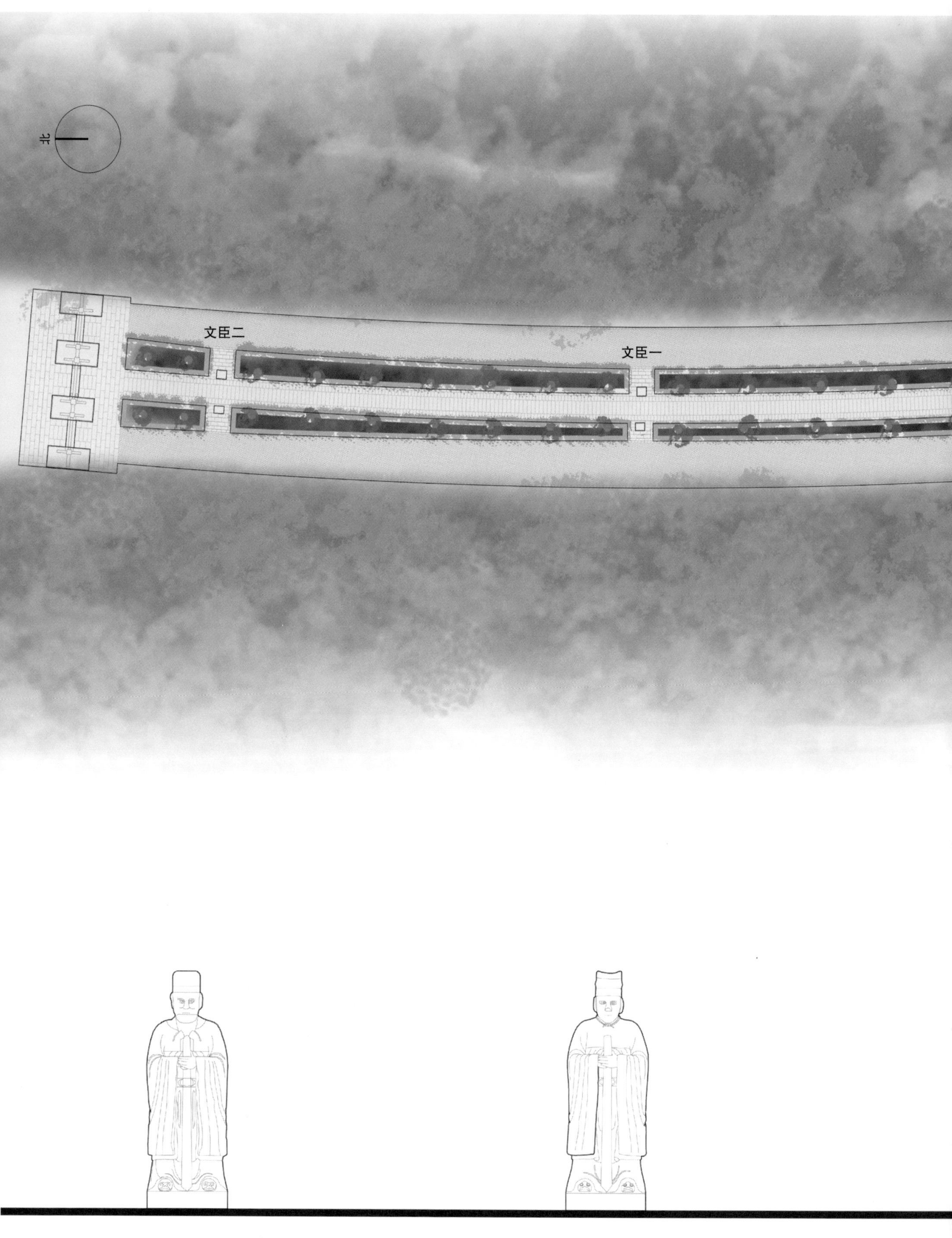
北
文臣二
文臣一
文臣二
文臣一

翁仲路是明孝陵神道第二段，长 250 米，依次排列一对望柱、两对武将、两对文臣。望柱顶置圆柱形冠，柱身满雕云纹，改变了唐宋以来神道望柱顶部作莲花式的风格，具有艺术上的创新意义。文臣、武将威严端庄，是陵墓的仪卫者和忠实守护者。神道在望柱处由东西向转为南北向，打破了历代帝陵神道与陵寝相连形成统一南北中轴线直列的习惯做法，顺应自然，开创了一种新制。

石翁仲

石马（立）

点云测绘模型

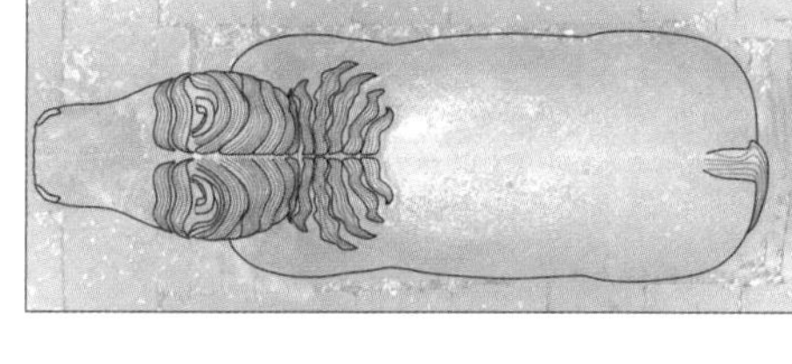

平面图

石马（卧）

点云测绘模型

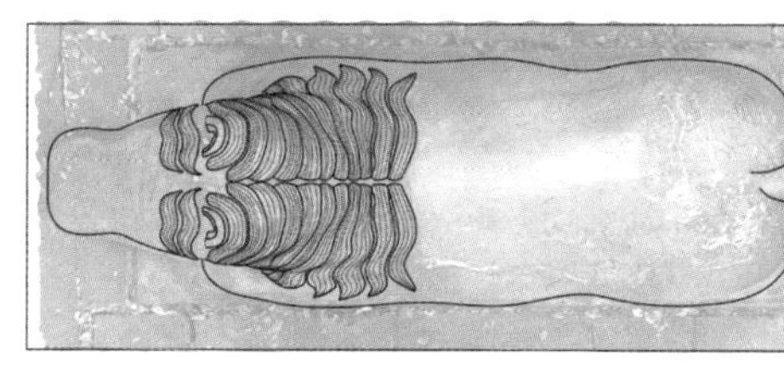

平面图

2.120
±0.000
正立面图
背立面图
侧立面图
1.870
±0.000
正立面图
背立面图
侧立面图
0
0.5
1
1.5m

麒麟（立）

点云测绘模型

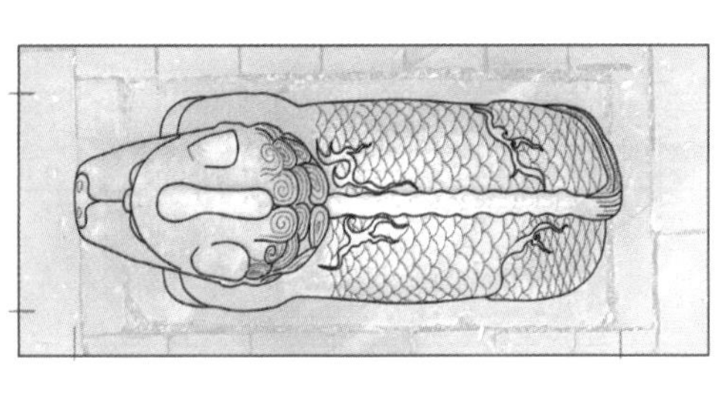

平面图

麒麟（卧）

点云测绘模型

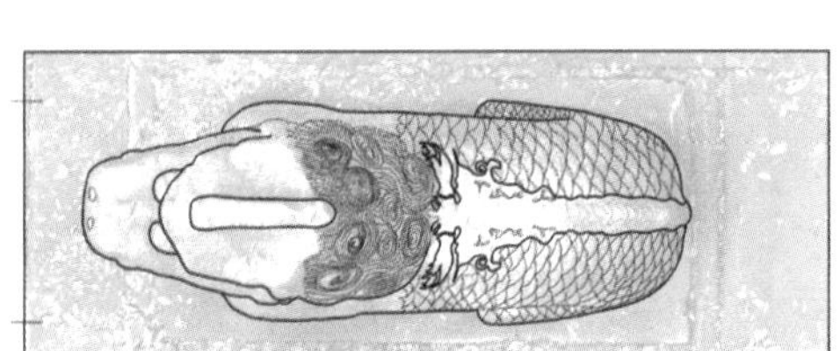

平面图

2.370

±0.000

正立面图 背立面图 侧立面图

1.790

±0.000

正立面图 背立面图 侧立面图

0 0.5 1 1.5m